Formação da culinária brasileira

F✺SF✺R✺

CARLOS ALBERTO DÓRIA

Formação da culinária brasileira

Escritos sobre a cozinha inzoneira

Prefácio por
HELENA RIZZO

2ª *reimpressão*

PREFÁCIO
9   *Helena Rizzo*

    APRESENTAÇÃO
13 O discurso das coisas de comer

21 Formação da culinária brasileira
111 Entre secos e molhados
135 A emergência dos sabores regionais
163 Feijão como país, região e lar
185 Legitimidade e legibilidade à mesa
197 O estilo feminino de cozinhar
217 Propostas para a renovação culinária brasileira

235 NOTAS
245 BIBLIOGRAFIA
254 ÍNDICE REMISSIVO

*esse esqueleto mais de dentro:
o aço do osso, que resiste
quando o osso perde seu cimento.*

João Cabral de Melo Neto
"Poema(s) da cabra"

Prefácio

Na segunda metade dos anos 1990, quando vim de mala e cuia pra São Paulo e comecei a dar os primeiros passos nas cozinhas profissionais, tinha o hábito de me enfurnar em livrarias nos dias de folga e passar horas folheando revistas e livros de gastronomia. Começava pela sessão das revistas: *Gourmet, Gula, Saveur, Bon Appetit, Cucina Italiana*... Depois os livros. Preferia os de literatura aos de receita, e sempre que possível, saía com um debaixo do braço. *A fisiologia do gosto*, de Brillat-Savarin (Companhia de Mesa); *História da alimentação*, de Jean Louis Flandrin e Massimo Montanari (Estação Liberdade); *O homem que comeu de tudo*, de Jeffrey Steingarten (Companhia de Mesa); *Cozinha francesa* e *Cozinha italiana*, de Elizabeth David (Companhia das Letras); entre outros.

Era raro, naquela época, encontrar publicações sobre a cozinha brasileira. Ou talvez, meu interesse de aspirante à cozinheira estivesse mais voltado às culinárias enaltecidas e praticadas nos restaurantes chiques da época, principalmente os franceses e italianos, onde eu sonhava fazer estágio. Os grandes chefes de São Paulo eram, em sua maioria, estrangeiros que além de aportar técnica e disciplina nas cozinhas da capital, trouxeram junto a ideia do "terroir", incorporando ingredientes nativos e exóticos do território brasileiro às suas receitas, como o cará, a mandioquinha, a goiaba, o caju etc.

Se olharmos para trás, veremos que esse feito não foi nenhuma grande novidade. Desde que o homem europeu e o homem africano pisaram em terras brasileiras, a substituição de ingredientes de suas origens por produtos locais, e vice-versa, vem formando as tantas cozinhas que temos no Brasil. Mas a elite brasileira sempre foi alienada. E eu não me excluía daquela alienação!

Ainda no final dos 1990, era latente o abismo entre a cozinha praticada nos restaurantes e casas da elite daquela das camadas mais populares, fruto da nossa história e da desigualdade social que tanto atravanca o desenvolvimento do nosso país.

As coisas não mudaram muito de lá para cá, ainda mais nesses dois últimos anos, com a pandemia do Covid-19 e o agravamento da fome, e uma elite que ainda insiste em torcer o nariz pra farofa e vangloriar o filet mignon. Mas a abordagem nos restaurantes mudou bastante nos últimos vinte anos, e mesmo sabendo que temos uma missão e um longo caminho pela frente, fico otimista em perceber novas diretrizes capazes de tirar a gastronomia desse lugar de status e consumo e elevá-la para dimensões socioculturais mais profundas.

Tive o privilégio de ter feito alguns estágios nos melhores restaurantes de São Paulo e, depois disso, trabalhar e estagiar em grandes casas na Itália e Espanha ao longo de quatro anos. Voltei para o Brasil "espumando" (como me provocava o autor do livro que vocês têm em mãos), e com ganas de abrir meu próprio restaurante e fazer uma cozinha inspirada nas minhas vivências e no Brasil.

A culinária espanhola de vanguarda mergulhava na sua história e apoiava-se na ciência, nas artes plásticas e na filosofia, abrindo novos caminhos e obrigando os cozinheiros a enxergarem além de suas bancadas de trabalho. Eu estava nessa pegada e quando conheci o Cadória (Carlos Alberto Dória) imediatamente o transformei em meu guru. Lembro das inúmeras conversas que tivemos ao longo desses anos, no Maní e em outros restaurantes de amigos, e de sair delas com a cuca inquieta, com mais perguntas do que respostas, imaginando lugares, pratos, histórias e ingredientes. Algumas frases ficaram gravadas no meu cérebro e muitas vezes me pego reproduzindo-as e automaticamente lembrando... Isso é do Cadória!

Em 2012 fundamos juntos o C5, com o Rodrigo Oliveira, a Adriana Salay e mais uma pá de gente querida. Fazíamos encontros, alguns no Manioca, outros no Mocotó; jantares a muitas mãos e visitas de campo. Lembro desse período como um dos momentos mais férteis da cozinha do Maní e da gastronomia brasileira. Inquietação, trabalho, estudo e encontros.

É uma honra poder escrever este prefácio da nova edição do livro dele que mais gosto, *Formação da culinária brasileira*. Li todos os capítulos e enquanto escrevo estou na primeira metade do último, sobre o milho, lendo vagarosamente para não acabar! É essencial, para todos aqueles que se interessarem pela cozinha brasileira, que conheçam esta obra-prima da literatura gastronômica. Obrigada pra sempre, *forever*, pelo conhecimento e pensamento compartilhados! Namastê!

HELENA RIZZO

APRESENTAÇÃO

O discurso das coisas de comer

Exagera-se muito a importância da gastronomia em nossa vida. Ela é apenas, e essencialmente, um discurso sobre o bem comer, é um ideal que nos faz buscar nos alimentos algo que está para além da fome. Anos atrás, despertada para a sedução que vem da comida, uma parcela crescente de brasileiros encontrava verdadeira alegria ao entrar em restaurantes ditos "gastronômicos". Hoje esse entusiasmo diminuiu bastante, ao mesmo tempo que a mídia ampliou seu domínio sobre o tema. Até por conta disso, e mais recentemente, prêmios nacionais e internacionais parecem nos dizer que a gastronomia brasileira é a "bola da vez" num mercado mundial sempre competitivo. Mas parece faltar chão a tanta celebração, o que faz suspeitar de que a mídia especializada no "mundo gourmet" se desprendeu desse terreno e realiza um voo autônomo.

A espetacularização do comer ocupa a cena e esconde o interesse legítimo que temos pelo que levamos à boca. Não é para menos. "Comer" tornou-se hoje uma atividade complexa, multissensorial, a exigir certo "treinamento" do sujeito que se aproxima de um prato construído sob os ditames modernos da gastronomia. O "gosto" já não se refere, como no passado, apenas ao paladar; agora, há uma atenção obrigatória para aromas, texturas e oposições que se constroem no prato. E, afinal, o consumidor se pergunta: para que tudo isso? Onde está a simplicidade — a ideia de "pureza" — do que comemos? Talvez tenha se perdido lá atrás, no passado, o que favorece o propósito de reencontrá-la.

A gastronomia é também uma utopia ética e estética. Ela é um trabalho de reencantamento do mundo, contraposto ao desencantamento produzido pela burocratização da vida. Seu fundamento é o encontro das pessoas com seu próprio gosto, o reconhecimento do prazer escondido em nós mesmos, muitas vezes encoberto por uma comida que pretende mais nutrir do que divertir. Acontece que a crise atual de superexposição transformou a gastronomia numa coisa desencantadora, e não há happening ou performance capaz de salvá-la, simplesmente porque essas atividades substitutivas não pertencem ao universo no qual você está diante do prato, se descobrindo com a ajuda de um cozinheiro especializado. Mas é assim mesmo. Depois da "morte da gastronomia", sempre anunciada, ela renasce, reencantando novamente. É ter paciência e esperar um novo ciclo, que nunca sabemos quando nem como começa.

Nesse hiato, temos um bom tempo para refletir, olhando para os lados e para trás. Neste livro procuramos conduzir o raciocínio por esse "caminho de volta", sem apagar a perspectiva do presente. Isso quer dizer que, se perdemos alguns vínculos com o passado, recuperá-los não se deve a qualquer saudosismo, mas, sim, a um tipo de reflexão necessário para seguirmos por um caminho no qual comer seja, no final das contas, a velha fonte inesgotável de alegrias. Tiremos, portanto, provisoriamente, a comida de seu enquadramento cênico, do restaurante, do fluxo simbólico de que o marketing a revestiu, para vê-la surgindo como experiência de um povo que deseja reconhecer-se através do que come, em contraste com o que outros povos comem.

Os brasileiros que admiram o vigor da cozinha francesa ou da cozinha italiana gostariam de possuir algo igualmente vigoroso quando sentam à mesa. A edição de 2014 do *Guia Josimar Melo* lista, em São Paulo, 46 restaurantes de cozinha brasileira, considerando 15 deles "estrelados". É um número bastante razoável para uma cidade tão eclética no gosto, o que nos leva a crer que estamos na direção certa. Mesmo assim, é preciso considerar que se trata de uma cozinha em construção, longe de ter atingido seu acabamento. Este, por sua vez, só virá pelo esforço incessante de revirarmos as tradições, observarmos a cozinha popular, experimentarmos técnicas e combinações de ingredientes que possam se firmar e generalizar. Coisas muito simples, e até inexpressivas — como o brigadeiro —, apresentam-se supervalorizadas, indicando a força dessa busca de identidades, mesmo quando ela não encerra grandes valores. O importante, porém, é esse espírito de busca, e nem tanto os "achamentos".

Este não é um livro de história, mas seus ensaios, que se apoiam — com certa licença conceitual — na antropologia e na sociologia, buscam ampliar a reflexão sobre a cozinha brasileira e libertá-la de uma visão estreita, engessada pelo tempo, por ideias feitas e preconceitos.

O primeiro ensaio, "Formação da culinária brasileira", é uma nova e bastante modificada versão de um breve texto escrito em 2008, a pedido do Senac (Serviço Nacional de Aprendizagem Comercial), com o propósito de explicar nossa culinária para cozinheiros espanhóis que aqui estiveram no evento Prazeres da Mesa. Com o título de "Enraizamentos da cozinha brasileira", foi publicado como plaquete bilíngue (espanhol/português), fora do comércio. Em 2009, a Publifolha transformou-o em livro, que foi bem recebido, especialmente por estudantes de gastronomia.

A "Formação da culinária brasileira" aqui apresentada desenvolve vários argumentos que, por limitações de espaço, não pude expor então. Ela também me permite calibrar melhor certas ideias que, percebo, não foram bem compreendidas, justamente pela brevidade do texto. Destaco, em especial, a parte em que me referia à cozinha do Recôncavo baiano, reformulada à luz de estudos históricos e sociológicos recentes e das consistentes reflexões do amigo e historiador baiano Jeferson Bacelar.

A expressão "cozinha inzoneira", que compõe o subtítulo deste livro, merece uma explicação. Apesar de pouco utilizado, o adjetivo "inzoneiro" foi imortalizado em "Aquarela do Brasil", de Ary Barroso — canção que até hoje nos toca por seu modo de expressão da brasilidade. Sugere o que é manhoso, enredador, além de enganador. Desse modo, pareceu-me apropriado para indicar o que fala ao paladar de maneira envolvente, esperta, porém cheia de aspectos claros e escuros. Algo nessa cozinha nos é absolutamente familiar, sensível, mas difícil de definir. É justamente em meio a essa dificuldade que faço meu caminho, tentando conduzir o leitor a uma compreensão melhor de nossa culinária, sem deixar de reconhecer, entretanto, as lacunas e enormes ciladas que há no percurso.

O ensaio "Entre secos e molhados" é um exercício para encontrar princípios de classificação dos produtos de nossa cozinha que apontem para traços estruturais, desenvolvidos ao longo da história como solução alimentar de diversas populações para suas diferentes necessidades cotidianas. Trata-se de uma tentativa de superar a diversidade meramente empírica da cozinha encontrando constantes que, pela própria recorrência, nos fazem suspeitar de que uma diretriz mais profunda atua sob a multiplicidade de pratos, sendo capaz de, ao menos parcialmente, explicá-los. Ao sugerir uma nova matriz classificatória, pretende também dizer que não é obrigatório arranjarmos a cozinha brasileira nos modelos clássicos das cozinhas ocidentais, especialmente a francesa, conforme aprendemos nos livros dos grandes chefs.

O terceiro ensaio, "A emergência dos sabores regionais" discute a impossibilidade crescente de representarmos o "país comestível" dividido em regiões. Nele se propõe que a lógica dos destinos turísticos regionais, tanto aqui como na Europa, não serve à compreensão da culinária, embora frequentemente se sobreponha a ela quando lemos sobre gastronomia na imprensa especializada. A perspectiva histórica, na qual se destacaram autores como Gilberto Freyre e Câmara Cascudo, situa a questão culinária no contexto de surgimento do regionalismo nordestino, nos anos 1920 — e, acredito, que precisamos compreender seus argumentos para ir além no domínio da cozinha brasileira. Em outras palavras, assume-se que o conceito de região é posterior ao de nação num país com as características históricas do nosso, e o problema culinário é como esse conceito se arranja à mesa.

"Feijão como país, região e lar" foi originalmente publicado em inglês, em uma coletânea de ensaios sobre arroz e feijão,[1] com o título "Beyond Rice Neutrality: Beans as Patria, Locus and Domus in the Brazilian Culinary Sistem" [Além da neutralidade do arroz: o feijão como pátria, *locus* e *domus* no sistema culinário brasileiro]. Ele persegue uma resposta para esta questão aparentemente simples mas intrigante: por que mantemos na cozinha brasileira local e regional uma diversidade tão extraordinária quando a lógica da urbanização, especialmente com a proliferação de supermercados, limitou de modo expressivo os feijões ofertados para a maior parte da população? Ou seja, por que se preserva, ainda que marginalmente, a diversidade, que parece carecer de sentido moderno?

"Legitimidade e legibilidade à mesa" procura explorar as contradições decorrentes da utilização cada vez maior de ingredientes e produtos considerados "típicos" de uma dada região brasileira em outra, embora, pela dimensão do país, a população não tenha sobre tais ingredientes um conhecimento uniforme. É uma questão especialmente importante para aqueles que, ocupados com o desenvolvimento de uma culinária moderna, pretendem enraizá-la na preferência dos brasileiros, sobretudo dos habitantes dos grandes centros urbanos, ou na de seu público no exterior.

"O estilo feminino de cozinhar", sexto ensaio, foi publicado pela primeira vez nos *Cadernos Pagu*[2] e especula sobre uma possível oposição entre os gêneros no trabalho culinário, entendido aqui como conjunto de gestos e técnicas desenvolvidos de modo tradicional no interior de determinada divisão social do trabalho que os tempos modernos subverteram. Diante dessa mudança, pergunta-se se a "masculinização" da cozinha industrial fez-se a partir do sacrifício de gestos "femininos" e se, por outro lado, estes não estariam, ainda hoje, subsumidos na cozinha doméstica que, nessa hipótese, exige maior atenção nossa para compreendê-la. O papel da "cozinha feminina" na obra de Jorge Amado, bem como o discurso "machista" de Escoffier, no final do século 19, nos servem de fio condutor.

O sétimo e último ensaio, inédito — "Propostas para a renovação culinária brasileira" —, está centrado na ideia de que podemos extrair ensinamentos úteis para a gastronomia do futuro observando o que ocorre atualmente, em especial em São Paulo, e formulando propostas que ajudem a acelerar a conquista de novos patamares para a "cozinha brasileira renovada".

O leitor não deve concluir apressadamente que este livro é fruto de reflexão isolada do autor. Longe disso. Nesta pequena coleção de ensaios, creio eu, ressoam assuntos que vêm sendo discutidos em sucessivas reuniões no Centro de Cultura Culinária Câmara Cascudo (C5), entidade sem fins lucrativos fundada em 2012, em São Paulo, para estimular a investigação multidisciplinar da culinária brasileira. A rigor, a criação do C5 veio ao encontro da necessidade de aproximar os cozinheiros de toda sorte de conhecimentos sobre temas de seu interesse, não praticados, contudo, nas faculdades de gastronomia. Ao mesmo tempo, colocou acadêmicos em contato com os que se dedicam à prática culinária munidos de inquietações e urgências que também podem ser consideradas demandas para pesquisas de médio e longo prazos.

Um exemplo claro dos resultados dessa associação entre acadêmicos e cozinheiros foi o despertar da curiosidade destes últimos pelas Plantas Alimentícias Não Convencionais — as chamadas Pancs —, depois de encontros sucessivos com botânicos pesquisadores, o que contribuiu para ampliar a consciência sobre o comestível e ensejar práticas de experimentação culinária. Esse passo é especialmente importante num momento da gastronomia em que, por esgotamento e banalização, as técnicas modernas já não constituem atrativo suficiente para manter alto o diapasão da culinária moderna, redirecionando as atenções para a chamada cozinha de ingredientes.

Assim, os ensaios deste livro procuram explorar temas que me parecem situados nessas encruzilhadas de interesses que vão definindo, aos poucos, uma nova rota para a culinária brasileira. São um convite para que o leitor possa trilhar o mesmo caminho.

CARLOS ALBERTO DÓRIA
São Paulo, março de 2014

Formação da culinária brasileira

O que é a cozinha brasileira? Sabemos e não sabemos. Se pedirmos a alguém que a defina, ouviremos como resposta a enumeração de alguns pratos que exemplificam o que ela é. Não se trata de falta de conhecimento histórico. Falta-nos o conceito que unifique a coleção de receitas ou pratos rememorados, obrigando-nos a esse exercício de exemplificação. Não é de estranhar. Afinal, a história só tem sentido se vista de uma perspectiva atual e cosmopolita, e a cozinha brasileira, ao contrário, parece coisa provinciana e do passado, incompatível com o presente. No entanto, ela não é tão velha assim a ponto de ficar na galeria das coisas esquecidas ou colocadas de lado.

Nos últimos quinhentos anos travou-se, no território brasileiro, um enorme encontro de culturas — centenas de etnias indígenas; dezenas de etnias africanas transplantadas para cá; portugueses e europeus de outros países —, cujo resultado está longe de ser uniforme ou linear. A ideia de miscigenação pode ser muito confortável, mas é um conceito carente de poder explicativo. Marcas da origem disparatada de nossa culinária são visíveis em largas porções do território, ao passo que poucas coisas que realmente a expressam puderam ganhar corpo e se fixar numa síntese. Alguns autores, como Câmara Cascudo, entendem que entre os séculos 16 e 18 um substrato comum se estabilizou, formando um "gosto" nacional que ele chama de "cozinha brasileira". Porém, se olharmos do presente para trás, veremos que muitas coisas a que nos apegamos não estavam representadas naquele período. Um só exemplo bastaria: o afrancesamento de nossa culinária, que ocorreu ao longo dos séculos 19 e 20 e se tornou uma influência tão legítima como as anteriores. Na corte, nos livros de cozinha que a elite lia, nos primeiros cafés e restaurantes do Rio de Janeiro ou de Pernambuco, procurava-se respirar o clima culto que todo o mundo ocidental identificava em Paris. Mesmo na culinária portuguesa, vista como uma matriz brasileira, os hábitos franceses se faziam presentes dentro das panelas.

Essa perspectiva mais recente nos faz suspeitar que, ao longo dos cinco séculos, o que de fato ocorreu foi nossa lenta e inexorável assimilação da culinária ocidental, na exata medida em que o mundo todo passou a utilizar os ingredientes americanos — como a batata, o tomate, o milho, o amendoim e uma infinidade de outros —, e os americanos, por sua vez, assimilaram a culinária mundial, transacionando-a com os elementos autóctones. Isso nos coloca diante de uma questão crucial: a culinária é sempre produto de transações, e estas não se limitam aos espaços nacionais, mas fazem-se em constantes trocas com o que lhes é exterior. O propósito de explicar uma culinária nos obriga, portanto, a prestar atenção nesse incessante movimento de trocas.

Do ponto de vista dos modos de fazer, há que se destacar que o século 19 e a influência francesa representam uma inflexão poderosa na nossa cozinha, pois é muito provável que entre os séculos 16 e 18 as culinárias africanas e europeias aqui aportadas fossem mais próximas do que se imagina da matriz indígena preexistente. A culinária da potaria, com seus inúmeros ensopados ou guisados, fogueiras ou fornos, aproximava aquilo que, no plano étnico, era tão diferente. Depois, quando o receituário escrito passou a ser importante na transmissão dos conhecimentos, a influência francesa já se fazia de modo marcante, como atestam estudos recentes sobre os livros de cozinha.

Além disso, é preciso notar que a culinária moderna de qualquer povo submetido às várias formas de dominação logo se divide em duas ementas: a popular e a das elites. Como dois universos relativamente fechados em si, desenvolvem-se diferentes aproveitamentos das matérias-primas naturais, modos de fazer e educação do paladar, de tal sorte que uma cozinha unificada que se possa chamar "nacional" é algo que repousa mais sobre conjecturas do que sobre provas factuais. Aqui ou ali, os pesquisadores conseguem vislumbrar essa dualidade; por exemplo, quando discorrem sobre a farta doçaria. Para esse conjunto de pratos, a origem conventual portuguesa é bastante clara, mas é possível ver também como o açúcar — esse signo da dominação colonial — extravasou em outras formas, em geral menos elaboradas, como as compotas e bolos. Ainda que possam ter origem comum europeia, aninharam-se na sociedade de modo bem diferente.

De fato, só se começa a falar em cozinha brasileira, no sentido atual, após a impregnação de toda a cultura pelas ideias que nasceram da revisão do ser brasileiro, como fez o movimento modernista na primeira metade dos anos 1920, ou mesmo o movimento regionalista e o romance de 1930 no Nordeste. Na mesma época que, por exemplo, se "descobriu" o barroco como estilo arquitetônico, armou-se o discurso sobre a culinária brasileira como fruto do amálgama dos modos de comer de indígenas, negros e brancos. Depois, esse modelo de explicação difundiu-se pela cultura, invadindo também a indústria turística, a ponto de, hoje, as pessoas se movimentarem pelo país à cata de cacos dessa cozinha, já que, em vez de integrada, ela se apresenta como um conjunto de cozinhas regionais espalhadas pelas cinco grandes áreas sociopolíticas em que o IBGE dividiu o Brasil.

Procuraremos mostrar o que há de falacioso nessa abordagem, especialmente na medida em que ela deixa de lado a geografia dos ingredientes, enraizados numa enorme biodiversidade e numa história que pode ser contada de outro modo. Assim, enquanto a indústria do turismo nos diz que o típico do Rio Grande do Sul é o churrasco, nós dizemos que o churrasco é um hábito nacional generalizado — pouco importando sua origem primeira —, graças à história do Brasil pastoril, não sendo privilégio dos gaúchos. Típico do Rio Grande do Sul — no sentido da dominância — é o amargo do mate, que, por sua vez, o liga ao Paraná, ao Mato Grosso, ao Uruguai e à Argentina — países que partilham um mesmo substrato étnico, derivado da forte presença guarani na região. E, quando falamos dos guaranis, como se verá, não estamos nos referindo aos indígenas em geral, mas a uma cultura cujas singularidades alimentares foram fundamentais para a conquista bandeirante dos sertões distantes da costa.

Por outro lado, ao perseguirmos uma história comprometida com o presente, o que buscamos é o percurso da criatividade culinária do povo brasileiro, ou seja, a gastronomia que ela formou ao longo do tempo, gerando essa cozinha inzoneira da qual, de alguma forma, nos orgulhamos, assim como apreciamos a "Aquarela do Brasil", de Ary Barroso. A filosofia nos ensina que ninguém é livre onde só uma pessoa é livre. De modo análogo, podemos dizer que, se na culinária não há liberdade, também não prospera a gastronomia. Isso quer dizer que nem sempre a liberdade de criação esteve presente em nossa história e, por tal motivo, o colonialismo foi um terreno limitado para a construção gastronômica. Sob um regime escravocrata, não se desenvolve a expressão do espírito de um povo, embora nos interstícios dessa sociedade seja sempre possível detectar um fio de liberdade empenhado na criação, conforme a pesquisa histórica mais recente permite ver.

Interessante é que estamos vivendo, nos principais centros urbanos — onde é forte a pressão das culinárias do mundo todo —, uma nova fase, talvez defensiva, de celebração da culinária brasileira. Chefs inovadores, cada um por meio do esforço próprio de estilização, buscam situar novamente essa tradição no imaginário e nos desejos do público consumidor, ávido por novidades num momento em que a novidade somos nós mesmos. Multiplicam-se, nas metrópoles, os restaurantes de cozinha brasileira ou de um segmento dela, que procuram confrontar os clientes com suas memórias familiares, desde o simples arroz com feijão até coisas elaboradas e inusuais, como as que oferece a culinária paraense.

O estranho é que isso ocorre justamente quando pesquisas indicam que o hábito de consumir culinária tipicamente nacional, no âmbito doméstico, desapareceu. Numa enquete realizada nas regiões metropolitanas, coordenada pela antropóloga carioca Lívia Barbosa, as pessoas mencionaram espontaneamente 130 diferentes itens que compõem sua dieta, e se constatou que o consumo de itens locais é muito baixo:

> Tapioca e baião de dois, por exemplo, aparecem com 1,4% e 5,4% de consumo em Fortaleza, respectivamente; polenta, 4,1% em Porto Alegre e 0,3% em São Paulo. A cidade com maior consumo de itens relacionados a sua cozinha tradicional é Recife, com 57,1% para o cuscuz, 10,2% para o queijo de coalho, 55% para o inhame, 36,7% para a macaxeira e 6,3% para a batata-doce.[1]

Ora, se comer à brasileira tornou-se marginal, qual é então a diretriz do que levamos à boca? Certamente se trata mais de uma lembrança coletiva, uma referência a antigos hábitos familiares, do que de uma prática que se renova no dia a dia. Por isso mesmo, é estratégica a ação dos cozinheiros e donos de restaurantes que, remexendo o passado, a memória, buscam formas de presentificar o prazer e a satisfação que esse passado já encerrou em algum momento da vida nacional.

Se não estamos mais enraizados numa culinária unicamente brasileira, então podemos pensar nossa alimentação como um capítulo do que ocorre no mundo, nesta época em que comer tornou-se uma aventura temerária. Cada garfada está relacionada com aquilo que um jornalista norte-americano chamou de "conspiração da complexidade científica". Isto é, praticamente tudo o que comemos foi produzido por uma poderosa máquina que, nos Estados Unidos, movimenta 32 bilhões de dólares em marketing e traz à luz, anualmente, cerca de 17 mil novos produtos, orientados pela confusa ideologia do nutricionismo. Essa ideologia transformou a noção de "comida" na de "nutrientes", e, "quando a ênfase está na quantificação dos nutrientes contidos nos alimentos, qualquer distinção qualitativa [...] tende a desaparecer".[2]

As cozinhas nacionais do mundo todo se perfilam entre as fontes de prazer ameaçadas pela ideologia nutricionista. O vatapá faz bem ou mal à saúde? O nutricionismo combate hábitos por causa do temor moderno de que a incorporação de certos alimentos possa ser fonte de mortandade, e não de vida. Nossa opinião, ao contrário, é a de que qualquer dieta histórica representa uma solução alimentar extremamente equilibrada encontrada por um povo, conveniente para que ele cresça e se desenvolva. Esta é posta em xeque justamente quando passa a ser invadida por elementos exógenos que, rapidamente, rompem o equilíbrio alimentar conquistado pela história de longa duração. Antes tínhamos a subnutrição; hoje, a obesidade e o diabetes. Uma mesma causa, porém, pode explicá-los: a ruptura dos laços do comer com os demais aspectos da experiência social que constituem a totalidade de um determinado modo de vida.

Enfim, o que se busca aqui é aproximar o leitor do Brasil culinário, procurando mostrar seus contornos, livre de preconceitos.

Os "pré-conceitos", no nosso caso, são aqueles que nos dizem que, em nossa história, indígenas, negros e brancos construíram, num mesmo cadinho e num só amálgama, a cozinha brasileira que se expressa em centenas de receitas. Como é corrente até mesmo na sociologia, firmou-se a ideia de que os pratos nacionais se fixaram pela aplicação de ingredientes nativos às receitas seculares, ou pela assimilação de "receitas" indígenas e africanas a técnicas e ingredientes trazidos pela mão portuguesa. A ideia dessa miscigenação culinária, ou mistura entre ingredientes e técnicas de diferentes procedências, que se materializaria num cardápio partilhado pelos brasileiros, é uma abordagem simplista para uma realidade tão complexa. Exploraremos um pouco dessa complexidade, a fim de libertá-la do enfoque exclusivamente étnico ou regionalista que responsabiliza indígenas, negros e portugueses de vários rincões do país pelo que comemos ou deveríamos comer para nos sentirmos brasileiros.

PARA ENTENDER UM SISTEMA CULINÁRIO NACIONAL

Quando uma nação se constitui, vários sistemas simbólicos se articulam, materializando seu conceito. O poder político reconhece-se numa língua, delimita um território, identifica hábitos e costumes da população, funda uma historiografia e assim por diante. Nessa trajetória, surgem os desejos de se ter uma literatura, uma pintura, uma música ou uma culinária, e eles funcionam como diretrizes do trabalho criativo dos nacionais; a eles se dedicam especialmente os intelectuais, peneirando o que entendem ser a cultura do povo. Se observamos o trabalho de Villa-Lobos, por exemplo, é muito fácil perceber isso; a temática nacional de sua obra, inspirada em canções folclóricas, dá campo para que desenvolva harmonias sofisticadas sem perder o pé na matéria-prima "simples" da qual partiu. Porém, quando se trata da culinária, raramente temos um expoente como Villa-Lobos para contemplar. É sobretudo um trabalho anônimo, secular, que vai estabelecendo um patamar para o comer, e sua formação se dá por um processo de reconhecimento capitaneado pela parcela culta da nação, que se apropria da cozinha consolidada pela sociedade como um todo, exercendo uma clara seleção.

As nações modernas são construções políticas muito elaboradas, arquitetadas no decurso de constituição dos Estados surgidos a partir do século 18. Ernest Renan (1823-1892),[3] um dos principais teóricos do processo de formação das nações, destaca a vontade da população de pertencer a esse agrupamento como ingrediente fundamental. Em termos simples, todo dia eu acordo me sentindo brasileiro, ou espanhol, ou tcheco etc. Isso ocorre porque falo uma língua, alimento-me de determinada comida, sei como meus compatriotas se comportarão diante de certas situações e assim por diante. Há um sentimento multifacetado de pertencimento que me faz nacional.

Críticos modernos, no entanto, frisam o caráter impositivo no desenho de boa parte das características da nação. Uma língua é a língua nacional na medida em que se sobreponha às demais no mesmo território, tornando-se obrigatória no sistema de ensino. As línguas preteridas passam à condição de dialetos, de tal sorte que — como dizem os linguistas — "uma língua é sempre um dialeto que possui exército próprio". Também entre nós houve algo semelhante, pois tivemos a tentativa jesuítica de impor uma língua geral, o nheengatu — ele mesmo fruto de uma síntese artificial —, até que aqueles religiosos fossem expulsos do Brasil no século 18. O mesmo ocorreu com as religiões, cada uma a seu modo, e com a culinária. O que importa de fato, no entanto, é que a unidade nacional, voluntária ou imposta, acaba se apoiando numa forte "vontade de obedecer", que caracteriza o Estado moderno. Do ponto de vista da culinária, podemos imaginar que se forme, de modo análogo, a "vontade de comer" certas coisas, feitas de determinadas maneiras. No século 19 europeu, observamos claramente essa unificação de velhas tradições, pois as dezoito potências europeias "grandes" e "pequenas" estavam longe de coincidir com as fronteiras étnicas dos povos existentes naquele continente por volta de 1870. Muito especialmente, podia-se observar isso na Europa oriental, onde os impérios russo, austríaco e otomano se estendiam sobre um confuso amontoado de nacionalidades. A Alemanha, por exemplo, incluía os poloneses, holandeses, alsacianos-lorenenses de fala francesa, mas não os alemães da Áustria ou Suíça. No caso específico da Itália, foi necessário partir do nada para resolver o problema resumido por Massimo d'Azeglio na seguinte frase: "Nós fizemos a Itália, agora temos de fazer os italianos". Ora, os ingredientes para inventar um povo estavam em tudo aquilo que tinha uma longa história que se perde na noite dos tempos; daí a necessidade de criar de uma maneira própria, o que consiste em trazer o "velho", de forma transformada, para o presente e, assim, desenhar a nação moderna. Isso significou identificar, selecionar e adotar de modo amplo determinados traços culturais que a partir de então constituiriam o que é reconhecido como "italiano", ou "brasileiro", e assim por diante.

Entretanto, é longo o tempo da culinária e extremamente atomizado seu processo. Por isso, é difícil acompanhar sua formação segundo a mesma lógica que nos permite pensar, por exemplo, a centralização do ensino ou a formação da literatura. Historiadores reconhecem que sabemos quase nada sobre como comiam as pessoas do povo na Idade Média. Os registros históricos se restringem aos hábitos das elites. Sabemos, porém, que existiam vários padrões alimentares, e, por isso, é possível falar em um cardápio de elite e em outro popular. Um dos tratados mais importantes de culinária moderna é *L'arte di ben cucinare* (1662), de Bartolomeo Stefani,[4] cozinheiro da família de Ottavio Gonzaga, marquês de Mântua, na Itália. Nesse livro de culinária barroca, consta claramente a separação entre o cardápio "di cavalieri e altre persone di qualità" (cavalheiros e outras pessoas distintas) e o cardápio da "tradizione popolare mantovana" (tradição popular mantuana).

Em geral, as tradições anteriores ao século 18 sofrem dessa dualidade que nos mostra mais o comer das elites que o da plebe; além do mais, as classes altas europeias compartilharam muitos hábitos alimentares, o que logo conferiu a estes uma dimensão internacional, em contraste com as cozinhas regionais, baseadas em diferentes histórias comunitárias. É por essa razão, aliás, que depois do período napoleônico o mundo todo passou a comer "à francesa": como, no século 19, Paris era a capital do mundo burguês em expansão, todas as burguesias queriam imitar seus valores e consumir as coisas que vinham de lá. Como já dissemos, o francesismo afetou até mesmo Portugal e, de modo direto e indireto, o Brasil.

É preciso, então, registrar a influência francesa do século 19 porque ela também conformou nossa culinária. Em sua esteira, fez-se a primeira sistematização da cozinha brasileira em vertente culta, conforme atesta o livro *Cozinheiro nacional* e, mais tarde, a chamada cozinha internacional — essa forma despersonalizada de se comer nos grandes centros urbanos —, que se contrapõe às cozinhas locais, cuja personalidade forte se mantém. Quando a grande hotelaria surgiu no Brasil, foi à influência internacional que ela se filiou. Portanto, a diplomacia da culinária francesa, que se inicia no período napoleônico, mostrou-se um expediente eficiente para dar certa unidade de gosto às burguesias nacionais, que preferiram virar as costas, na maioria dos países, às tradições locais, reforçando, assim, o dualismo culinário a que nos referimos.

Porém, não são os sabores ou valores intrínsecos à culinária francesa o que mais nos interessa atualmente, e sim o processo original de formação de sua *cuisine bourgeoise* (cozinha burguesa), modelo bem-sucedido que encerra ensinamentos dignos de nota. Um simples cozido — o *pot-au-feu* (panela ao fogo) — esteve presente em todo o território da França, e era comum ter um equivalente seu em outros países europeus desde tempos imemoriais.[5] Esse produto, que aparece sob diversas formas e combinações de matérias-primas, é, ao mesmo tempo, uma solução culinária camponesa, com suas dimensões gustativas familiares, e uma expressão do status gastronômico que reveste a cozinha rural a partir do século 19, ganhando lugar na própria literatura internacional como um prato que "fez a França".

É com base no enraizamento na cultura popular camponesa que veremos o desenvolvimento conceitual do *pot-au-feu* como prato nacional, conforme os vários tratamentos que receberá na literatura culta, desde o grande cozinheiro Taillevent (c. 1310-1395), e especialmente a partir do século 18. Os enciclopedistas farão o elogio do *bouillon* (caldo), Brillat-Savarin (1755-1826) verá nele a "química dos sucos e dos sumos" e Antonin Carême (1784-1833), chef e fundador da alta cozinha francesa, lhe dará lugar de destaque em sua obra. Em 1789, surge um fascículo anônimo denominado *La poule au pot ou Première cause du bonheur public* [A galinha na panela ou A primeira causa da felicidade pública], e, em 1849, o poeta Sébastien Rhéal lança um apelo à unidade dos franceses, divididos pela Revolução de 1848, propondo a mesma *poule au pot* como forma de "contrato social". Em torno de pratos e conceitos culinários como este irá se agregar uma infinidade de receitas que permitem aos cozinheiros franceses falarem, a partir do século 19, na cozinha burguesa como forte referencial do modo de ser francês.

A "cozinha internacional" surgiu como desdobramento dessa cozinha burguesa, como uma leitura caricata dela, talvez degenerada, descolada das origens, mas suficientemente atraente para ser imitada e reproduzida por toda parte. Além da matriz francesa, a ela foi se reunindo, com o tempo, uma plêiade de pratos que expressam os ecos do mundo na França: cozinha indiana, cozinha alemã, cozinha marroquina, cozinha brasileira etc., enriquecendo, assim, o paladar francês e reforçando seu caráter universal.

Já nos países de história colonial, raramente se deu esse processo de construção de símbolos culinários com a capacidade de unificar toda a população em torno de uma ementa, e a restauração do valor do passado é expediente recentíssimo. A razão disso é que nem sempre as respectivas burguesias conseguiram construir um terreno cultural em comum com os demais estratos e classes da população. Quase nunca quiseram se confundir com as populações nativas, mantendo como forte referencial de sua identidade a origem europeia, e, através de uma cultura letrada restrita, criaram uma verdadeira dualidade sociocultural. Assim, indígenas, negros e europeus não foram reunidos sob os mesmos signos, a não ser depois da segunda década do século 20. Religião "de negro" e cozinha "de bugre" eram expressões que manifestavam a exclusão e, ainda que as várias etnias tenham se aproximado pouco a pouco, com o tempo, tiveram a função cultural ativa de diferenciar grupos dentro do que viria a ser a nação.

Grande exceção nesse quadro de formação burguesa é o México. No início do século 20, o país desembarcou em outro tipo de sociedade. Nos painéis de Diego Rivera (1886-1957), por exemplo, percebe-se a profunda identidade com a cultura indígena, na maneira como a burguesia *criolla* é representada como classe nacional, sem necessidade de demarcar sua distância do passado indígena e de esconder-se atrás da tradição francesa.

Essa unificação simbólica é devida, em grande parte, à dimensão popular da Revolução Mexicana de 1910 e aos governos que se sucederam, de olho no campesinato que emergiu na cena política. No plano culinário, deu-se algo semelhante. Hábitos alimentares com dimensões de culinária nacional, claramente decalcados de práticas pré-colombianas, permanecem até hoje,[6] e, num mundo globalizado, essa cozinha mexicana é um orgulho nacional de exportação, ainda que o filtro do gosto internacional elimine seus elementos mais originais.

Entre nós, após um período em que a herança portuguesa perdeu sua força, o francês arraigou-se nas elites locais, logo em seguida à Independência, em especial após o Congresso de Viena (1814-15) e o casamento de Pedro I com a princesa bávara, Amélia de Leuchtenberg, em 1829. Assim se expressou Debret sobre esse período:

> A moda, essa mágica francesa, em boa hora fez sua irrupção no Brasil. O Império de d. Pedro tornou-se um dos seus mais brilhantes domínios; ela reina ali como déspota, seus caprichos são leis: nas cidades, toaletes, refeições, dança, música, espetáculos, tudo é calculado a partir do exemplo de Paris, e, nessa relação, assim como em algumas outras, certos departamentos da França estão ainda bem atrás das províncias do Brasil [...]. Esse é, em resumo, o povo que percorreu em três séculos todas as fases da civilização europeia e que, instruído por nossas lições, logo nos oferecerá rivais dignos de nós.[7]

De fato, desde então o hábito de se falar francês na corte disseminou-se pelas províncias, para onde foram professores dessa língua, governantas, cabeleireiros, dentistas, alfaiates, modistas, barbeiros, livreiros e toda sorte de profissionais que permitissem respirar um pouco de Paris. Mesmo nas cidades mais tacanhas, como São Paulo, o francesismo já havia se estabelecido, pelo ano de 1860, com a inauguração da Casa Garraux, um misto de livraria, tipografia, loja de vinhos, entreposto de objetos pessoais, objetos de arte etc. Era ali que se fazia a assinatura de jornais e revistas franceses, como a *Revue des Deux Mondes* e *L'Illustration*, que eram as mais procuradas. E é então que se difunde a influência para as fazendas de café. Simultaneamente, os jornais cariocas publicavam anúncios de procura e oferta de cozinheiros franceses, aptos a realizar cardápios domésticos referenciados naquela tradição. Do mesmo modo, em cafés, pensões, hotéis e restaurantes era frequente a citação da culinária francesa como garantia de excelência.

Ainda hoje, as principais portas de entrada das influências estrangeiras no Brasil são as grandes cidades, como São Paulo e Rio de Janeiro. Nelas, tem livre trânsito a cozinha internacional — esse amontoado de heranças que já perderam os cacoetes de origem. Além dela, dia após dia chegam novas ondas, como a cozinha tailandesa, a coreana, a peruana e assim por diante — umas apoiadas em comunidades de imigrantes que vão encontrando trabalho nessas cidades, outras como cozinhas mais imaginárias do que reais (é o caso da "tailandesa"). Sem dúvida, nada disso prosperaria se não houvesse uma audiência pronta a acolher o que vem de fora em detrimento do que se faz aqui. A recepção das influências externas é dada justamente pelo sentimento cosmopolita que anima a burguesia brasileira há longo tempo. Apenas a partir da segunda metade do século 20, especialmente no período chamado de substituição das importações, foi que o país se deu conta de que poderia produzir aqui mesmo muita coisa antes importada — inclusive novas ideias sobre nós mesmos.

Porém, não muito longe do Rio de Janeiro (nos sertões de São Paulo), e em tempo não tão remoto, ainda se comia sem qualquer refinamento: não se usava o garfo e o que vinha à mesa era mais próximo da comida de bugre do que de qualquer coisa que pudesse remeter à cultura europeia cortejada. Um estudo de história recente mostra como foi difícil para os paulistas aceitar, por exemplo, a culinária do milho — ingrediente disponibilizado pelos povos guaranis e que tanto facilitou a exploração dos sertões da região.[8] O milho era visto como comida de animais e de bugres, não se prestando à mesa dos desbravadores brancos. Foi a necessidade de contar com o conhecimento indígena para explorar o novo território que aproximou os brancos de uma culinária indesejada. Para entendermos como essa questão, embora remota, ainda ressoa no presente, basta um exemplo: na gastronomia paulistana atual existe uma clara preferência pelo cuscuz marroquino, em detrimento daquele feito com farinha de milho, como se esta não houvesse deitado suas raízes no gosto local. Contudo, no interior do Brasil e mesmo entre as classes populares urbanas, é bastante difundida a farinha de milho, o que evidencia como as dinâmicas históricas das duas culinárias — a de elite e a popular — são diversas.

Vê-se, assim, que as culinárias nacionais não se resumem a conjuntos de receitas partilhadas. Elas incluem dimensões que não são visíveis, como tabus alimentares, ideias sobre a nobreza de alguns ingredientes, idealizações sobre cardápios relacionados a vivências especiais (como festas ou cultos religiosos), técnicas de tratamento das matérias-primas visando à sua purificação mais do que à construção de sabores etc.

Além disso, também intervêm na culinária elementos extraculinários. No conjunto, as fronteiras entre as várias cozinhas — sejam elas regionais ou nacionais — podem sempre ser definidas a partir de marcadores culturais fortes. Por exemplo, os cubanos tomam cerveja misturada a suco de tomate, e os franceses, chope misturado a soda limonada — costumes que parecem repulsivos para os brasileiros. Do mesmo modo, a maior parte dos povos latino-americanos sente aversão à simples menção de se comer abacate com açúcar, como fazemos, embora entre nós e, por exemplo, os cubanos haja tanta coisa em comum: a influência da cultura negra, o consumo de carne de porco e feijões, a religiosidade de origem africana etc. Mesmo no interior de um país é possível ver como essas fronteiras vão se estabelecendo na alimentação, apesar de compartilharmos tantos outros aspectos culturais. Às elites do Sudeste horripila comer vísceras, como fazem os nordestinos; o sabor do tucupi com jambu, prezado no Norte, não é apreciado no restante do território brasileiro; os usos do açaí são completamente distintos nas refeições paraenses e naquelas do Sudeste, e assim por diante. Portanto, é quase da ordem do mistério o modo como se formaram os sistemas culinários — não havendo outro remédio senão interrogar a história e a cultura de cada povo para tentar iluminar, de modo mais particular do que geral, as soluções adotadas sobre o que comer e o que não comer.

Soluções alimentares foram se criando ao longo do tempo, adquirindo, pouco a pouco, seu lugar na história, seja por necessidade, seja por puro gosto. Assim, quando temos no horizonte de nosso olhar os quinhentos e poucos anos do Brasil, o que vemos é um mosaico muito variado, o qual reivindicamos como nosso patrimônio, pouco importando sua história. Essa, convenhamos, parece um capricho de intelectuais que, no entanto, são convocados vez por outra para reinterpretar o conjunto, sempre e quando é preciso ir mais além na historiografia, como parece ser o caso presente. E dessa reinterpretação histórica presente depende, em parte, o modo como a culinária brasileira poderá ser vivida no futuro.

A MISCIGENAÇÃO DEGLUTIU A COZINHA BRASILEIRA

É ideia muito corrente, entre os brasileiros, a de que nosso patrimônio culinário foi construído a partir de "contribuições" feitas por portugueses, negros escravizados e indígenas. Essa tese adquiriu caráter de dogma, tal sua recorrência em inúmeros livros sobre nossa alimentação. Isso é compreensível, pois, se não foi assim, como explicar nossa "língua culinária" mais ou menos única, surgida durante a longa convivência étnica de colonizadores e colonizados? Vários são os marcadores culturais que constituem o DNA de uma cultura. A adaptação à paisagem e sua diversidade, os modos (as técnicas) de cozinhar, a religiosidade etc. podem ser convocados para demarcar o campo de uma culinária. Entre os brasileiros, a primeira demarcação já aparece na carta de Pero Vaz de Caminha, quando ele relata que os indígenas recusaram vários alimentos ofertados, inclusive galinha, animal que lhes causou estranheza. Contudo, a demarcação erudita é igualmente de natureza étnica, pois ainda hoje achamos pertinente a pergunta que hierarquiza a cultura: de onde vem isso ou aquilo — dos indígenas, dos negros ou dos brancos? Quando se trata de estabelecer a origem de algo, raramente admitimos que possa já ter sido suficientemente mastigado pelo tempo, até o ponto de as marcas originais terem sido digeridas. Para aceitar tal coisa, sempre recorremos a teorias sobre a miscigenação, a fim de estabelecer vários pontos de origem que façam sentido no momento presente.

Miscigenação não é um conceito simples, embora tenha se tornado banal, tanto por causa do ensino quanto da própria fala sobre a culinária nacional. De fato, quando Gilberto Freyre publicou *Casa-grande & senzala* (1933), pôs fim à discussão sobre a hierarquia das raças na formação da sociedade brasileira. Sua tese engenhosa, formulada num estilo cativante, foi uma verdadeira revolução na maneira de compreender a constituição do povo brasileiro: a miscigenação de brancos, negros e indígenas sob a direção da grande propriedade rural legitimou a convicção de que éramos mestiços por definição. Ora, a ideia que Gilberto Freyre apresentou de forma convincente já circulava na cultura brasileira desde a Semana de Arte Moderna de 1922, capitaneada por Oswald de Andrade e Mário de Andrade.

O tema da antropofagia, da deglutição cultural, veio em sua esteira e esteve presente na produção intelectual a partir de 1928, com o Movimento Antropófago. Na pintura, as telas de Tarsila do Amaral nos fornecem o exemplo pungente da quebra de paradigma. Tratava-se, no dizer do poeta Jorge de Lima, de empreender um grande esforço de "achamento" — isto é, de abandono do modo bocó de nos vermos, como se fôssemos europeus deslocados ou estrangeiros em nossa própria terra, e de "acharmos nossa expressão" própria. O problema da cultura nacional, para os modernistas e, ainda mais tarde, para o Romance de 1930 nordestino, era de "expressão".[9]

Essa opinião era especialmente revolucionária porque contrastava com aquela que prevalecera no século 19, quando visões como a de Joaquim Nabuco (1849-1910) eram dominantes. Escreveu ele:

> A nossa imaginação não pode deixar de ser europeia, isto é, de ser humana [...], segue pelas civilizações todas da humanidade, como a dos europeus, com quem temos o mesmo fundo comum da língua, religião, arte, direito e poesia, ou mesmo séculos de civilização acumulada, e, portanto, desde que haja um raio de cultura, a mesma imaginação histórica.[10]

Nabuco é nosso mais importante abolicionista, o que não o impedia de ser, ao mesmo tempo, completamente alienado em relação aos valores nacionais que acabariam por prevalecer na maneira de nos considerarmos a partir de obras como a de Gilberto Freyre, mas que já vinham se formando mesmo antes da época de Nabuco e que imporiam uma ruptura radical com essa ideia de civilização transplantada da Europa que ele expressava.

A angústia dos intelectuais de fins do século 19 e começo do 20 era justamente abrir caminho para que se encontrasse a expressão do que havia de novo no que estava se formando aqui. Isso fez com que o achamento de nossa expressão se alargasse como diretriz prática de procura em todos os setores da cultura — a música, a literatura, as artes plásticas — e chegasse também ao campo da culinária, que permanecia, até então, distante dessa especulação. Se conferirmos pesquisas anteriores sobre a cultura brasileira, como as da obra de Sílvio Romero (1851-1914), não encontraremos quaisquer referências à culinária brasileira.

Gilberto Freyre, mais uma vez, foi desbravador. Em 1926, em seu famoso *Manifesto regionalista*, já indicava:

> Três regiões culinárias destacam-se hoje no Brasil: a baiana, a nordestina e a mineira. A baiana é decerto a mais poderosamente imperial das três. Mas talvez não seja a mais importante do ponto de vista sociologicamente brasileiro. Outras tradições culinárias menos importantes poderiam ser acrescentadas, com suas cores próprias, ao mapa que se organizasse das variações de mesa, sobremesa e tabuleiro em nosso país: a região do extremo Norte, com a predominância de influência indígena e dos complexos culinários da tartaruga [...] e da castanha, que se salienta não só na confeitaria como nas próprias sopas regionais — tudo refrescado com açaí célebre [...]; a região fluminense e norte-paulista, irmã da nordestina em muita coisa, pois se apresenta condicionada por idênticas tradições agrário-patriarcais, e mais de uma sub-região fluminense, pelo mesmo uso farto do açúcar; a região gaúcha, em que a mesa é um tanto rústica, embora mais farta que as outras em boa carne [...]. O mais poderia ser descrito, do ponto de vista culinário, como sertão: áreas caracterizadas por uma cozinha ainda agreste [...], e nas florestas do centro do país, pela utilização da caça e do peixe de rio — tudo ascética e rusticamente preparado.
>
> A influência portuguesa onde parece manifestar-se ainda hoje mais forte é no litoral, do Maranhão ao Rio de Janeiro ou a Santos. [...] A influência africana sobressai na Bahia. A influência ameríndia é particularmente notável no extremo Norte [...]. Mas, como noutras artes, as três grandes influências de cultura que se

encontram à base das principais cozinhas regionais brasileiras e de sua estética são a portuguesa, a africana e a ameríndia, com as predominâncias regionais já assinaladas.[11]

Essa passagem resume o discurso sobre a culinária brasileira vigente ainda hoje, com pequenas variações. O autor equilibra os componentes do mito de origem — o indígena, o negro e o branco —, suprimindo exatamente a hierarquia real que houve entre eles, e as contribuições de cada etnia são tomadas como equivalentes, sem reterem a história da opressão que marcou o colonialismo e, portanto, o poder seletivo que o colonizador exerceu sobre os colonizados.[12] Gilberto Freyre, contudo, chega a reconhecer no negro a maior potência criadora; além disso, ele lança as bases da interpretação regionalizada de nossa culinária. O termo "complexo" (associado à tartaruga e à castanha-do-pará, em seu texto) será utilizado inúmeras vezes na literatura sobre a culinária para tentar particularizar e tipificar parcelas do território brasileiro como portadoras de elementos distintivos e marcantes.

Assim, Freyre, além de desenvolver a ideia miscigenista, enraíza a culinária em múltiplos territórios. E é ainda com base nesse tipo de concepção que muitos autores atuais analisam a culinária brasileira, cruzando, num eixo, as contribuições étnicas e tipificando, noutro, as regiões pela predominância de uma ou outra influência. Por exemplo, parece correto considerar Florianópolis uma região de forte influência portuguesa, com destaque para os de origem açoriana; do mesmo modo, a Bahia (Recôncavo) aparece como espaço de predominância da cozinha negra; o Pará, da cozinha indígena, e assim por diante. O resultado dessa forma de classificação é um mapa do país onde as continuidades/descontinuidades espaciais são dadas pela predominância do elemento formador inicial. Essa modalidade de regionalismo culinário revelou-se, no tempo, muito útil na competição por espaços políticos, pois dotou a todos de uma personalidade singular, mas é pouco esclarecedora sobre o processo real de formação da cozinha brasileira.

Uma leitura crítica do *Manifesto regionalista* de Freyre revela que ele defendia especialmente as cores do Nordeste, procurando mostrar sua contribuição ampla à cultura e à economia brasileiras, protestando contra sua marginalidade política; isto é, visava ampliar o espaço de influência da região no seio da nação à época da decadência da sua principal indústria: o açúcar. Só com a Revolução de 1930 essas tensões entre as oligarquias dos Estados iriam amainar. Talvez por isso mesmo, a primeira obra a consolidar a ideia moderna de culinária nacional tenha sido escrita depois de essa divisão oligárquica ter sido silenciada politicamente. Refiro-me a Luís da Câmara Cascudo (1898-1986), que levou cerca de vinte anos preparando sua *História da alimentação no Brasil*, lançada na década de 1960, na qual o peso do regionalismo é muito menor do que em Gilberto Freyre, como veremos com mais detalhes no tópico específico sobre o regionalismo culinário.

O livro de Câmara Cascudo é a bíblia dos que se dedicam, ainda hoje, ao estudo da culinária brasileira. A ideia miscigenista dos anos 1920 e 1930 nele avulta com tal vigor que deixa na sombra qualquer outro princípio utilizado para ordenar nossa cozinha. Cascudo mostrou, através de uma pesquisa de grande fôlego, feita no Brasil e no exterior, o que compunha originariamente a "ementa portuguesa", o "cardápio indígena" e a "dieta africana", os quais, plasmados em vários pratos e hábitos alimentares, poderiam ser entendidos como o patrimônio culinário brasileiro. O grande problema que persistiu é que as cozinhas dos príncipes e do povo, mais uma vez, não se fundiram numa só cozinha nacional burguesa. Por outro lado, e contrariamente a Freyre, Cascudo acreditava que a culinária do sertão era mais vigorosa e autêntica do que a do litoral açucareiro.

Entretanto, o livro de Cascudo não é exatamente uma história, e, sim, um ensaio de interpretação que convoca provas históricas, o que quer dizer que ele reuniu ali apenas os argumentos suficientes para demonstrar uma tese previamente concebida através do que chamou de uma "tentativa sociológica", sem ir atrás do que pudesse eventualmente contrariar a ideia da qual partiu. Os elementos necessários para fundamentar seu ensaio foram coletados em vários documentos, livros antigos, depoimentos, relatos de cronistas coloniais e viajantes do século 19, e, em pé de igualdade, no folclore e nos ditos populares. Como pano de fundo, Câmara Cascudo sustenta que a culinária brasileira se forjou no período que vai do século 16 ao 18, quando se fixaram os itens básicos de nossa dieta, as técnicas culinárias adotadas, o ritmo da refeição e, sobretudo, um gosto que, para ele, só o tempo tem o dom de criar ou modificar. Não possuem destaque entre suas preocupações as grandes transformações ocorridas ao longo do século 19, especialmente a difusão do francesismo culinário pelas províncias, a partir do Rio de Janeiro.

Na visão atual, a importância de Câmara Cascudo para a cultura brasileira consiste em ter sido ele precursor do que hoje se chamaria antropologia histórica — segundo as formulações teóricas de Jacques Le Goff —, colocando a alimentação num plano inédito, como fonte de identidade do povo brasileiro. Sua *História da alimentação* é também um exercício de aproximação da preocupação modernista com a preocupação folclorista, ou método "popular e étnico", inaugurado no país por Sílvio Romero. Além disso, Cascudo valoriza a tradição oral como meio de abordagem de comportamentos e suas formas de expressão; apresenta uma ideia original de mestiçagem no plano alimentar; muda a ênfase da pesquisa tradicional, destacando a centralidade do gosto na análise dos aspectos simbólicos e culturais da alimentação, em vez dos biológicos e nutricionais; e, finalmente, nos instiga a pensar o patrimônio alimentar como herança remota, fruto da mestiçagem que se processa entre os séculos 16 e 18. Assim, o alcance de sua obra não é pequeno e representa uma quebra do padrão anterior de percepção da cozinha brasileira.[13] De fato, muito antes dele, na década de 1870, surgira o primeiro livro que se pretendia definidor da culinária brasileira: o *Cozinheiro nacional*, já mencionado aqui, de autor anônimo. Nesse texto, lê-se:

> Uma vez que demos o título "nacional" à nossa obra, julgamos ter contraído um compromisso solene, qual o de apresentarmos uma cozinha em tudo brasileira, isto é, indicarmos os meios por que se preparam no país as carnes dos inúmeros mamíferos que povoam suas matas e percorrem seus campos; aves que habitam seus climas diversos; peixes que sulcam seus rios e mares [...] inteiramente diferentes dos da Europa, em sabor, aspecto, forma e virtude, e que por conseguinte exigem preparações peculiares.[14]

Desse modo, o *Cozinheiro nacional* representou um esforço de nacionalização do saber culinário e, por isso mesmo, pode ser tomado como o marco inicial de formação de um pensamento autóctone sobre o comer entre a elite agrária e os nascentes setores urbanos do país. Contudo, embora nele abundem referências a produtos naturais do país, falta justamente uma teoria sobre o que havia de novo a cimentar tudo aquilo — pois, para o autor anônimo, o pano de fundo era, em tudo, francês. Teríamos de esperar por Câmara Cascudo para dispor dessa teoria.

É claro que a ideia de nação se nutre mais das versões do que propriamente dos fatos. Assemelha-se à elaboração de um mito, que se torna efetivo graças às adesões com que conta, pouco importando, em sua elaboração, a emergência da consciência crítica. Isso precisa ser dito, porque o estudo do comer real no Brasil seguiu caminho distinto. No início do século 20, pesquisas nacionais sobre saúde, que tomaram impulso com a experiência bem-sucedida de Oswaldo Cruz (1872-1917) no Rio de Janeiro, acabaram por mostrar um mundo rural que mais se assemelhava a um "imenso hospital", e o Jeca Tatu, personagem de Monteiro Lobato (1882-1948), tornou-se sua personificação dramática. A *Revista do Brasil*, por meio de sucessivos artigos de vários intelectuais que se reuniam sob a direção de Lobato, revelou ao país que a fome, a desnutrição e as endemias comiam por dentro o brasileiro. Se parecíamos um povo débil, doente, com altas taxas de alcoolismo, isso se devia especialmente ao fato de os ex-escravizados terem sido abandonados à margem da sociedade após a Abolição, e não a um atavismo qualquer dos negros. Pouco mais de trinta anos separaram essa tomada de consciência dos higienistas daquela representação elitista consagrada pelo *Cozinheiro nacional*.

Talvez a percepção da gravidade do quadro nutricional brasileiro tenha motivado Monteiro Lobato a se preocupar com a alimentação, inclusive tentando sistematizar uma dieta conveniente para o país. É por orientação dele que a construção do nacionalismo culinário assume um aspecto prático, gerando um repertório consolidado de receitas. Abandonando o terreno especulativo, surge, em 1940, o livro *Dona Benta: comer bem*. É curioso saber o modo como foi escrito. Rubens de Barros Lima, diretor da Companhia Editora Nacional, solicitou aos demais diretores e funcionários que saíssem à cata dos cadernos de receitas de suas mães, avós e tias, além daqueles de conhecidas quituteiras. O nome da seleção de receitas foi tomado de empréstimo à personagem de Monteiro Lobato, proprietário da editora.

Dona Benta é uma avó bem-educada que, em tom professoral, ensina aos netos disciplinas como física, geografia, história etc. No livro de receitas, a simpática senhora aparece como aquela que ensina a cozinhar. No entanto, como é sabido, no Sítio do Picapau Amarelo, onde vivia, quem cozinha é a negra Tia Anastácia. Desse modo, o título da obra remete ao imaginário brasileiro, onde a velha e boa avó é a mestra, ao passo que a negra é confinada à cozinha. O livro *Dona Benta* foi o primeiro repositório sistemático de receitas exequíveis com caráter moderno e — a julgar pelo sucesso estrondoso da obra por décadas seguidas — foi também o guia prático do que se fazia no Brasil nos moldes do velho modelo francês de cozinha burguesa, misturando, porém, indistintamente, a culinária europeia e os modos nacionais de comer. A própria obra infantil de Monteiro Lobato está semeada de referências culinárias. *Fábulas, O saci, Viagem ao céu, As aventuras de Hans Staden, Caçadas de Pedrinho, Memórias de Emília* e tantos outros livros inesquecíveis são meios de educação das crianças também a respeito dos hábitos e gostos do país. A Lobato, horrorizavam os francesismos da elite paulista, praticados em espaços como a famosa Vila Kyrial, da família Freitas Valle, que, pedantemente, eram repetidos por toda parte; em várias ocasiões, o escritor ridicularizou essa dieta que considerava alienada. Pessoalmente, assumia-se caipira e na contramão dos hábitos da elite que tanto criticava:

> Comer o que se quer é regionalismo sórdido. Come-se o que é de bom-tom comer. Manducar leitão assado, picadinho, feijoada, pamonha de milho-verde, moqueca e outros petiscos da terra é uma vergonha tão grande como pintar paisagens locais, romancear tragédias do meio, poetar sentimentos do povo.[15]

Pois é justamente essa culinária "vergonhosa", muitas vezes comida às escondidas, que viria a ser nossa duradoura cozinha inzoneira. Entende-se, pois, que nesse contexto contraditório, variado, de pouco mais de meio século de busca do que pudesse tipificar a consciência nacional em qualquer esfera da cultura, a ideia de miscigenação tenha se apresentado como algo tão confortável ideologicamente. Ela supera as tensões do escravismo colonial, ao conferir ao negro uma personalidade cultural forte e determinante; incorpora a história indígena não como processo dramático de aniquilação, mas, sim, como a verdadeira trajetória de adaptação às novas terras descobertas; finalmente, apresenta a herança europeia como plástica e assimiladora, dando conformação moderna a tudo o que, visto de modo isolado, pareceria impróprio para fundamentar uma civilização nos trópicos. Não se trata, evidentemente, de um conceito isento de problemas, uma vez que as contradições de classe e inter-regionais mantiveram-se, resultando em tensões e ênfases variadas em diversos aspectos da cultura nacional; contudo, criou liames entre coisas que antes eram separadas, de modo a instituir um sentido único de pertencimento, suficiente para seguirmos adiante na história sem nos destruirmos.

De fato, ainda hoje é bastante conveniente a ideia de que somos mestiços no prato, mesmo que a maior parte das comidas populares não seja aceita em mesas cultas e elitizadas. E é trabalhando com essas heranças, atenuando seus aspectos mais estranhos, que vamos construindo uma nova cozinha brasileira; afinal, precisamos cada vez mais desse mito num ambiente internacionalizado e competitivo, pois, sem ele, o que seríamos, comparativamente? Assim se vê como aquelas questões que angustiaram os brasileiros na passagem do século 19 para o 20 ainda estão ativas. E muito presentes, aliás.

A SORTE DOS PERSONAGENS MITOLÓGICOS DA CULINÁRIA BRASILEIRA

Ao abandonarmos Dona Benta, a porta de entrada para nossa cozinha passa, obrigatoriamente, pelo enfrentamento com os personagens da mitologia miscigenista, o negro, o indígena e o branco, e suas respectivas "contribuições", como indicaremos a seguir. Certo esforço para desconstruir (como se diria em linguagem hoje corrente) esses blocos pode nos auxiliar no trabalho de matizar as certezas. Isso porque, como mencionamos, a ideia de miscigenação culinária — que iguala na comida aquilo que adveio dos indígenas, dos negros e dos brancos — esconde como foi dramático e desigual o processo histórico.

Os primeiros séculos de ocupação do território pelos europeus e, depois, por seus descendentes foram um longo período de dizimação dos mais de mil grupos indígenas, reduzidos a pouco mais de duas centenas no Brasil atual. Um relato histórico pungente desse processo de conquista da Capitania de Pernambuco, que resultaria na civilização do açúcar celebrada por Gilberto Freyre, é suficiente para mostrar como houve, de fato, uma ocupação territorial mais forte e determinante do que a convergência de hábitos culinários. Mais se perdeu em termos de diversidade de modos de vida do que se ganhou com o exercício sistemático de extermínio dos povos tribais, conforme mostra pesquisa histórica recente.[16]

Em relação aos negros, algo semelhante aconteceu, visto que homens e mulheres de diferentes etnias foram arrancados de suas terras, tiveram suas estruturas sociais esfaceladas e, aqui, foram reunidos segundo critérios ditados pelas necessidades de produção e controle, misturando línguas e hábitos de povos que originalmente nem sequer se relacionavam e produzindo uma Babel nas senzalas. Ao fim de um longo processo, os negros, quase que descaracterizados por completo, puderam finalmente se organizar em termos de religiosidade, com a predominância, no final do século 19, das tradições nagôs sobre as das demais etnias. Desse modo, a chamada miscigenação nada mais foi do que a pacificação histórica de um processo violento, dramático, que destruiu as unidades culturais iniciais, cuja integridade, porém, o recurso à mitologização preservou no plano simbólico.

Vale aqui citar uma cena memorável do romance *Macunaíma* (1928), de Mário de Andrade: o banquete com macarronada na casa do fazendeiro Venceslau Pietro Pietra, significativamente reinterpretado no filme homônimo (1969) de Joaquim Pedro de Andrade como uma faustosa feijoada — alegoria da cozinha nacional e daqueles seres que ela colocou em contato. É interessante que o festim se realize sob o domínio de um ser híbrido como Pietro Pietra, peruano, italiano, Piaimã. Demônio devorador de gente, ele é, justamente, um comedor de identidades, que transforma a muiraquitã indígena em objeto de coleção. Essa feijoada, tão bem carnavalizada no filme, Câmara Cascudo não a encontrou antes do século 19 como prato completo; ainda assim, ela se tornou o ícone da cozinha brasileira no século 20, atribuindo-se sua origem, erroneamente, à comida dos negros nas senzalas.

Mesmo quando nos afastamos do plano artístico — literário e cinematográfico —, constatamos que muitos estudiosos — antropólogos, sociólogos e historiadores — que tomaram a feijoada como objeto de pesquisa não vacilam em defender que ela é uma espécie de resumo da formação social brasileira dentro das panelas. Compreender isso é fundamental para quem se dedica à gastronomia no Brasil: até que ponto os pratos escolhidos para celebração não funcionam como um biombo a esconder outra culinária brasileira? Além dessa, os partidários da feijoada como prato nacional devem enfrentar mais uma questão: qualquer levantamento estatístico sobre os hábitos alimentares do brasileiro indica que a feijoada não é prato cotidiano. Poderia ser um prato cerimonial? Sim, mas, se observarmos seu consumo em diferentes regiões vis-à-vis outros pratos com os quais concorre, veremos que a pizza ou a macarronada de domingo, o churrasco, os vários cozidos regionais parecem reunir maior preferência e constância, sendo igualmente revestidos de ritualidade. Então, por que ainda se fala na feijoada? Por que nos botecos das grandes cidades ela resiste como prato forte, presente no calendário semanal (às quartas e aos sábados)? É uma questão difícil de responder. Seguramente, trata-se de um prato que possui caráter popular, sendo marginal nos hábitos alimentares das elites. Talvez seja mesmo identitário, como gostam de afirmar os cientistas sociais, mas o que há de relevante a respeito dele é a propriedade mágica que tem de reter o passado de escravidão, subvertendo seu sentido dramático.

Num esforço recente de interpretação histórica, Claude Papavero observa que a cultura do feijão se disseminou por todo o território brasileiro:

A adoção de uma alimentação cotidiana de feijões acompanhados de carnes e de gorduras suínas, que não desqualificava os comensais, contrastou bastante com os hábitos alimentares observados nos dois primeiros séculos da colonização. Os feijões dos tropeiros, ao deixarem de ser ingredientes alternativos, fazendo as vezes de carnes na dieta de quem não tinha recursos, incorporaram prioritariamente o toucinho e não demoraram a incluir também carnes, sem prejudicar a saúde dos amantes de semelhante iguaria. A obtenção rápida de safras de feijões (cerca de três meses após o plantio), a relativa facilidade de transporte dos grãos e o fato de se conservarem bem depois de secos constaram provavelmente entre os fatores que induziram a expansão de seu uso. Na interiorização do povoamento luso, continente adentro, o estabelecimento de roças de feijões e de milho nas localidades mais frequentadas permitiu as idas e vindas dos colonos e das mulas. Quanto ao consumo regular de feijões temperados com toucinho, incentivado pela panela única colocada ao lume em tais deslocamentos, ele proporcionou aos viajantes uma dieta mais substanciosa e saborosa que refeições de abóboras, de carne-seca ou de peixes acompanhados de farinha. Mais tarde, quando os caminhos do sertão passaram a ser percorridos de modo regular, lavradores de mantimentos se estabeleceram nos principais entroncamentos de caminhos para vender suas safras de milho e de feijões às tropas ou às monções de passagem (à diferença do que acontecia no litoral, onde os senhores de engenho se obrigavam a agasalhar gratuitamente os forasteiros).[17]

Essa teria sido a base objetiva para o ulterior desenvolvimento da "feijoada", como ainda nos informa Papavero:

> Antes de firmar presença em muitas regiões brasileiras, os feijões incorporaram gorduras e carnes salgadas de porcos, além de carnes bovinas. No decurso da segunda metade do século 18, quando a Inquisição foi abolida e o marquês de Pombal aliviou a discriminação que pesava nas sociedades lusas (metropolitana e colonial) sobre oficiais mecânicos, comerciantes de mercadorias a varejo, cristãos novos e mouros, a conveniência prática dos feijões já estava provada. Feijões acompanhados de torresmos, de paios ou de linguiças e feijoadas prestes a se tornarem emblemáticas contrastavam com o status mais restrito de *soul-food* das receitas dos descendentes de escravizados africanos radicados no Sul dos Estados Unidos.[18]

Seja como for, todos os intelectuais que, no último quartel do século 19, se ocuparam da chamada questão nacional tinham como problema central o que fazer com os negros depois da Abolição. Afinal, o pensamento racista predominante nos dizia que os negros eram inferiores, e acreditava-se que poderiam levar, mesmo através da miscigenação, à degeneração da raça que se formava no país; isto é, seriam mais um elemento de atraso do que de progresso — este favorecido pelo branqueamento da população. Como dizia um intelectual baiano:

> O que importa ao Brasil determinar é o quanto de inferioridade lhe advém da dificuldade de civilizar-se por parte da população negra que possui e se de todo fica essa inferioridade compensada pelo mestiçamento, processo natural por que os negros se estão integrando no povo brasileiro, para a grande massa da sua população de cor.[19]

Mutatis mutandis, essa também era a tese de Sílvio Romero, que, porém, não estava muito preocupado com o negro em si, pois acreditava que, geração após geração, essa "herança maldita" se diluiria no sangue do brasileiro, perdendo qualquer eficácia. Ousava, por isso, estabelecer um lugar específico para o negro na cultura brasileira nascente: "Temos a África em nossas cozinhas, como a América em nossas selvas, e a Europa em nossos salões".[20]

Pode-se, assim, imaginar o quanto a feijoada, elevada à alta posição de prato nacional por excelência, como uma verdadeira comunhão à mesa, representou um alívio da tensão cultural criada pela escravidão que dificultava a determinação de um lugar social para os ex-cativos. Uma vez restritos à cozinha, ou celebrados num prato comido por todos indistintamente, através da cor preta do feijão, eles estariam, definitiva e metonimicamente, integrados ao corpo nacional.

Entretanto, para traçar um quadro mais satisfatório de análise das chamadas contribuições étnicas à culinária brasileira, é necessário que nos demoremos um pouco sobre cada uma delas, como buscamos fazer a seguir.

A HERANÇA METROPOLITANA

Comecemos pelos portugueses, pois cabe a eles a primazia no tratamento das influências formadoras de nossa culinária, visto que colocaram em contato as várias tradições, atirando-as na dinâmica da economia ocidental, e fixaram boa parte de nossos atributos culinários que viajaram através do tempo.

Portadores de uma tradição europeia tipicamente rural, muito semelhante à espanhola e aparentada com outras cozinhas continentais, distinguiam-se pela modernidade do empreendimento colonial ultramarino. Foram eles que, a partir do século 16, por meio do amplo comércio de especiarias, açúcar e negros africanos, interligaram todos os continentes. Por trás desse movimento de globalização econômica, desse ir e vir, espécies do mundo todo puderam deixar seus habitats originários e se adaptar a outros espaços. Centenas de espécies vegetais (como a manga, a jaca, a fruta-pão etc.) e dezenas de espécies animais (ovinos, caprinos, suínos, bubalinos) vieram a constituir, com o tempo, o grosso da diversidade que fundamenta a cozinha moderna mundial. Portanto, o que devemos inicialmente aos portugueses (e espanhóis, é bom acrescentar) é exatamente o que toda a Europa deve a eles: o contato com as terras distantes da Ásia, das Américas e da África. Eles foram, acima de tudo, integradores culinários. Mas sua influência, como dominadores, foi bastante além da simples transação mundial de espécies comestíveis.

Em contato inicialmente com povos tribais dedicados à caça e à pesca, bem como a uma agricultura distinta da que se praticava na Europa, os portugueses, sobretudo ao se afastarem da costa e se embrenharem nos sertões, tiveram de adotar vários elementos culinários indígenas, como as farinhas — especialmente de mandioca e de milho —, além das frutas e dos produtos de caça e pesca. Vários cronistas coloniais relatam, em detalhes, as primeiras impressões causadas por esses alimentos desconhecidos, registrando reações que vão do deleite ao asco.

Na direção oposta, a cozinha praticada em território brasileiro, nos estratos populares, incorporou de maneira notável, além da cebola, do alho e do coentro, um amplo consumo de vísceras e de pequenos animais, como ocorria no meio rural português, transplantando, inclusive, rituais completos e complexos, como a forma cooperada da matança do porco. De modo geral, no tocante à grande contribuição que resultou da intensa transação de espécies, particularmente botânicas, destaca-se o papel do médico Garcia d'Orta, cristão novo que se estabeleceu em Goa no século 16 e que lá constituiu um grande pomar, sendo pioneiro na domesticação de inúmeras variedades de manga e outros frutos. Assim, chegaram ao Brasil espécies úteis vindas dos diversos lugares conquistados, das quais damos a seguir alguns poucos exemplos, com datas de sua introdução na Colônia:

ESPÉCIES EXÓTICAS ACLIMATADAS

ESPÉCIE	ORIGEM	ÉPOCA
Arroz (*Oryza sativa*)	China	século 17 (Iguape | SP) século 18 (Maranhão)
Abricó-do-pará (*Mammea americana*)	Antilhas	século 18
Banana (*Musa spp*)	Ásia	—
Carambola (*Averrhoa carambola*)	Ásia	século 19
Chuchu (*Sechium edule*)	América Central	—
Coco (*Cocus nucifera*)	Índia	—
Coentro (*Coriandrum sativum*)	Europa Meridional	século 17
Couve (*Brassica oleracea*)	Europa	século 17
Dendê (*Elaecis guineensis*)	África	século 16
Figo (*Ficus carica*)	Oriente Médio	século 16
Fruta-do-conde (*Annona squamosa*)	Antilhas	—
Fruta-pão (*Artocarpus incisa*)	Malásia	século 19
Gergelim (*Sesamum indicum*)	Ásia	século 16
Graviola (*Annona muricata*)	América Central	—
Inhame (*Colocasia sculenta*)	Ásia	—
Jaca (*Artocarpus integrifolia*)	Índia	século 19
Jatobá (*Hymenaea courbaril*)	Antilhas	—
Macadâmia (*Macadamia integrifoglia*)	Austrália	século 20
Manga (*Mangifera indica*)	Ásia	século 16
Melancia (*Citrullus lantus*)	África	século 16
Quiabo (*Hibiscus esculentus*)	África	século 16
Soja (*Glycine max*)	China	século 19
Trigo (*Triticum aestivum*)	Ásia	século 16

Fontes: CÂMARA CASCUDO. *História da alimentação no Brasil*; CAVALCANTE, Paulo B. *Frutas comestíveis da Amazônia*; FELIPPE, Gil. *Grãos e sementes*.

Desse modo, passou-se a dispor de um repertório amplo e variado de matérias-primas na culinária aqui praticada. Em boa medida, desses ingredientes peneirados pelo tempo já nem retemos a memória de sua origem, todos eles nos parecem brasileiros desde sempre. Curiosamente, porém, não nos esquecemos jamais da origem de alguns que vieram da África — como o quiabo e o dendê —, porque neles assentamos também o discurso sobre a identidade afro-brasileira.

Uma cozinha, no entanto, não se faz só com ingredientes. A respeito dos modos de cozinhar dos portugueses, o primeiro testemunho útil encontra-se no *Livro de cozinha da infanta d. Maria*, manuscrito que teria pertencido à filha de d. Duarte (1515-1540), neta do rei d. Manuel e sobrinha de d. João III. Mulher de cultura notável, versada em grego e latim, a infanta d. Maria foi morar em Parma, na Itália, ao se casar com Alexandre Farnésio (duque de Parma). Seu livro de receitas é considerado o primeiro em língua portuguesa. Dividido em cadernos, o primeiro trata dos manjares de carne, com 26 receitas; o segundo, dos manjares de ovos, com 4 receitas; em seguida, vem o caderno dos manjares de leite, com 7 receitas; e, finalmente, o das "cousas de conserva", com 24 receitas.

O que hoje impressiona no livro é a simplicidade de tudo o que ali está. As técnicas culinárias são as comuns — assar, cozer, fritar, estofar ou refogar —, exigindo pouca variedade de utensílios. À época, o consumo de condimentos era já bastante amplo, embora mais moderado do que nos séculos seguintes. A comida condimentada era quase sempre polvilhada de canela e sumos ácidos (de limão, laranja, agraço etc.), visando equilibrar os humores dos alimentos. As ervas de cheiro eram indispensáveis: coentros, salsa e hortelã, cebola, pimenta, alho, mostarda, orégano, cominho ou gengibre. No livro da infanta, são citados 35 condimentos. Além dos já enunciados, registrava açafrão, açúcar, águas de cheiro, água de flor, amêndoas, azeites, almíscar, marmelos, canela, cravo, manteiga, mel, noz, pinhões e sal.[21] Seguramente, essa foi a influência europeia que nos chegou no primeiro século de colonização, seja em ingredientes ou técnicas, como o forno romano, a par das formas nativas de assar.[22]

Assim, a culinária da Península Ibérica — com suas carnes de porco, borregos e carneiros, cabritos e galinhas, cozidos, refogados, assados ou empanados em pastelões (o que hoje chamamos tortas) — foi o legado primordial na estabilização de formas alimentares. Mas o traçado dessa influência e de sua evolução nos primeiros tempos, por sua dependência das raras fontes escritas, acabou enfatizando a alimentação das elites, no caso, a conventual, como atesta a farta história da doçaria.

Têm razão, tanto Gilberto Freyre quanto Câmara Cascudo, ao frisarem a autêntica contribuição da doçaria conventual à culinária brasileira, visto que nem os indígenas nem os negros conheciam o açúcar — produto, por excelência, da empreitada colonial portuguesa. Este, por sua vez, marcou toda a cozinha mundial, pois a produção do açúcar em quantidade — e não mais como especiaria — permitiu, notadamente após a Revolução Industrial, que ele se deslocasse do terreno dos temperos ou condimentos para o de alimento propriamente dito, tornando-se essencial à dieta europeia urbana. É a essa história que devemos o excesso de açúcar em nossa doçaria atual, sobretudo nas compotas e nas receitas derivadas do uso do ovo. A Europa conhecia várias formas de conserva de frutas — no álcool, no vinagre —, mas, no Brasil, prevaleceu o açúcar e o claro desprezo das demais soluções. Também aqui, como na doçaria conventual, o doce esteve sempre associado à hospitalidade, à celebração, constituindo elemento de hierarquização e distinção social.

Num sentido diverso, ao se embrenharem nos sertões, os colonizadores necessitaram ajustar a dieta ao que a terra oferecia, substituindo ingredientes por similitude e adicionando-os ao pouco que traziam consigo. O resultado foi uma culinária em que avultam os caldos e cozidos, aos quais se acrescentava o pão ou substitutos — como a mandioca ou "pão da terra" e a farinha de milho —, o que deu origem aos pirões e vatapás, sendo estes uma clara adaptação das açordas e migas; ou os ensopados e guisados, que originaram nossos molhos e moquecas, bem distintos da tradição dos molhos franceses que viriam a se universalizar na culinária ocidental e, por extensão, nas casas--grandes sofisticadas. As empadas ou pastelões dependeram da difusão do forno romano, o que, inicialmente, ocorreu apenas nos ajuntamentos urbanos, e da disponibilidade da farinha de trigo.[23] Afora isso, o assar aproximou-se do modelo indígena, do moquém e das fogueiras simples, sobre as quais se fazia o que hoje chamamos de churrasco, além da prática de envolver alimentos em folhas de bananeira ou caeté, dispostas sobre as fontes diretas de calor.

Nos meios urbanos, essa culinária portuguesa foi, durante o século 19, a linha de transmissão dos hábitos afrancesados de comer, cuja adoção significava, então, o mesmo que civilizar-se. No século anterior, o livro *Arte de cozinha*, de Domingos Rodrigues, escrito, porém, tempos antes (1680), constituíra o repertório por excelência do bem comer nas cortes portuguesas, e "foi somente durante o reinado de d. João V que chegaram ao reino vários cozinheiros franceses, entre eles, Vincent la Chapelle [...], que publicou, em 1735, sua obra de quatro volumes intitulada *Le cuisinier moderne*".[24] Nesse livro, destinado à alimentação dos ricos, assim como em outros do período — observa Paula Pinto e Silva — Domingos Rodrigues não se preocupa com a indicação "de medidas precisas, nem com a explicação das técnicas de cocção [...]. [Os livros] eram destinados aos cozinheiros experientes, capazes de encontrar, pela prática cotidiana, o equilíbrio necessário entre os diversos alimentos propostos".[25] Isso significa que mesmo as receitas mais formalizadas caíam em ambiente analfabeto, onde as cozinheiras eram levadas a interpretá-las a partir das recitações feitas pelos senhores ou patrões, conforme o repertório de que dispunham e no qual as influências populares certamente tinham grande peso. Talvez, então, seja mais adequado dizermos que as influências portuguesas, longe de representar o purismo das referências metropolitanas, eram diluídas no gosto da terra do qual participavam todos — dominadores e dominados —, de forma desejada ou a contragosto.

Porém, no último quartel do século 19, a culinária cuja origem atribui-se a Portugal já se apresenta em terras brasileiras dividida em duas ementas: a das classes altas urbanas e a do populacho. Esta última expressa a forma rural de comer nas várias regiões do país. Ao passo que a primeira é um terreno onde se assiste a grandes mudanças com o tempo, pois, como já dissemos, à semelhança da maior parte das elites nacionais do mundo, depois do período napoleônico, também a brasileira passou a olhar fixamente para Paris. Contudo, a imitação é um procedimento que exige contextos adequados. Não se imita Paris em Lisboa, nem a Lisboa afrancesada no Rio de Janeiro. Um bom exemplo de como se dava na prática esse processo encontra-se na obra de João da Matta, talvez o autor português mais célebre do último quartel do século 19 e uma espécie de Escoffier lisboeta, bastante lido por aqui.

Seguidor de Carême, o que é uma clara manifestação de afrancesamento da cozinha portuguesa, ele mantinha o Hotel João da Matta, no Chiado, e o Grand Hotel du Matta, no Palácio do Calhariz, onde se hospedaram d. Pedro II e a princesa Isabel, em 1870. Para o imperador, João da Matta criou um prato que imortalizou em seu *Arte de cozinha* (1876): a "bomba de neve à brasileira". A peça, de rebuscada construção e difícil execução plástica, consistia de dois sorvetes e massa folhada.

O primeiro sorvete evoca o Velho Mundo por seus principais componentes: castanhas portuguesas, passas corinto, passas de alicante, cidrão picado fino, canela em pó, casca de laranja, bastante açúcar, rum da Jamaica, marrasquino de Zara e curaçao holandês. O segundo remete ao Brasil: jaca, jambo, melão, pêssegos, abricó, cozidos rapidamente em calda, tudo envolto num sorvete de "neve de moscatel". Na montagem, o segundo sorvete ocupa o centro de uma travessa do Japão e é cercado pelo primeiro; nas bordas da travessa, são dispostos palitos assados de massa folhada, que antes de irem ao forno recebiam queijos parmesão, gruyère e londrino, todos ralados, além de açúcar fino e canela. Há registros de que, posteriormente, João da Matta veio a preparar, para o escritor Alexandre Herculano e o poeta Gonçalves Dias, um prato mais simples, de quiabos com pimenta, de sabor tão ardente que lhes colocou "a boca pelos ares", segundo a crônica da época.

Podemos imaginar o quanto João da Matta quebrou a cabeça a fim de fazer para o imperador a peça suntuosa, alegórica, e o esforço em identificá-la de alguma forma com o Brasil do homenageado. Em suas referências marcadas pela dualidade, a composição lembra muito um teatrinho que o visconde de Itanhaém deu de presente a d. Pedro ainda criança: "O pano de boca representava uma alegoria do Império, com índios sentados sobre montanhas de bananas, abacaxis, cajus e outras frutas tropicais. No palco se recitava em francês", escreveu Lídia Besouchet em sua biografia do imperador.[26] Tanto no teatrinho quanto no sorvete, Velho e Novo Mundos não se integram plenamente, evidenciando o dualismo cultural que constituía o Brasil de então. O livro de João da Matta traz outras receitas igualmente calcadas em ideias sobre o Brasil. Na *Arte de cozinha* encontramos: pudim à brasileira; pirão escaldado de farinha de pau à brasileira (para carne); pudim de pão à brasileira; bazófias cozidas à brasileira; pastelinhos de tapioca. Finalmente, havíamos completado nossa independência culinária. Assim, o que nos fica de uma leitura atual de João da Matta é a sensação de que, no avançado do século 19, Portugal já havia terminado seu ciclo civilizatório, integrando-se, então, à culinária europeia predominantemente como um receptor de influências externas, inclusive brasileiras.

Esse processo de múltiplas influências, de mãos duplas, não deixou de depositar no solo da culinária brasileira muita coisa da qual já não se pode distinguir a origem, ou melhor, não faz sentido perguntar por ela, como se almejássemos alcançar algo primordial e puro. Paula Pinto e Silva mostra, por exemplo, como por trás de receitas clássicas de caldos ou sopas, em meio a um processo em que o olhar culto focava sobretudo a Europa e seus modismos, foi se insinuando a forma tão indígena dos "mingaus".[27] O importante é reter que Portugal — além de nos enquadrar na rota das trocas mundiais de mercadorias e colocar o Brasil nascente em contato com a cozinha rural europeia — foi também a instância cultural que nos conectou com o fenômeno culinário mais importante do século 19: o afrancesamento da cozinha e dos hábitos à mesa, ainda que, por caminhos próprios, os brasileiros tenham mirado Paris diretamente, dispensando a mediação metropolitana — e com a mesma inveja que o faziam as elites portuguesas.

O QUE OS COLONIZADORES FIZERAM DAS CULINÁRIAS INDÍGENAS

A antropologia evolucionista ensina que, em processos de integração de povos com níveis de desenvolvimento distintos, há sempre um dominador. E este é aquele povo que dispõe de mais recursos tecnológicos e, por isso mesmo, subjuga a outra cultura e dirige a integração dos modos de vida, das técnicas, das matérias-primas e dos produtos ideológicos. Darcy Ribeiro, em *Os índios e a civilização* (1970), demonstrou à exaustão essa tese, destacando particularidades do processo na Amazônia extrativista, na expansão pastoril no Brasil central e na agrícola na Mata Atlântica.[28] Ainda que isso seja verdadeiro como diretriz geral da história do Brasil, quando se trata de culinária é mais útil atentar para suas sutilezas, pois, embora os portugueses tenham se servido largamente das culturas indígenas, inclusive incorporando técnicas de cultivo como a coivara, essa forma de conceber a agricultura começa a ser relativizada atualmente a partir de evidências arqueológicas e etnográficas que revelam uma razoável complexidade social do modo de vida dos indígenas brasileiros anterior ao empreendimento colonizador.[29]

Até os anos 1950, desenvolveu-se uma concepção sobre os indígenas brasileiros que, basicamente, classificava as centenas de etnias que existiram no país como povos agricultores — que dominavam, às vezes, técnicas sofisticadas de cerâmica e pintura cromática — e os chamados povos da floresta — apresentados como caçadores e coletores nômades de estrutura social mais simples. O famoso *Handbook of South American Indians*, editado por Julian Steward nos anos 1960, tem seu primeiro volume justamente dedicado ao que ele nomeou de tribos marginais, da Patagônia à Amazônia. Do ponto de vista alimentar, essas tribos são retratadas pelo que cultivavam ou coletavam no início do século 20. As informações não são muito detalhadas e incluem hábitos adquiridos no contato com os brancos; contudo, permitem detectar diferenças importantes para cada um desses povos. No que tange a uma seleção dos principais cultivos, é possível exemplificar como segue:

PRINCIPAIS CULTIVOS DOS POVOS INDÍGENAS

POVO	LOCALIZAÇÃO	CULTIVOS
Guarani	Delta do Paraná	Milho, Abóbora
Goitacás	Campos dos Goytacazes	Milho, Batata-doce ou Cará
Timbu (atambi)	Ilhas do rio Paraná	Milho, Amendoim e/ou Feijões Abóbora
Chané	Alto Paraguai	Milho, Batata-doce ou Cará Amendoim e/ou Feijões
Aweikota Botocudo, Pataxó	Oeste do país, excluindo florestas	Milho, Mandioca, Batata-doce ou Cará
Bororo	Oeste do país	Milho, Mandioca
Caingang	São Paulo e Santa Catarina	Milho (vermelho, branco e violeta) Amendoim e/ou Feijões, Abóbora
Apinajé	Brasil central e noroeste	Mandioca, Batata-doce ou Cará
Coroado	Serra do Mar	Milho, Batata-doce ou Cará Amendoim e/ou Feijões
Botocudo	Ilhéus a Porto Seguro	Mandioca, Batata-doce ou Cará

Vemos, então, que, considerando apenas os amidos, nossos indígenas estavam longe de ser povos monocultores da mandioca.

A partir dos anos 1970, com a revisão da história pré-colombiana da América do Sul, começaram a se firmar novas teorias explicativas a respeito das sociedades indígenas das florestas. Sabemos hoje, por exemplo, que, em sua ocupação da América do Sul, o homem americano se espalhou há 10 mil anos a partir da Amazônia em direção à bacia do Prata utilizando variadas rotas. Uma delas, através do Brasil meridional, teria sido percorrida pelos prototupis-guaranis; outra, rumo ao leste, teria sido seguida pelos povos tupinambás. Esse modelo analítico indica que a pressão populacional nas áreas ribeirinhas da Amazônia central, possivelmente o centro mais antigo de desenvolvimento da agricultura e do sedentarismo, originou um êxodo centrífugo através das bacias dos principais afluentes do Amazonas, do Solimões e do baixo Amazonas. De importante para nós nessa hipótese é o que advém da chegada dos tupis-guaranis à bacia do Prata, estendendo-se até as imediações de São Paulo e derivando para o Sul: eles adotaram o uso do milho após o contato com povos andinos. Os tupinambás, por seu lado, usavam primordialmente a mandioca. Assim, um duplo padrão de carboidratos esteve presente na dieta dos primitivos brasileiros desde os tempos em que é possível recuar com as pesquisas arqueológicas.

Além disso, estudos recentes apontam uma sociedade bastante complexa nas cabeceiras do rio Xingu, desenvolvida pelos ancestrais dos atuais povos Cuicuro, além de outras igualmente complexas nas proximidades de Manaus. No Alto Xingu, existem ainda traços de praças, pontes, represas, canais e áreas de cultivo diversificado, em uma área de quatrocentos quilômetros quadrados, o que sugere uma sociedade constituída por uma rede de aldeias cercadas, unidas por largas estradas, ao longo das quais havia "pomares" ou plantações de mandioca e pequi, além de lagos de criação de tartarugas. Isso indica que vicejou ali uma cultura sedentária bastante sofisticada, com aldeias "urbanas" onde viveriam entre 2500 e 5000 pessoas. Coisa nenhuma dessa complexidade sobreviveu até os nossos dias, e também não falam dela os cronistas coloniais.[30] Ao contrário, o que eles registraram em seus relatos foi bastante filtrado pela perspectiva europeia sobre o Novo Mundo e é parte do processo de apropriação seletiva da riqueza e da diversidade originais daqueles povos, que acabaram dizimados.

Contudo, hoje em dia é possível considerar, com maior amplitude de visão, a enorme criatividade indígena. Como exemplo, tome-se um estudo do professor Warwick Kerr sobre os Ticuna, Paumari, Yammadí, Cinta Larga, Desana, Tukuna, Galibi, Palikur e Kayapó, entre os quais ele identificou o cultivo de dezenas de tipos de mandioca, além de uma infinidade de fruteiras e outras espécies (cultivadas de modo a preservar variedades dentro da mesma espécie), como bananeiras, abio, pupunha, mapati ou purumã, sapota, abacaxis, araçapeba, caju, cacau, cupuaçu, biribá, batata-doce, ariá e cará. O abio, por exemplo, cuja variedade selvagem pesa cerca de 30 gramas, no Alto Solimões pode ser encontrado em frutas de até 1,8 quilo![31]

Assim, é fácil ver como simplificamos a contribuição indígena à culinária brasileira, quando insistimos em reduzir a variedade dos alimentos dos povos a umas poucas matérias-primas, como a mandioca e certas frutas — muitas delas vistas como "naturais", e não como resultado da seleção artificial promovida por milhares desses povos. Portanto, no plano alimentar, é preciso prestar mais atenção aos povos indígenas do passado e do presente para fazer jus à sua contribuição à culinária brasileira.

É bastante interessante ler, hoje, os documentos que nos chegam do passado, especialmente do século 18. Um deles é a enorme memória escrita pelo padre João Daniel (1722-1776),[32] que, descrevendo fartamente a flora e a fauna úteis aos colonizadores, tem o cuidado de distinguir o que era de uso dos reinóis, dos indígenas "bravos" e dos "mansos". No relato "objetivo", ressalta a importância de várias espécies da flora nacional ou da flora exótica já aclimatadas, da fauna (aves, mamíferos, répteis, insetos etc.), e deixa clara, como europeu que era, a sua repugnância pelo consumo de vermes, insetos e alguns répteis, o que, para nós, da perspectiva atual, desenha uma riqueza insuspeitada de fontes alimentares que simplesmente caíram em desuso.

Esse enorme hiato alimentar que o tempo criou necessita, ainda, ser historiado. Sabe-se, por exemplo, que, ainda hoje, as populações caboclas e indígenas da Amazônia apreciam formigas, que são consumidas in natura, fritas e em farofas ou, ainda, como tempero de um tucupi muito especial. Além da repulsa do padre João Daniel, a crônica histórica registra o marcado apetite dos antigos paulistanos por formigas torradas. Na São Paulo antiga, a tanajura era "vendida em tabuleiros pelas ruas", sendo iguaria apreciada tanto pelas camadas mais pobres quanto "pelas melhores famílias". "Mais tarde", porém, essas últimas "só a comiam às escondidas [...] e isso depois que o poeta estudante Júlio Amando de Castro, em pleno teatro de gala, pois era um Sete de Setembro, bateu palmas e, no meio de pasmo geral, seguido de gargalhadas dos estudantes, daí resultando formidável rolo, começou a recitar um soneto que principiava assim: 'Comendo içá, comendo cambuquira/ Vive a afamada gente paulistana/ E aquelas a que chamam caipira/ Que parecem não ser da raça humana...' [...]".[33]

A formiga é um exemplo-limite da assimilação de hábitos nativos pelos colonizadores. Mais recentemente começaram a surgir estudos que dão conta, também, da adoção de hábitos alimentares dos colonizadores pelos indígenas. A galinha é um caso paradigmático, analisado em interessante estudo do antropólogo Felipe Ferreira Vander Velden.

Como é sabido, a frota de Pedro Álvares Cabral que aportou, em 1500, no que é hoje o litoral sul da Bahia trazia galinhas e parece certo que alguns exemplares dessas aves permaneceram com os indígenas nas terras recém-descobertas. Pero Vaz de Caminha nos deixou o testemunho de que "mostraram-lhes [aos indígenas] uma galinha, quase tiveram medo dela: não lhe queriam pôr a mão; e depois a tomaram como que espantados".[34] Do mesmo modo, registraria Jean de Léry:

> Não dão importância às suas galinhas, tal qual se tratasse de aves silvestres; deixam-nas andar por onde querem, e elas chocam nos matos e moitas, de sorte que as mulheres selvagens não têm o trabalho de criar os pintos com gema de ovo como se faz entre nós. E as galinhas se multiplicam, entretanto, de tal forma nesse país, que há localidades ou aldeias pouco frequentadas pelos estrangeiros, onde, por uma faca do valor de um carolus [moeda antiga], se tem uma galinha da Índia; e por uma de dois liards

[outra moeda antiga], ou por cinco ou seis anzóis se obtém três a quatro galinhas pequenas comuns.[35]

Na Amazônia, conforme o citado padre João Daniel, os indígenas criavam galinhas com milho — produto que eles não comiam — apenas para vender aos brancos. Já os famosos mantos Tupinambá, constantes da coleção do Royal Danish Kunstkammer (depositada no departamento de etnografia do Nationalmuseet, em Copenhague), provavelmente da época do Brasil holandês, foram confeccionados com penas de guará e possíveis penas de papagaios e plumas tingidas de galinhas.

A história do confronto entre indígenas e galinhas mostra a dificuldade de assimilação de alguns hábitos dos colonizadores. Há outros relatos, porém, sobre a facilidade desse processo e a alta conta em que estiveram, entre os indígenas, muitos dos produtos alimentares introduzidos pelos brancos, como o açúcar e a aguardente. Comentando o "programa civilizatório dos brancos" de meados do século 19, assim se expressou Marta Amoroso:

> Iniciava-se com fartas roças, plantadas para servirem de brindes, distribuía-se sal, açúcar e rapadura, aguardente e cigarros. Os mecanismos da civilização cristã visavam a mudança de hábitos da população indígena e processavam-se por meio do paladar. Em 1840, o barão de Antonina enviava ao Governo de São Paulo seu plano para a redução dos Caiová do rio Verde, que consistia em "[...] criar entre os índios as necessidades do homem civilizado, facilitando-lhes para isso os meios necessários. Escolher no sertão terras boas e devolutas e ali principiar uma espécie de aldeamento, junto à qual se mandariam fazer roças grandes para o mantimento por três ou mais anos à custa dos cofres públicos; fornecer ferramentas e vestuário todos os anos para que a certeza dos bens os obrigasse a fixá-los".[36]

As roças de milho e feijão vinham acompanhadas de outros sabores apresentados aos indígenas com fins sedutores: sal, açúcar, carne de animais domésticos (gado bovino e porcos), rapadura, aguardente, fornecidos inicialmente na forma de brinde. Também roupas e miçangas. Em 1845, o barão de Antonina, viajando com frei Pacífico de Montefalco, do aldeamento de São João Batista da Faxina, chegava até os Caiová do rio Verde. Como identificavam no paladar a porta de entrada da civilização cristã, os expedicionários distribuíram fumo, aguardente, sal, rapadura e açúcar. "'Logo no início' — dirá o barão de Antonina — 'seria necessário ensiná-los a criar porcos, aves e mesmo dar-lhes algum gado, se mostrarem desejo de o possuir. Seria, depois de acostumados, impossível voltar à vida errante'."[37]

Em termos muito sintéticos, pode-se dizer que o longo período colonial foi de integração mundial dos ingredientes culinários, graças às dimensões globalizadas do sistema econômico montado pelos portugueses. Foi também o momento de assimilação das técnicas culinárias europeias no mundo extraeuropeu, sobrepujando as técnicas indígenas especialmente no que comiam as elites. Das culturas indígenas assimilaram-se a enorme quantidade de frutas[38] e "drogas do sertão", as formas de transformação da mandioca (mais ricas no passado do que hoje, no tocante à produção do tucupi)[39] e do milho, e muito pouco além disso. Os indígenas, enfim, ajudaram inicialmente a "aculturar" os brancos em relação aos produtos em que estes poderiam reconhecer utilidade e serventia. No sentido oposto, e no intuito de reduzir os indígenas à força de trabalho, os brancos procuraram seduzir os nativos e viciá-los nos modos de vida do colonizador, submetendo-os inclusive pelo paladar.

Vista de uma perspectiva histórica, essa relação de mão dupla fez com que as farinhas de mandioca e milho — para cuja produção concorreram técnicas indígenas — mantivessem participação destacada na dieta brasileira. Ainda hoje são aspectos determinantes de nosso modo de comer. Além dos vários usos do "pão da terra" em substituição ao pão de trigo, merece registro a ampla difusão do cuscuz pelo Brasil interior, a partir de São Paulo, onde comerciantes portugueses vindos do Norte da África encontraram condições de adaptar esse prato, feito, na origem, de sêmola de trigo. Depois, coube aos bandeirantes e tropeiros disseminá-lo por todo o sertão, onde ainda hoje é item central da dieta cotidiana. Além dessa farinha, sabe-se que muitas frutas domesticadas pelos indígenas permanecem na alimentação brasileira, como o caju, o ananás, as castanhas amazônicas, a pupunha, o amendoim, a batata-doce, entre outras, num total hoje conhecido de mais de cinquenta espécies. Em poucas palavras, ao longo dos séculos de colonização, os portugueses empobreceram sistematicamente a diversidade dos hábitos alimentares de centenas de povos indígenas, e o resultado foi um Brasil conquistado que não expressa a integração culinária, mas, sim, uma coleção de ingredientes despidos de sua história de domesticação, como se fossem pura naturalidade, e que esconde o processo dramático de expropriação.

 Foi talvez na convivência forçada com a pobreza que os indígenas ofereceram soluções de vida que acabaram aceitas pelos portugueses. No meio dos sertões bravios, enquanto durou a dificuldade de constituir roças, os conquistadores — gostassem ou não — assimilaram modos de vida indígenas que, depois, puderam submeter à seleção, adotando uns e rejeitando outros. A mandioca, o milho e a infinidade de produtos deles derivados mostram quão profunda foi essa assimilação; ao mesmo tempo, a dieta de insetos e o moquém indicam como os recursos que concorriam com outras técnicas ou alimentos europeus foram abandonados, sem atrapalhar a adaptação do branco. Desse modo, em vez de protegidos, foram sendo descartados ao longo do tempo.

É interessante notar, por fim, que o indígena idealizado desde o Romantismo brasileiro se sobrepôs no imaginário nacional às centenas de povos que foram reunidos sob essa rubrica. Assim, alguns ingredientes utilizados pelos pré-colombianos tiveram suas raízes simplesmente apagadas pelo tempo. É o caso do amendoim, da batata-doce e de tantas outras espécies vegetais esquecidas ou recobertas pela rememoração onipresente da mandioca. Mesmo o milho, tão importante, tem um papel subalterno em nossa história oficial sobre a dieta de origem indígena. Várias são as razões historiográficas para isso, mas é importante notar que a ênfase na mandioca, dada pela historiografia romântica, deve-se, em boa medida, ao apego às fontes constituídas pelos cronistas coloniais, todos eles habitantes do litoral, em interação com aquele produto, e distantes dos indígenas dos sertões do Sul e Sudeste, que consumiam milho. Dessa forma, ainda hoje há que se corrigir a compreensão da contribuição indígena aos modos de vida na Colônia — empreitada da qual deverá resultar nova visão sobre a formação da culinária brasileira.

POR QUE OS ESCRAVIZADOS NÃO CONTRIBUÍRAM PARA A COZINHA BRASILEIRA

Dentre os personagens mitológicos de nossa cozinha, talvez o negro seja o de mais difícil compreensão. Se aos indígenas atribui-se um papel essencialmente passivo, como fornecedores até mesmo involuntários das matérias-primas da terra e de algumas poucas técnicas de cultivo e preparação, aos negros atribui-se, ao contrário, um papel ativo. Eles figuram como os grandes cozinheiros, exercendo uma influência silenciosa na cozinha das casas-grandes, emprestando aos alimentos preparados um toque que não se consegue traduzir em procedimentos objetivos, mas teria sido responsável pelo lado inzoneiro da longa trajetória histórica da culinária brasileira. O que nos parece mais acertado é relacionar a fixação desse mito ao próprio processo de formação da ideia de nação mestiça, conforme discutiram os intelectuais do último quartel do século 19 e do começo do 20. Como escreveu Nina Rodrigues, que foi o estudioso pioneiro das influências negras no país, o que importava ao Brasil determinar era a inferioridade do negro incivilizado, que pesava na formação do povo, e como o mestiçamento poderia minimizá-la.[40] Opiniões assim, tão comuns à época, refletem o próprio atraso de nossos intelectuais a respeito dos debates sobre as raças humanas. Charles Darwin já havia escrito um livro — *The Descent of Man* (1871) — no qual provava serem as raças humanas iguais a todas as demais espécies polimórficas e, portanto, destituídas de qualquer valor explicativo que pudesse afetar as dimensões da vida social. No entanto, os intelectuais envolvidos na polêmica sobre o papel das raças na formação dos povos, como, aliás, ocorria em todo o mundo, ignoraram solenemente seu trabalho científico. Assim, persistiram em suas ideias anacrônicas até ao menos a segunda década do século 20. Sílvio Romero, grande polemista sobre o tema das raças, entendia que "o negro não é só uma máquina econômica, ele é antes de tudo, e malgrado sua ignorância, um objeto da ciência",[41] e, como vimos anteriormente, para arranjar as diferentes "raças" na formação da nação, criou a fórmula que coloca a África na cozinha, a América nas selvas, e a Europa nos salões.[42] Ora, quando pensamos em Tia Anastácia, na excelência das "negras banqueteiras", nas "cozinheiras de forno e fogão", é impossível não sentir, ainda, o eco desses preconceitos.

Sem dúvida, a "questão que não pode calar" e que está por trás da cor da pele é a escravidão e, no nosso caso, a discussão sobre até que ponto se pode atribuir aos escravizados alguma sorte de criatividade culinária. Ora, já existiam escravizados negros em

Portugal à época das Descobertas, e o fato novo ocorrido com a colonização do Brasil foi a preponderância da escravidão no sistema produtivo, sendo a distinção social mais importante aquela que havia entre escravizados e homens livres, sem que a cor fosse o aspecto principal de divisão:

> Nem mesmo a condição social de escravo estava isenta de variações, pois o costume português no Brasil reconhecia a condição de "coartado", ou seja, o escravo que conseguira o direito, expresso pelo proprietário em seu testamento ou outro documento, de pagar pela própria alforria; a esse cativo era permitida uma certa liberdade de movimento ou a capacidade de obter e conservar a posse de bens que lhe permitissem acumular a quantia necessária. Em síntese, o coartado era um escravo em processo de transição para a condição social de livre. Contudo [...] a distinção entre escravos e livres efetivamente dividia a sociedade [...] em uma sociedade em que a honra refletia o status, pressupunha-se que a escravidão despojava o indivíduo de toda e qualquer honra.[43]

Seja como for, por volta de 1775, dos 35 mil habitantes de Salvador, mais de 20% eram livres, sendo 4.207 pardos e 3.630 pretos,[44] o que evidencia a crescente diversificação da estrutura social que se desenvolve na Colônia e relativiza a polaridade escravizado/ homem livre, ao introduzir, nas formas de distinção, as gradações de "sangue negro".

Do mesmo modo que a escravidão recalca ou suprime a pessoa, ela impossibilita o que chamaríamos hoje de criatividade culinária. Ao escravizado não era dado escolher coisa alguma, muito menos sua alimentação, e se ele participava das cozinhas da casa-grande era para satisfazer aos desejos de seus senhores e das sinhás que orientavam as cozinhas domésticas. Quando a literatura frisa, por exemplo, a participação ativa de negras na elaboração da doçaria, esquece de acrescentar que o açúcar não é um componente das dietas africanas, de modo que, mais do que influência negra, o que temos, em tal circunstância, é a mão de obra escravizada operando maquinalmente numa matriz culinário-cultural de origem europeia.

Porém, o elogio da participação do negro na formação da culinária brasileira é bem mais complexo. De fato, se deixarmos de lado obras isoladas como *A arte culinária na Bahia*, de Manuel Querino (1851-1923),[45] mesmo assim teremos Gilberto Freyre, que repisará, em *Casa-grande & senzala*, que

> na formação do brasileiro [...] a influência mais salutar tem sido a do africano: quer através dos valiosos alimentos, principalmente vegetais, que por seu intermédio vieram-nos da África, quer através do seu regime alimentar, melhor equilibrado do que o do branco — pelo menos aqui, durante a escravidão.[46]

Em contraposição a essa tese, sem negá-la no essencial, Josué de Castro escreveu em *Geografia da fome* que,

> com a Abolição da Escravatura, os negros e os mestiços saídos das senzalas, ficando com a alimentação a cargo dos seus salários miseráveis, começaram por diminuir as quantidades de alimentos de sua dieta, e já não dispunham nem de combustível suficiente para produzir o trabalho que antes realizavam.[47]

O que parece estar em questão, portanto, é a ideia de que o negro escravizado alimentava-se melhor do que os homens livres e pobres, tendo uma dieta superior à do próprio senhor branco. A ideia de deterioração de seu padrão alimentar esteve associada à Abolição, não à escravidão.

Ora, como já referimos antes, um componente necessário para o desenvolvimento de uma culinária é a liberdade: a produção ampla de ingredientes, a escolha, a experimentação e a formação do gosto. A culinária está ligada à abundância, não à fome. Além disso, é incompatível com a condição de "coisa" em que foram mantidos os negros pela escravidão, sendo discutível a ideia de que a presença de negras escravizadas nas cozinhas das casas-grandes tenha sido condição suficiente para que elas dotassem o comer nacional de elementos tão idílicos como os que Gilberto Freyre lhes atribui.

Vatapá, abará, acarajé, bobó, xinxim, acaçá... eis a pluralidade de palavras, sabores, aromas e cores que julgamos ser a contribuição africana para a cozinha brasileira. Mas essa atribuição não é algo simples: esses pratos não foram transplantados da África e só se constituíram como comida geral depois da Abolição. Os escravizados simplesmente não cozinhavam para si. Louis-François de Tollenare, francês que foi senhor de engenho no Recôncavo baiano, atesta como era tosca a dieta dos negros: "Uma libra de farinha de mandioca e sete onças de carne; distribuem-na aqui já cozida. São poucas as propriedades em que se permite aos escravos cultivar alguma coisa por conta própria". Os senhores é que determinavam o que comiam esses "animais de carga".[48] Nos centros urbanos, alguma coisa das culturas recalcadas podia aparecer, desde que em atividades de ganho para os proprietários dos escravizados, o que torna esses espaços estreitos de liberdade ainda mais preciosos em seus detalhes.

Se pensarmos um instante no significado da alimentação colonial para os próprios escravizados, avulta a dissolução dramática dos modos alimentares dos povos africanos submetidos que, oriundos de sociedades tribais, simplesmente não podiam conceber a alimentação em termos ocidentais. Isso porque as linhas de ligação parentais entre os que comiam juntos foram simplesmente esfaceladas,[49] e a razão de ser do comer resumiu-se ao aplacar da fome. O negro escravizado na América, reduzido à condição de coisa, não podia mesmo ser artífice de um estilo de comer. Antes que isso pudesse ocorrer, ele só se alimentava conforme os cálculos de custo de sua comida e as ideias sobre sua força e duração a partir da dieta a que foi forçado. O raciocínio aplicado ao escravizado em nada diferia daquele que se utilizava em relação aos animais de carga.

Assim, o que marca a dinâmica alimentar colonial é o espectro da fome, e não o cenário idílico, paradisíaco, da oferta ilimitada, fundada numa natureza pródiga. Ao contrário, a própria "fome de terras" dos engenhos funcionava como fator limitador do cultivo voltado para a alimentação dos escravizados. Plantar cana era algo que pressionava a agricultura de subsistência quando o preço do açúcar obtinha boa cotação no mercado internacional. Por isso, a legislação régia de final do século 17 determinava que os senhores plantassem mandioca para a alimentação dos escravos, o que raramente acontecia, e a carestia de gêneros populares se estendia até Salvador. Em 1785, um celeiro público foi estabelecido na cidade. Ao norte dali, o interior de Sergipe foi vedado à produção de cana, a fim de assegurar que houvesse suprimentos suficientes de farinha para a capitania. Registra-se que "o abandono da mandioca e da agricultura de gêneros alimentícios [...] acarretou uma alta nos preços de produtos básicos e, muito provavelmente, uma deterioração nas condições materiais dos trabalhadores cativos".[50] Nessas circunstâncias, não raro os senhores de engenho estimulavam os escravizados a fazerem saques e roubos em propriedades vizinhas, cuidando de se alimentarem por conta própria.

Seja como for, parece que um momento importante na afirmação de uma culinária com influências dos negros se deu especialmente após a transferência da sede do vice-reinado da Bahia para o Rio de Janeiro, em 1763. Em termos práticos, a mudança significou o deslocamento da imensa burocracia do Estado colonial para o Rio, de sorte que muitos antigos funcionários públicos da Bahia ficaram, do dia para a noite, sem função, situação que os obrigou a encontrar nova serventia para a imensa escravaria. Luís dos Santos Vilhena (1744-1814), um arguto observador da cena soteropolitana, informa:

> Não deixa de ser digno de reparo ver que das casas mais opulentas desta cidade, onde andam os contratos e negociações de maior porte, saem oito, dez e mais negros a vender pelas ruas da cidade, a pregão, as coisas mais insignificantes e vis, como sejam mocotós, isto é, mãos-de-vaca, carurus, vatapás, mingaus, pamonhas, canjicas, isto é, papas de milho, acaçás, acarajé, abarás, arroz de coco, feijão de coco, angus, pão de ló de arroz, o mesmo de milho, roletes de cana, queimados, isto é, rebuçados, a oito por um vintém, e doces de infinitas qualidades, ótimos, muitos, pelo seu asseio, para tomar por vomitórios; o que mais escandaliza é uma água suja feita com mel e outras misturas chamada aluá que faz por vezes de limonada para os negros.[51]

Desse modo, fica claro que as ruas se abriram como espaço de exploração econômica para muitas atividades, inclusive a culinária elaborada por "negros de ganho", e, nelas, podia-se ver sobretudo comidas de gosto popular. Isso ocorre na medida em que os ofícios de rua se ampliam. Não era raro encontrar negros que construíam gaiolas para pássaros, consertavam guarda-chuvas, faziam pulseiras, ao lado de negras que vendiam canecas de mingau de milho e tapioca, pão ou arroz preparado à maneira africana, com carne-seca frita e molho de pimenta, assim como pedaços de inhame com carne de baleia grelhada, além do que é enumerado no testemunho de Vilhena. Mas, à medida que o tempo passa, a culinária de gosto negro vai se afirmando também em outros espaços, como as confrarias religiosas que, mais tarde, com a Abolição, viriam a se transformar nos terreiros de candomblé. Esse processo, contudo, é ainda mais complexo do que aquele de surgimento da cozinha de rua influenciada por resquícios de uma culinária mais propriamente africana.

De fato, no processo formativo do candomblé é preciso distinguir entre este e o calundu. O calundu foi, no século 18, um termo genérico para designar atividades religiosas de vários tipos, de origem africana, e distingui-las das católicas ou indígenas. Eram práticas terapêuticas ou oraculares feitas por curandeiros ou adivinhos que não possuíam lugar fixo e iam aonde eram requeridos. Nessa época — e enquanto durou o tráfico de africanos —, os negros se diferenciavam por línguas, cantos, danças, instrumentos (especialmente tambores), constituindo grupos (chamados "nações" pelos brancos), segundo suas origens africanas: os jejes, os angolas, os nagôs e hauçás. Some-se a essa divisão a clara proibição de ajuntamentos de negros escravizados, conforme estabelecia, por exemplo, uma postura municipal ainda em meados do século 19: "Os batuques, danças e reuniões de escravos estão proibidos em qualquer lugar e a qualquer hora, sob pena de oito dias de prisão para cada um dos contraventores".[52]

Essas mesmas práticas, contudo, eram admitidas para os negros livres, e o que se vê com o passar do tempo, já no século 18, é que os libertos vão se reunindo em torno de batuques, cantos e irmandades católicas que, como mencionamos, evoluem para os terreiros de candomblés, a par com cultos domésticos. Assim, na segunda metade do século 19, com o fim do tráfico negreiro, o conceito de nação, em referência à origem dos escravizados, perde significado para os senhores e se torna quase exclusivamente designativo de modalidades de ritos. Os candomblés, por sua vez, foram evoluindo para instituições multiétnicas: entre 1800 e 1850, 69% deles eram africanos, e 31%, mistos; no período entre 1851 e 1888, 37% eram africanos, e 63%, mistos.

Vale, então, notar que, a partir do início do século 19, eles foram se tornando redes de congregações religiosas extradomésticas com a característica de uma teia social de cooperação e complementaridade, na qual se verifica a recuperação de valores e práticas religiosas dos africanos no Brasil, a reconfiguração de elementos de uma multiplicidade de origens africanas, além de elementos não africanos, e da criação de novos traços sincréticos. De modo geral, como afirma o pesquisador Jeferson Bacelar,

> se, em relação aos escravos, manteve-se em grande parte o tratamento compulsório, no decorrer dos séculos, com ênfase no XVIII, ocorreram mudanças nos relacionamentos. Com o tratamento diferencial concedido aos livres e pardos, e a emergência de novas categorias sociais, já surgiam novas formas de relações entre os brancos e as negras e pardas, ditadas pela obtenção de privilégios ou mesmo por real interesse afetivo.[53]

É nesse contexto de espaços de liberdade crescente, dominados por elementos das culturas negras, que surge o que os estudiosos modernos das práticas culinárias do Recôncavo baiano chamam de "cozinha de azeite" — essa culinária requintada que se formou principalmente como a comida ritual do candomblé dos nagôs e jejes. Comida que, em boa parte, saiu da dieta sacrificial dos orixás e foi parar nas mesas seculares, nas ruas, nas festas profanas e nas praias. E que se diferencia, conceitualmente, da cozinha baiana — que é a culinária do cotidiano e das festas do povo da Bahia — conforme antes descrito, no testemunho de Vilhena.[54]

Porém, quando observamos o conjunto dessas cozinhas que se atribuem aos negros, algumas coisas saltam aos olhos. Inicialmente, a profusão de amidos e carboidratos, provenientes de várias fontes: a mandioca, o milho, o trigo e o arroz. Isso mostra que, aos negros, não era possível manter a fidelidade a uma fonte tradicional, como era o arroz na África islamizada ou a mandioca dos indígenas e brancos litorâneos. Também o milho, por imposição dos senhores, logo passou a integrar a dieta dos negros e, dessa maneira, tornou-se ingrediente básico da culinária que estes praticavam no Brasil. Se observarmos, por exemplo, receitas do início do século 20 baiano, como as que encontramos em Nina Rodrigues e Manuel Querino, veremos o vatapá elaborado com pó de arroz — bem distinto do prato que hoje se consome, feito com pão dormido. E quando atentamos para a dieta dos negros nas fazendas, lá estão o milho cozido, o mingau de milho, o feijão, o torresmo, a farinha de mandioca, a batata-doce, o repolho, o nabo, a pimenta e a salsa. Assim, como era de se esperar, desenvolve-se um gosto que se expressa nas ruas de Salvador e em vários rincões onde a escravidão foi marcante, pois os negros — até por falta da possibilidade de escolha — funcionaram como elementos de síntese do que, antes, havia operado como marcador cultural forte a diferenciar brancos (trigo), indígenas (mandioca e milho) e negros recém-importados (arroz). O uso indiferenciado que os negros fizeram desses diversos amidos, além do inhame, do cará e da batata-doce, mostra claramente a estratégia triunfante do colonialismo enquanto expediente de imposição culinária.

Numa segunda visada, somos capazes de identificar produtos que vieram da África — como o dendê e o quiabo —, trazidos evidentemente por portugueses que neles reconheciam possibilidades mercadológicas. Os ingredientes acabaram deitando cidadania na culinária popular, especialmente quando foi se formando o contingente de negros livres. Finalmente, no que tange à relação com o açúcar, com a doçaria, nunca é demais lembrar que os negros estavam submetidos à máquina mercante, que, como apontou o antropólogo cubano Fernando Ortiz, expressava, sob todos os aspectos, inclusive simbólicos, a submissão colonial.[55]

Assim, a chamada culinária africana que se desenvolveu especialmente na cidade de Salvador, graças à enorme concentração de negros de várias procedências naquele meio urbano, teve uma consolidação bastante singular, não podendo constituir uma herança colonial geral, como certa literatura sociológica parece insistir. Ela se manifesta, a partir de fins do século 18, como culinária popular, nas ruas da cidade e voltada para os pobres, enquanto se elabora de forma discreta nos candomblés, que só puderam aparecer à luz do dia no final do século 19, após a Abolição. A dualidade de formação dessa culinária e as condições sob as quais ela se deu — raros são os registros escritos sobre a vida concreta dos negros pobres — indicam uma complexidade ímpar para sua correta apreensão, o que ainda está a desafiar os pesquisadores.

Portanto, para sintetizar, é necessário destacar, quando se fala da influência negra na cozinha brasileira, os vários momentos de formação da identidade do negro no país e as várias condições a que esteve submetido — especialmente a de escravizado, mas também a de homem livre ou "negro de ganho". Poderíamos dizer que o escravizado é culinariamente estéril, ao passo que o negro livre, uma vez dedicado ao comércio de comida de rua, é instado a mostrar certa criatividade, manipulando os elementos disponíveis no comércio de Salvador, os modos de fazer aprendidos nas casas dos senhores, as memórias antigas e assim por diante. Em outra vertente, a partir da evocação sincrética das divindades africanas, consolida-se um repertório chamado "cozinha de azeite", que também ganhará, com o tempo, as ruas e o gosto popular amplo. Desse modo, Salvador talvez seja exemplo único de formação de uma potente cozinha popular, bem pouco assimilada no conceito de culinária nacional, como até hoje atesta a visão turística que preside a apreciação de seus pratos, que se mantêm afastados da mesa cotidiana do brasileiro, especialmente os de fora do Recôncavo baiano. Uma cozinha negra, sem dúvida, mas bem longe de ser uma "contribuição dos escravizados", como repetem incansavelmente a historiografia e a sociologia da alimentação brasileira.

SERTÃO: UM BRASIL QUE NÃO SENTA À MESA

"Sertão" é palavra que vai se diferenciando ao longo da história do Brasil. Inicialmente, ela aparece nos documentos coloniais como sinônimo de terras não conquistadas ao indígena, terras ignotas ou distantes. Depois, ganha contornos geográficos e humanos mais precisos, até se identificar claramente com o Nordeste, a partir do livro *Os sertões*, de Euclides da Cunha. Com Guimarães Rosa, recupera novamente o sentido amplo, impreciso, geral — como "lugar que carece de cercas". Seus traços principais foram a forte presença da agricultura de subsistência, independentemente da localização regional, e a economia pecuária.[56]

No entanto, é possível diferenciar vários sertões a partir da particularização de suas histórias. São territórios interiores, ocupados em diferentes tempos, em consequência dos acessos disponíveis ou da manutenção das atividades principais dos ciclos econômicos coloniais e os posteriores. Vários estudiosos escreveram sobre a formação econômica do Brasil destacando os ciclos da cana-de-açúcar, da mineração, do café, da borracha e assim por diante, articulando, à volta dessas etapas produtivas, de modo complementar, uma ampla área de agricultura de subsistência, cujo papel primordial foi fornecer meios de vida para a atividade principal. Este é, historicamente, o sertão, que vai absorvendo a mão de obra excedente de homens livres e pobres, os mesmos que "sobravam" nos territórios após o encerramento de dado ciclo econômico — como o da cana-de-açúcar ou o do ouro. À margem de tudo, essa população vivia com o mínimo necessário, perseguida pela fome, em razão da qual muitas pessoas pereciam. Já na conquista dos sertões do Nordeste tem-se, como atividade central, a pecuária. É em torno do boi que se forma o que o historiador Capistrano de Abreu chamou de "civilização do couro".

De um ponto de vista geral e sintético, é possível diferenciar os vários sertões da maneira que segue, tendo presente que assim aparecem referidos na literatura. São denominações de espaços às vezes um pouco sobrepostos, mas, de algum modo, diferenciados nas narrativas sertanejas.

BRASIL SETENTRIONAL

Sertões dos currais
Constitui-se a partir da segunda metade do século 16, quando conquistadores baianos se apropriam de grandes extensões, ao longo da costa e ao norte do Recôncavo, banhadas pelos rios Real, Vaza-Barris, Itapicuru e Paraguaçu. Apenas duas famílias — os Garcia d'Ávila e os Guedes de Brito — tornaram-se proprietárias de quase toda a extensão dessas terras então conhecidas da Bahia, avançando também por territórios de Pernambuco, Paraíba, Rio Grande do Norte, Ceará, Piauí e Maranhão. A região coincide em boa parte com o que hoje chamamos sertão nordestino. Por suas histórias particulares, é possível ainda distinguir nessa área os sertões do cariri cearense, o sertão do Pajeú e o sertão do cariri paraibano — todos essencialmente tributários da pecuária, mas com diferenciações socioeconômicas e físicas (como no caso do cariri cearense, verdadeiro oásis dentro do sertão, propiciando outro tipo de exploração).

Sertões do Leste
Abarca a região das minas e dos currais ocupada a partir do final do século 17 pelas bandeiras e pelos gados que avançaram do São Francisco. Do século 18 em diante, especialmente após o declínio da mineração, incluiu também a região do "caminho novo", hoje conhecido como Zona da Mata mineira.

Região do Vale do Paraíba e do Vale do rio Doce
Ligava a Capitania de São Vicente ao Rio de Janeiro e teve ocupação antiga e fracionada, com grande presença de indígenas. Plasmou a cultura caipira e articulou-se ainda com o "caminho novo", que levava às minas. No final do século 18, com a cultura do café na região, passaram a se inter-relacionar o Vale do Paraíba, o Vale do rio Doce e o "caminho novo".

Minas Gerais do século 18
Assim era chamada então a ocupação mineradora, com farta escravaria e vida urbana em tudo dependente de suprimentos importados.

Região dos currais da Bahia
Refere-se à vasta área pecuária das margens do São Francisco, ligando a Bahia às minas de ouro, nos séculos 17 e 18. É uma extensão dos "sertões dos currais" de Garcia d'Ávila e Guedes de Brito.

Curral d'El Rei
Correspondia ao entorno da zona de mineração, que, ao longo do século 18 e em parte do 19, garantiu o abastecimento alimentar das áreas de mineração, articulando-se com os currais da Bahia. A vocação curraleira se afirma especialmente após o declínio da mineração.

Sertão de cima
Reporta à Chapada Diamantina da Bahia, desenvolvendo uma economia que é um misto da que se praticava no alto sertão são--franciscano e na região de mineração.

BRASIL MERIDIONAL

Sertão das missões jesuíticas do Rio Grande do Sul
Abrangia os atuais municípios de Santo Ângelo, São Borja, São Luís Gonzaga, São Nicolau, São Miguel, São João Baptista e São Lourenço, que, ao longo dos séculos 17 e 18, concentravam indígenas, sob o controle das missões jesuíticas espanholas, segundo um regime comunal de propriedade da terra. Com a expulsão dos jesuítas, os indígenas dispersaram-se pelo Rio Grande do Sul e foram incorporados nas grandes propriedades pecuárias.

Região da campanha gaúcha
Fronteiriça com o Uruguai e a Argentina, foi marcada pela pecuária extensiva.

Região das colônias gaúchas do século 19
Nela, destacam-se as presenças de colonizadores alemães e italianos.

Vale do Itajaí
Foi centro de passagem de tropas e tropeiros do período colonial e, depois, abrigou imigrantes alemães e italianos.

Região do norte do Paraná
Área ocupada por imigrantes europeus e que se constituiu em espaço por onde se expandiu a lavoura cafeeira de São Paulo.

No geral, foi o homem livre e pobre, mais que o escravizado, que se embrenhou nos sertões pastoris, a fim de procurar por sustento e manter-se à distância da autoridade colonial — e não raro esse homem era um fugitivo da lei. Essa gente, ao longo dos séculos, abriu currais, estabeleceu ranchos e instalações mínimas para a lida com o gado, espraiando-se silenciosamente junto do curso dos rios, avançando até paragens distantes, integrando-as por meio de alguma forma de comércio, mesmo que muito tênue. Longe de "civilizar" os sertões, nos tempos em que os reinóis "civilizavam" o litoral, muitas vezes aqueles desbravadores foram eles mesmos "civilizados" pelos indígenas que havia no interior do país: "Obscurecendo-se as ideias que tinham principiado, familiarizaram-se com as dos índios, adotaram os seus costumes, e reduziram-se a viver quase à maneira dos mesmos índios".[57] Tratava-se, é claro, de uma sociedade muito à mercê das intempéries, especialmente no Nordeste, situação que marcou seu modo de vida e alimentação. Dizia um autor anônimo que a terra entre o rio São Francisco e o Piauí

> é sertão quase todo ainda inculto, tão árido nos meses de agosto, setembro, outubro, novembro e dezembro, quando não chove (o que frequentemente acontece) [...] e chega a faltar até a necessária [água] para saciar a sede dos viandantes; tendo já alguns acabado e outros, sustentado, a vida com o suco que extraem de umas grandes batatas criadas debaixo da terra nas raízes dos ambuzuros [imbuzeiros].[58]

À medida que o gado vai ocupando novos espaços, torna-se indubitável a centralidade do leite e da carne para a alimentação da sociedade que se forma. Isso também porque era difícil, inicialmente, a cultura do milho e da mandioca:

> A farinha, único alimento em que o povo tem confiança, faltou-lhes a princípio por julgarem imprópria a terra à plantação da mandioca [...]. O milho, a não ser verde, afugentava pelo penoso do preparo naqueles distritos estranhos ao uso do monjolo. As frutas mais silvestres, as qualidades de mel menos saborosas eram devoradas com avidez.[59]

O alto valor relativo do gado determinava sua participação na dieta local. Era quase todo ele consumido pelo engenho de açúcar perto da Bahia e de Pernambuco e, depois, na proximidade de Minas Gerais, quando do ciclo da mineração. Dessa forma, o gado vacum só se tornava alimento local nos períodos de baixa do preço do açúcar — e o mesmo ocorreria à época da decadência das minas — e, por isso, acabaram por lhe tomar o lugar como base do fornecimento proteico outros animais, além das caças. Estas, assim como os pequenos animais de origem europeia, vão ganhando a preferência na dieta sertaneja, com participação destacada até os dias de hoje.

A sociedade sertaneja foi também abrindo-se para os "legumes" da terra:

> Introduziu-se o feijão, o milho, a mandioca e até a cana. São ainda hoje três épocas alegres do ano sertanejo: a do milho verde, a da farinha e a da moagem. Do milho seco, quase exclusivamente reservado para os cavalos, só se utilizavam torrado ou feito pipoca, transformado no raro cuscuz ou no insípido aluá. O milho verde, cozido ou assado, feito pamonha ou canjica, durante semanas tirava o gosto das outras comidas. A farinhada com a farinha mole, os beijus de coco ou de folha, as tapiocas, os grudes etc., as cenas joviais da rapagem de mandioca representavam dias de convivência e cordialidade. A moagem da cana [...], a garapa, o alfenim, a rapadura, o mel de engenho.[60]

Na lida do gado o vaqueiro carregava o seu farnel: a paçoca de carne pilada e a farinha, os pedaços de rapadura, o camboeiro (carne cortada e misturada com farinha) — tudo preparado com antecedência.[61]

Um aspecto relevante da influência da pecuária nordestina na culinária brasileira foi a absorção e hierarquização das outras carnes, além da bovina, na dieta popular. Estava claro que o boi, o cavalo e a condição de vaqueiro expressavam status e poder nessa sociedade, visto que eram propriedades do senhor ou ligados à atividade principal. Para os homens livres e pobres, abria-se na alimentação o espaço exclusivo das miúças: ovinos, caprinos, suínos e aves, como a galinha e a galinha-d'angola, além dos vegetais que plantavam. Mas não se plantava grande coisa, dada a própria provisoriedade do vínculo desses homens com a terra. Moradores "de favor" eram obrigados a abandonar sua casa e partir para lugares mais distantes sempre que os grandes proprietários assim exigiam, a fim de expandirem o pasto dos rebanhos. Desse modo, à época da Independência, um analista relatava sobre o sertão nordestino:

> As terras estão quase todas repartidas, e pouco há a distribuir que não esteja sujeito à invasão dos índios. Os abarcadores possuem até vinte léguas de terreno e raras vezes consentem a alguma família estabelecer-se em alguma parte de suas terras, e mesmo quando consentem é sempre temporariamente e nunca por ajuste, que deixe ficar a família por alguns anos. Há muitas famílias pobres, vagando de lugar em lugar, segundo o favor e o capricho de proprietários de terras, e sempre falta de meios de obter algum terreno em que façam um estabelecimento permanente [...]. Assiste-se à migração dos mais audazes para as paragens distantes dos núcleos de povoamento, em demanda de terras que, de tão remotas, ao senhor de fazendas lhe não valha ainda a pena de requerer de sesmaria.[62]

Daí a ênfase adaptativa que privilegia os pequenos animais, o cultivo de legumes de ciclo curto, resultando numa culinária rica em formas de tratamento e aproveitamento de um número limitado de matérias-primas.

Um bom exemplo é a cabra. Desde que foi introduzido no sertão, o leite da cabra tornou-se a principal alimentação das crianças, substituindo o da vaca, que era dedicado ao fabrico de queijo e coalhada ou consumido misturado à batata, ao jerimum, à farinha ou à rapadura. Da mesma forma, a carne de bode, embora considerada inferior à bovina, ocupou papel de destaque. Seu consumo não se fazia apenas em ocasiões festivas, como acontecia com a carne suína, mas concorria com o da galinha como suprimento proteico. Além disso, o couro da cabra, de valor relativamente elevado, era uma das poucas mercadorias que o sertanejo podia produzir, destinadas aos mercados e feiras nas cidades, onde ele também se abastecia de sal e outros suprimentos básicos.[63]

Dono de uma culinária surpreendentemente delicada, com profusão de refogados e ensopados — de frango, carneiro, cabrito e galinha-d'angola ("capote", dizem) —, de pirões, além do arroz, do cuscuz de milho e da mandioca — tudo acompanhado do uso moderado da pimenta (que no litoral é utilizada em abundância) —, o sertão nunca mereceu de nossa sociologia alimentar um tratamento sistemático. Distante do cadinho africano e da fartura que se construiu como imagem sedutora da alimentação litorânea, sua cozinha é tida como coisa de gente pobre, de vida simples, mas, na verdade, é portadora de uma tradição que, ainda hoje, mantém referências fortes do mundo ibérico. No sentido culinário, a história plasmou esse modelo sertanejo desde os pampas gaúchos até as franjas da floresta amazônica, nas terras do Maranhão e Piauí. Em outras palavras, há enormes convergências entre os modos de comer do Brasil meridional e do setentrional, que os distinguem de maneira inequívoca das culinárias urbanas litorâneas.

Na longa história nacional, o gosto sertanejo só adquiriu cidadania nos grandes centros onde é marcante a presença de migrantes nordestinos. Entre seus pratos, estão a panelada (cozido que leva mocotó, miúdos de boi, toucinho e legumes), servida com pirão escaldado, feito do próprio caldo; o sarapatel (guisado de sangue, tripas e miúdos de porco ou carneiro, bem condimentado, originado no alto Alentejo); a buchada (cozinhado de bucho, miúdos, tripas, sangue e cabeça de cabrito, carneiro, ovelha ou bode); o sarabulho (iguaria típica portuguesa, que se prepara com sangue, miúdos, gordura e pedaços de carne de porco condimentado e ensopado, com origem no Minho); o meninico (guisado preparado com vísceras de carneiro); o milho torrado e pisado no pilão (fubá); as tripas de porco torradas no espeto, para café da manhã; o amendoim cozido em paneladas; o ouricuri cozido ou seco; a coalhada escorrida com mel de abelha preta — tudo isso dispõe à nossa mesa um Brasil diante do qual a sociedade culta e letrada jamais se propôs a sentar para celebrações. O próprio Gilberto Freyre, tão sensível a outros aspectos da formação da culinária brasileira, não deixou de expressar tal preconceito no *Manifesto regionalista* (1926), ao se referir aos sertões como

> áreas caracterizadas por uma cozinha ainda agreste; pelo uso da carne-seca, de sol ou do Ceará com farinha: do leite, da umbuzada e do requeijão; pelo uso, também do quibebe, franciscanamente simples, e da rapadura; e nas florestas do centro do país pela utilização da caça e do peixe de rio — tudo ascética e rusticamente preparado.[64]

Felizmente, foi lançado em 2010 o livro *Gastronomia sertaneja*, de Ana Rita Suassuna, que tem, entre seus vários méritos, o de mostrar que essa suposta cozinha agreste é, na verdade, feita de diversidade e sofisticação cultural. A partir de sua vivência de um sertão que ficou para trás — aquele de meados do século passado —, a autora apresenta receitas e contextualizações históricas e antropológicas a respeito de bolos e biscoitos, papas e mingaus, farofas e doces, além de carnes (caças, galinha e peixes) e produtos em geral (rapadura, mel, milho, feijão, arroz, tapioca, cuscuz, verduras e legumes), sem falar da culinária de ocasiões festivas. Ao reconstruir um sertão nordestino rico e diversificado, sua obra está destinada a ser tão importante para a literatura culinária quanto *Fogão de lenha*, de Maria Stella Libanio Christo, dedicado à chamada culinária mineira.

Além do sertão nordestino, aqueles que se ocupam da culinária devem se dar conta de que o sertão não se dispõe facilmente para ninguém, especialmente quando assumimos que se estende da pradaria gaúcha às franjas da Amazônia, no Piauí e Maranhão. Antes de ser um lugar determinado, é uma palavra ampla e generosa. Os hábitos culinários variam nele segundo a disponibilidade de cada ecossistema. Mesmo o hábito de comer carne de boi — sendo a pecuária seu elemento comum — difere muito de um lugar a outro. Assim, formam o sertão anterior ao século 20 terras hoje conhecidas pela culinária mineira, caipira, gaúcha e do Pantanal — só para ficarmos nas referências aos espaços de percepção mais clara pela população brasileira. A regionalização dessas culinárias, conforme veremos a seguir, foi borrando o conceito de sertão, de forma a colocá-lo fora daquela abordagem depreciativa com que Gilberto Freyre a ele se referiu.

POR QUE A "COZINHA DE INGREDIENTES" APONTA PARA O FUTURO

O que fizemos até aqui, neste ensaio, foi passar em revista, de modo rápido, o processo de formação histórica da nação brasileira, da criação do mito das três raças que se miscigenaram e desembocaram na mesa brasileira, e, por fim, apontar a existência de um espaço marginal, o sertão, rico em formulações culinárias apesar de pouco contar na descrição de nossa cozinha.

O propósito foi mostrar quantas questões importantes deixamos para trás ao adotar modelos analíticos antigos, apoiados em certezas duvidosas a respeito do processo de dotação, pela jovem nação brasileira, de uma culinária própria. Transações muito mais amplas e duradouras, realizadas num tempo longo, mostram como a formação da culinária brasileira é uma questão complexa e ainda em aberto, à espera de novas pesquisas e análises que possam iluminar a riqueza do passado e, portanto, as perspectivas do presente.

No início, dissemos que, na formação dos Estados modernos, estes fizeram uso, indistintamente, de suposta unidade linguística, territorial, étnica ou histórica, a fim de afirmar sua feição nacional. Vimos também que, no caso do Brasil, o Modernismo frisou o aspecto étnico, projetando-o sobre os demais, de tal sorte que, no século 20, passamos a nos representar crescentemente como fruto da miscigenação de indígenas, negros e brancos. Dessa matriz cultural derivou a representação de nossa culinária.

O caráter arbitrário dessa escolha é evidente, pois um prato típico brasileiro, como o popular "bife alla parmegiana" [sic] — que simplesmente não existe em Parma, na Itália, e teria sido criado por cozinheiros argentinos em São Paulo, nas primeiras décadas do século 20 —, não é reconhecido como "coisa nossa", pois não se encaixa na matriz da convergência étnica, em que o branco é representado exclusivamente pelos portugueses. Seja como for, no traçado de uma visão atual sobre a culinária brasileira sempre poderemos eleger outros pontos de vista, procurando atender às necessidades do presente e construir de modo mais conveniente a história que nos formou.

Ora, o ponto de vista atual é dado pela constatação de que um novo paradigma culinário foi traçado pelo espanhol Ferran Adrià e, mais recentemente, confirmado pelo britânico Heston Blumenthal. Eles impuseram ao mundo gourmet a ideia de transgressão: a cozinha contemporânea se faz de coisas surpreendentes, mal conhecidas, tomadas da indústria ou descobertas no repertório popular tradicional, pouco importa. A esses ingredientes são aplicados técnicas novas e conhecimentos de química, abrindo um caminho de renovação na cozinha que se opõe aos vários modos tradicionais de comer, sejam eles nacionais ou afrancesados. "Cozinha de ingredientes" é a expressão que designa esse esforço de inovar sem pagar tributo aos receituários tradicionais, isto é, aos seus usos tradicionais. É a expressão que se firmou — sem ser nova —, especialmente a partir da celebração mundial da cozinha do restaurante Noma, que pratica o chamado *locavorismo* nas terras frias da Europa do norte.

As técnicas, todos sabemos, tendem a se difundir pelo mundo, perdendo a capacidade de, sozinhas, diferenciarem uma culinária das demais. Sua vulgarização e sua estabilização no trabalho das várias cozinhas são questão de tempo, e o resultado é uma homogeneização que tende à monotonia e corresponde, grosso modo, às maneiras que o Ocidente desenvolveu através dos tempos para se apropriar da natureza, tornando-a comestível. Pequenas variações locais não elidem esse fato. Daí decorre que, como muitos chefs percebem, a capacidade de inovação (de "transgressão") depende, em boa medida, do repertório de ingredientes e produtos utilizados na experimentação gastronômica levada a efeito em diferentes territórios.

A palavra "ingrediente", entretanto, não é unívoca. No uso comum, é tudo o que entra na preparação de uma receita. Uma farinha, por exemplo, é ingrediente de um bolo, embora seja um produto em si, visto que sofreu transformações anteriores. Restrita a um produto ou a uma matéria-prima in natura, a palavra pode nos levar a incorrer em erro, confundindo-se com a simples biodiversidade. Mais correto seria dizer que os chefs buscam desenvolver uma culinária de ingredientes e produtos que, no caso que nos interessa, seriam expressões de um país ou território. A rigor, a condição de produto ou ingrediente (entendido como matéria-prima) depende da posição que um e outro ocupam em dado processo de produção. Enquanto participante desse processo, seja no início ou em fases intermediárias, é um ingrediente. Enquanto simples resultado de um dado processo, é um produto. Exemplificando: o leite cru é ingrediente do queijo minas artesanal, que é um produto; mas este mesmo produto, o queijo, torna-se ingrediente na feitura do pão de queijo mineiro, e assim por diante.

As receitas são conjuntos de gestos que, ao final, plasmam produtos. Correspondem a modos rígidos de apropriação da biodiversidade, transformada em matérias-primas culturalmente produzidas a partir da seleção de seus componentes. Ingredientes e produtos brasileiros, uma vez libertos das receitas em que são aplicados de modo tradicional, parecem descomprometidos com a história, provocando reações dos conservadores contra as propostas renovadoras dos chefs que investigam e buscam explorá-los de novas maneiras. Conservadorismo facilmente detectável em certa literatura antropológica e sociológica, assim como em livros de celebração das tradições seculares de toda parte, que abundam nas estantes dos estudiosos. Contudo, não é possível pensar qualquer ingrediente como algo desprovido de história, como um pedaço da natureza em estado puro.

O trabalho humano, que conforma a natureza para o consumo alimentar, principia na identificação do que é útil. Espécies vegetais são nocivas ou benéficas, saborosas ou não, usadas por um tempo e depois abandonadas, para serem, novamente, retomadas ou até mesmo se extinguirem, segundo uma experiência que, antes de ser individual, é grupal — às vezes tributária de milênios de vida societária. Sabe-se hoje que mais de cinquenta espécies vegetais que os colonizadores consideraram selvagens foram, na verdade, objeto de seleção artificial por parte dos povos da floresta, conforme já indicamos anteriormente. A própria história da mandioca e do modo como os indígenas conseguiram eliminar sua toxicidade, tornando-a apta ao consumo, é um excelente exemplo. Nesse sentido preciso, a mandioca, mesmo in natura, e porque cultivada, é um produto cultural milenar. Em termos esquemáticos, podemos apresentar assim essa reflexão:

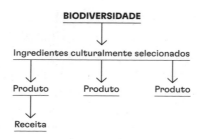

Desse modo, a passagem da biodiversidade à condição de ingrediente é um processo cultural que jamais será eliminado por qualquer forma culinária, mesmo que se abandonem as receitas tradicionais. Estas são maneiras de se chegar a determinados produtos que sempre limitam a criatividade e o uso do ingrediente em todos os potenciais que ele encerra. Se nos ativermos, por exemplo, às maneiras tradicionais de utilização do dendê, nunca poderemos explorar convenientemente seus usos potenciais, para além de integrar moquecas e servir como meio de fritura para acarajés. Por isso mesmo, colecionar receitas, decalcá-las na história, é ver a árvore e não enxergar a floresta, perdendo a chance de melhor explorar os ingredientes de nossa cozinha. É não perceber, por exemplo, que tudo e qualquer coisa que se faça a partir do pequi (*Caryocar brasiliense*) ou do piquiá (*Caryocar villosum*) sempre terá enraizamento brasileiro — pois são ambos frutos exclusivamente nacionais, domesticados há milênios pelos indígenas.

Ora, a visão hierárquica do trabalho culinário é essencial para que a cozinha de ingredientes não se perca em discussões estéreis que só limitam o impulso criativo e renovador dos chefs atuais. Ao mesmo tempo, ela exige que observemos nossa própria história culinária numa nova óptica — como história de ingredientes plasmados pela cultura, sejam eles nativos ou exóticos. Se houve alguma virtude duradoura no período colonial, ela se deveu à mundialização da economia alimentar: uma enorme e ininterrupta transação de espécies, particularmente botânicas, envolveu Ásia, África, Europa e Américas. Esse processo, por sua vez, sucedeu as transações pré-colombianas, que levaram à difusão da mandioca e do milho em território brasileiro, num longo processo que durou de 500 a.C. até 1000 d.C. e cujo mapa, como se viu, contrapõe, originalmente, a Amazônia e o litoral (até a altura do Rio), devotados à mandioca, e o Brasil meridional (das cabeceiras da bacia amazônica até o pampa rio-grandense, avançando pelo planalto central rumo ao litoral paulista), onde o milho foi estratégico para os colonizadores.

Desse modo, é perfeitamente possível (e desejável) abandonar a divisão sociopolítica de nossa culinária, que só serve à indústria do turismo, redesenhando o território segundo a tipicidade de ingredientes ou produtos. Nesse novo mapa, a continuidade territorial artificial (as regiões do IBGE) é substituída por manchas culinárias descontínuas, porém mais úteis ao conhecimento da diversidade alimentar. Sendo assim, teríamos, de maneira sintética, e apenas a título de exemplo:

A culinária amazônica: caracterizada pelo uso amplo de mandioca e seus derivados (farinhas variadas e tucupi), além das frutas, peixes de rio e outros produtos da floresta;

A culinária da costa: marcada pelo uso de peixes, frutos do mar e do leite de coco, do Maranhão ao Espírito Santo, e a partir daí, até o Rio Grande do Sul, com aproveitamentos mais "europeus" dos peixes e frutos do mar;

A culinária do Recôncavo baiano: tipificada pelo uso do óleo de dendê a partir da laicização da "cozinha de santos", e da diversidade da comida de rua, conforme descrita nos relatos coloniais citados anteriormente;

A culinária do sertão setentrional: especialmente nordestina, que se formou em paralelo à produção açucareira e teve, como esteio fundamental, o homem livre e pobre, voltado para a pecuária destinada a suprir os engenhos, enquanto ele mesmo utilizava, em seu modo alimentar, pequenos animais e vísceras;

A culinária do sertão meridional com extensão ao Centro-Oeste: onde é notável a difusão do cuscuz e de outros pratos à base de milho, além da farta utilização de carnes. Essa culinária apresenta manchas específicas a partir de outros ingredientes, tais como (a) o pequi: especialmente no Centro-Oeste, estendendo-se até as franjas da Amazônia; (b) o mate: em toda a área de influência dos guaranis, compreendendo a região Sul, do Paraná ao Rio Grande do Sul e, no Centro-Oeste, o Estado de Mato Grosso, alongando-se, para além das fronteiras, pelo Paraguai, o Uruguai e a Argentina; (c) o pinhão: a área da floresta original de araucária, onde ocorre esse fruto, constitui um ecossistema destacado do Brasil meridional, com culinária de traços originais;

A culinária caipira: compreendendo especialmente os Estados de São Paulo e Minas Gerais, além de franjas do Centro-Oeste, calcada no milho, no porco e no frango, bem como nos vegetais e legumes de horta, com grande assimilação de técnicas portuguesas de preparo.

O detalhamento dessas manchas culinárias descontínuas depende de maior aprofundamento etnográfico a respeito de cada território e da ressistematização das informações existentes. A relação anterior dos vários sertões que dividem o território mais distante da costa é outro critério aparentado, na medida em que diferentes histórias podem incidir de modo diverso sobre os mesmos ingredientes. Assim, é a riqueza de ingredientes de cada uma das regiões que deve constituir o objeto de estudo de quantos se preocupem em traçar um quadro atual de nossa culinária ou em propor outros recortes pertinentes na abordagem dos hábitos alimentares ou do gosto.

Pode-se também classificar ingredientes a partir de outros critérios, como o de sua adoção e difusão pela culinária brasileira ou mundial. Tal enfoque pressupõe o reconhecimento de que, desde o período colonial, na intensa transação de espécies em escala global, o Brasil teria sido fundamental na formação do repertório alimentar de boa parcela do mundo. No conjunto, chegamos ao século 19 com a flora brasileira incorporada, de modo seletivo, à culinária.[65] O quadro a seguir enumera esse trabalho secular de seleção, com espécies brasileiras que ganharam destaque e notoriedade além-mar:

ESPÉCIES NATIVAS DOMESTICADAS

ESPÉCIE
Amendoim (*Arachis hypogaea*)
Araruta (*Maranta arundinacea*)
Babaçu (*Orbignya spp*)
Cacau (*Theobroma cacao*)
Caju (*Anacordium occidentale*)
Cará (*Dioscorea alata*)
Castanha-do-pará (*Bertholletia excelsa*)
Cupuaçu (*Theobroma grandiflorum*)
Erva-mate (*Ilex paraguariensis*)
Feijão (*Phaseolus vulgaris*)
Goiaba (*Psidium guajava*)
Guaraná (*Paullinia cupona*)
Jabuticaba (*Myrciaria cauliflora*)
Jenipapo (*Genipa americana*)
Jiló (*Solanum gilo*)
Juçara (*Euterpe edulis*)
Mamão (*Carica papaya*)
Mandioca (*Manihot esculenta*)
Mangaba (*Hancornia speciosa*)
Maxixe (*Cucumis anguria*)
Pimenta (*Capsicum*)
Pitanga (*Eugenia uniflora*)
Pupunha (*Gulielma speciosa*)

Fonte: FELIPPE, Gil. *Grãos e sementes*.

Apesar dessa diversidade, hoje vivemos uma autêntica regressão: frutos exóticos como o abricó-do-pará (*Mammea americana*) ou a fruta-pão (*Artocarpus altilis*), de uso corrente em outras épocas, deixaram de ser consumidos na escala em que eram no passado. Os produtos enumerados carregaram, através do tempo, diferentes "cargas de brasilidade": pouca gente lembra que o amendoim é brasileiro, ao passo que o caju, o guaraná, a mandioca, a jabuticaba e, mais recentemente, a pupunha (na forma de palmito) são fortemente reivindicados como nacionais, assim como a jaca, que não é brasileira.

A ênfase em ingredientes depende de verdadeiras modas culinárias ou gastronômicas. Coerentes com essa demanda, muitos pesquisadores têm se debruçado de modo útil sobre o repertório de nossa biodiversidade.[66] Dentre os vários interesses que orientam essas pesquisas, há aquele de investigação das plantas aromáticas de nossa flora. Os estudos têm posto em destaque várias espécies, como o cumaru (*Dipteryx odorata*), a priprioca (*Cyperus articulatus*), a iquiriba ou embiriba (*Xylopia sericea*) e a "canela" (*Otonia otonia*) — esta utilizada popularmente na Bahia, na costa do Sauípe, como pudemos constatar. Dessa forma, plantas nacionais ou exóticas aclimatadas vão tendo seu lugar redefinido na culinária brasileira. O exemplo do cumaru é o mais ilustrativo. De uso corrente no exterior há várias décadas, especialmente pela indústria de alimentos e de charutos, ele tem sido revalorizado, como se fosse uma descoberta original de agora.

Da mesma forma que o cumaru, muitos óleos capazes de saporificar ou aromatizar as frituras eram usados no passado: o de castanha-do-pará (*Bertholletia excelsa*); de sapucaia *(Lecythis pisonis)*; de indaiá-açu ou catulé (*Attalea oleifera*), da região de Goiás; o batiputá (*Ouratea parviflora*), da Paraíba e do Rio Grande do Norte; o de umiri-do-pará (*Humiria floribunda*), comum no Amazonas e no Pará. Com o desenvolvimento da indústria, prevaleceram os óleos mais neutros, e os regionais caíram em desuso, restando ativo apenas o de dendê. Vê-se, então, que a diversidade culinariamente útil não depende tanto de sua ocorrência de fato, mas de modas relacionadas com o estágio de desenvolvimento geral da sociedade, de ideologias nutricionais, do cálculo racional da produção industrial etc.

No que diz respeito à fauna, o problema é bastante diverso. Todos sabemos que tatus, preás, antas, capivaras, pacas, porcos-do-mato, nhambus, perdizes, codornas, jacus, macucos, várias espécies de pombos, entre outros animais, sempre fizeram parte da alimentação dos brasileiros. No entanto, como integravam a dieta popular, com pouca penetração nas grandes cidades ou no cotidiano das elites, tiveram o consumo de suas carnes proibido a partir dos anos 1970, quando se deu o avanço do movimento preservacionista e foram produzidas legislações específicas e criados órgãos públicos de fiscalização — todos vetando de forma absoluta o aproveitamento de espécies selvagens. Ao contrário da Europa, onde a caça sempre foi elemento de distinção aristocrática (e por isso defendida mesmo nas políticas preservacionistas), entre nós restringiu-se às camadas populares e às populações distantes dos mecanismos de controle do Estado, de modo que, aqui, sua proibição não encontrou resistência. Hoje, o pouco que se consome da fauna nativa é feito de modo clandestino, especialmente nos rincões distantes da Amazônia, ou vem de criadouros autorizados e controlados pelo Estado.

Outro aspecto que tem sido menosprezado diz respeito às raças de animais domésticos desenvolvidas em território brasileiro ao longo da história. Segundo estudos especializados divulgados pela Unesco, a variabilidade genética mundial atual compreende aproximadamente 6.300 raças de animais domésticos. A participação do Brasil nesse patrimônio natural é bastante modesta, razão pela qual a preservação das diferentes raças tem importância enorme, e a principal forma de realizá-la é ampliando seu uso na alimentação.

Uma raça é um patrimônio genético, isto é, um conjunto de caracteres de uma população que não se confunde com aqueles outros aspectos secundários que o animal adquire através de sua alimentação. No caso de animais domésticos, ela é fruto de um longo período de seleção artificial feita pelos homens que escolhem, para reprodução, os exemplares que possuem características julgadas mais úteis sob vários pontos de vista: porte, rusticidade, produtividade, aspectos organolépticos, beleza física etc. Nosso frango caipira é o melhor exemplo disso: mantém a genética de animais trazidos originalmente da Ásia e da Europa e é totalmente distinto de qualquer raça criada industrialmente. Os indígenas jamais domesticaram espécies. Eles se limitavam a colher indivíduos na fauna, criando-os para consumo, sem utilizá-los para reprodução. Assim, só aos brancos coube o desenvolvimento das raças domésticas. Se nos ativermos apenas às espécies de mamíferos utilizados na alimentação, temos o seguinte quadro:

RAÇAS NACIONAIS DE ANIMAIS DOMÉSTICOS

BOVINOS	TERRITÓRIO	RAÇA(S) FORMADORA(S)
Mocho nacional *Sinônimos:* Mocho de Araxá e Mocho de Goiás, Tabapuã	Piauí, Nova Odessa (SP) e Goiás	Várias ao longo do tempo
Pantaneiro *Sinônimo:* Tucura	Pantanal mato-grossense	Asturiana (Espanha)
Curraleiro *Sinônimo:* Pé-duro (ou minhoto)	Sertão do Brasil	Alentejana e galega
Crioulo lageano *Sinônimo:* Mertolenga	Rio Grande do Sul	Bovinos hamíticos do Sul
Sindi *Sinônimo:* China	Bahia	Zebuínos
Patuá	São Paulo,	Algárvia
Caracu	Sul de Minas	Minhota e Transtagana

BUBALINOS

Baio	Amazônia	Assam (Índia)
Carabao	Amazônia e São Paulo	Búfalos da China, Filipinas, Tailândia; Gado cruzado com animais da raça mediterrânea

CAPRINOS

Canindé	Piauí e Bahia	Grissone negra (Suíça), Pointevine (França), British Alpine (Inglaterra)
Gurgueia	Piauí	Animais do tronco alpino
Moxotó	Paraíba, Ceará, Piauí, Bahia e Pernambuco	Raças de Portugal e Espanha
Marota	—	Alpina branca
Sinônimo: Curaçá		
Repartida	—	Alpina francesa

OVINOS

Crioulo lanado	Rio Grande do Sul	Churra espanhola
Santa Inês	Bahia	Bergamácia, Crioula e Morada nova
Morada nova	—	Raças deslanadas de origem africana
Rabo largo	Bahia	Raças sul-africanas

SUÍNOS

Moura	Planalto de	Canastrão, Canastra
Sinônimo: Pereira	Santa Catarina	e Duroc-Jersey
Monteiro	Pantanal	Porco brasileiro de raça asselvajada
Tatu	—	Raça chinesa
Sinônimos: Baé, macau		
Casco de Mula	Centro-Oeste e Sul do Brasil	Mule foot
Canastra	Minas Gerais	Raças ibéricas
Caruncho	—	—
Piau	Sul de Goiás e Triângulo Mineiro	—
Pirapitinga	Minas Gerais (Zona da Mata), Espírito Santo	—
Nilo	—	Alentejana ou preto

Fonte básica: Embrapa. *Animais do Descobrimento*.

A esse repertório de raças históricas soma-se outro, bastante extenso, de raças modernas (como as bovinas nelore, gir-leiteiro etc.). O importante, culinariamente falando, é que, até hoje, não foram objeto de tratamento sistemático, de análise organoléptica, de sorte que, por um costume pouco nacionalista, entende-se, por exemplo, que as raças de ovinos uruguaios, argentinos ou australianos sejam superiores às brasileiras — sendo que não se conhece nenhum experimento comparativo sistemático. Por isso, muito provavelmente, verdadeiros valores presentes nem sequer são percebidos; é o caso do porco da raça nilo, que tem a mesma origem genética do porco negro ibérico, tão valorizado na produção do presunto pata negra, feito com os animais alimentados especificamente com bolotas de carvalho. Embora a valorização do porco caipira seja um traço da nova culinária nacional, muitas das raças brasileiras de porco encontram-se em extinção, devido à tendência moderna que valoriza a carne em detrimento da gordura.

No tocante aos produtos vegetais, é digna de registro a atual ênfase na pesquisa das plantas alimentícias não convencionais (conhecidas pela sigla Pancs),[67] desenvolvida em várias regiões do país, inclusive na Amazônia, que tem mostrado uma infinidade de espécies cuja utilização culinária, embora frequente no passado, caiu hoje em desuso. Também merecem destaque aquelas sobre espécies que são utilizadas em outros países e as que simplesmente não tiveram ainda qualquer utilização culinária, mas revelam grande potencial para tanto. Desse modo, não há dúvida, a fronteira do comestível é dilatada pela força das pesquisas em curso.

Certamente, uma fronteira especial é a Amazônia, pela grande importância que se dá, hoje, à utilização culinária dos produtos lá originados.[68] Porém, na valoração da biodiversidade atual da região e de outros biomas, é preciso considerar tanto as centenas de espécies úteis não domesticadas, pois muitas são endêmicas (exclusivas do Brasil), como algumas já domesticadas (abacaxi, castanha-do-pará, mandioca, caju, carnaúba e outras). A tradição agrícola, apesar da riqueza de espécies nativas úteis, gerou enorme dependência de poucas espécies, em especial exóticas. Cada produto hoje conhecido vem de determinada planta, mas na floresta existem outras espécies aproveitáveis. O cacau, por exemplo, é o fruto da espécie *Theobroma cacao*, o cupuaçu, da *Theobroma grandiflorum*, mas há outras plantas desse mesmo gênero (*Theobroma*) espalhadas na mata. Do mesmo modo, são conhecidas 150 espécies de *Paullinia*, o gênero do guaraná.

A existência, na Amazônia, de parentes silvestres de muitas plantas cultivadas e de variedades crioulas de plantas de cultivo tradicional — ainda que este seja feito apenas por alguns grupos populacionais — torna a região um importante local de origem de numerosa e diversa quantidade de vegetais apreciados por razões gastronômicas, como apontou Ferran Adrià. Esse conjunto de plantas tem função estratégica no desenvolvimento futuro da alimentação humana.

As espécies selvagens são essenciais, e não sobreviverão se a devastação de amplos trechos de floresta continuar acontecendo, porque muitas dessas plantas estão restritas a áreas bem pequenas ou não têm características (de adaptação e resistência, por exemplo) que assegurem sua permanência em lugares alterados pela presença humana. Um exemplo é o pau-cravo (*Dicypellium caryophyllaceum*), intensamente explorado como "droga do sertão" desde o século 16. Sua casca e suas inflorescências eram usadas em substituição à canela e ao cravo-da-índia. A derrubada de árvores para a extração da casca quase levou a espécie à extinção. Recentemente, o engenheiro florestal Rafael Salomão e o botânico Nelson Rosa, do Museu Goeldi, encontraram duas populações dessa espécie na região do futuro reservatório da hidrelétrica de Belo Monte, em locais vulneráveis a ações humanas, indicando a necessidade de proteção especial imediata.

É preciso ter consciência de que a biodiversidade é um patrimônio universal, compartilhado por todos e cuja preservação é fundamental para variadas atividades humanas. As áreas de proteção ambiental, as reservas indígenas, a agricultura (de pequena, média e grande escalas), as populações ribeirinhas, as cidades e outros espaços urbanos dividem terreno e utilizam recursos da biodiversidade. É essencial para o futuro que a produção baseada nas riquezas genéticas da biodiversidade saiba conviver com a proteção da fauna, da flora, da água e do solo.

Como os estudos vêm confirmando, e os cientistas alertam — em artigos, debates, simpósios e iniciativas variadas sobre o tema, como o Festival Ver-o-Peso da Culinária Paraense, que acontece todos os anos em Belém do Pará —, os riscos de que venhamos a perder os benefícios potenciais dessa riqueza natural que é a Amazônia são cada vez mais altos. A exploração excessiva e não sustentável desses recursos pode reduzir o número de espécies, limitando também sua utilização na gastronomia, em futuro próximo, o que torna os cozinheiros solidários com todos os outros segmentos profissionais, especialmente cientistas, preocupados com a preservação da biodiversidade.

Sem medo de errar, portanto, é possível dizer que uma culinária brasileira que, momentaneamente, deixe de lado as receitas e seus contornos étnicos para se concentrar nos ingredientes é obra ainda por se fazer — seja a partir dos ingredientes dos vários ecossistemas brasileiros, de espécies vegetais e animais cujas raças foram desenvolvidas no Brasil, ou incorporando o "novo" representado pelas plantas de uso não convencional.

É POSSÍVEL DETECTAR TENDÊNCIAS?

Uma culinária como a brasileira, formada num processo complexo como o que procuramos caracterizar e problematizar, apoiada numa biodiversidade rica e ameaçada, tem futuro? A rigor, procuramos mostrar como a formação da culinária brasileira esteve ligada à necessidade de termos uma cultura o mais distinta possível da matriz europeia de nossa colonização. Esse processo, que teve início com a Independência, só parece se resolver satisfatoriamente após o Modernismo e através da adoção ampla da miscigenação como categoria capaz de explicar nossas singularidades. Em nossa história político-cultural, esse conceito instalou-se no seio da ideia de formação da culinária brasileira.

Hoje, com o chamado processo de globalização, as nações deixam de ter o antigo sentido de espaços dominados por burguesias nacionais, identificados por traços da tradição (ainda que inventada) como a língua, a religião ou os costumes, inclusive alimentares. A internacionalização das economias nacionais, a exemplo do que se dá com as plantas produtivas da grande indústria (de automóveis, de produtos da informática e mesmo da alimentação), vai diminuindo, objetivamente, o alcance de palavras tão caras no passado, como "nacional". O desenraizamento econômico, porém, se faz acompanhar, como seria de se esperar, do desenraizamento cultural, e, neste, tem lugar também o desenraizamento culinário.

É possível estabelecer a segunda metade do século 20 e a primeira década do século 21 como o período em que começou a se dar esse desenraizamento culinário, mudando a percepção da própria cozinha brasileira. Se deixarmos de lado a culinária que se pratica domesticamente para nos atermos aos espaços públicos, perceberemos mais facilmente esse movimento. Em primeiro lugar, nota-se o confinamento das comidas "regionais" brasileiras numa ampla gama de restaurantes que passam a existir principalmente nas capitais dos vários Estados. A cozinha do próprio Estado, assim como aquela de outros, é representada em cardápios que exibem coleções de pratos típicos, quase todos voltados para turistas "de fora", como uma extensão pública do que supostamente se come de forma doméstica. Em segundo lugar, o crescimento da malha urbana também representa a expansão da "culinária internacional", com a criação de restaurantes aparentemente sofisticados, concebidos nos moldes da hotelaria codificada por Auguste Escoffier no princípio do século 20. Um excelente exemplo dessa moda foram os restaurantes dos hotéis concebidos para serem cassinos, especialmente nos Estados de São Paulo, Rio de Janeiro e Minas Gerais. Eles constituíram modelos e verdadeiras escolas — como a formação culinária de chefs implementada pelo Senac — que se multiplicaram com o propósito de sustentar uma ideia de sofisticação que não se via nas cozinhas regionais, nem se reconhecia na culinária popular. Em terceiro lugar, há, ainda, a plêiade de restaurantes étnicos estrangeiros, com destaque para os de origem portuguesa, no Rio de Janeiro, e italiana, árabe e japonesa, em São Paulo.

Esse cenário, que se definiu após a Segunda Guerra Mundial, só se modificaria a partir dos anos 1970. Por um lado, graças ao movimento da nouvelle cuisine, que, além de definir novos procedimentos, marcou o fim do franco-centrismo culinário — uma nova geração de chefs, formados na nova cozinha francesa, disseminou-se pelo mundo, propiciando a "contaminação" da alta cozinha pelas cozinhas nacionais dos países onde eles aportaram, inclusive no Brasil. Por outro lado, pela introdução do fast food, que criou um leque de alternativas alimentares para os trabalhadores urbanos. Instaura-se, portanto, uma nova contradição no país, entre chefs franceses que valorizam comida e ingredientes locais e redes de alimentação globalizadas, sem personalidade nacional. Pode-se dizer que essa bipolarização é atuante até hoje, sobretudo nos principais centros urbanos, mas não exclusivamente neles. No sertão do Piauí, por exemplo, onde antes imperavam as tapiocas, é possível encontrar creperias. Foi nesse novo período também que se assistiu ao "transbordamento" das cozinhas étnicas estrangeiras das respectivas comunidades de imigrantes, sendo exemplo notável o que ocorreu com os restaurantes japoneses em São Paulo. Nos anos 1950, eles estavam restritos ao bairro da Liberdade, onde eram 7, e à região do Mercado, onde eram 9. Em finais dos anos 1970, além de serem 28 na Liberdade, já haviam se espalhado por outros bairros da cidade. Assim, a cozinha japonesa, que representava 3,7% dos restaurantes étnicos da cidade em 1979, atingia a cifra de 7% nos anos 1990, contra 22% dos restaurantes italianos, 14% daqueles de "cozinha internacional" e 12% de churrascarias.[69] Nesse período, portanto, a ampliação da oferta de cozinhas étnicas estrangeiras — em São Paulo, contam-se cerca de 35 origens diferentes —, cada vez mais frequentadas por consumidores de fora das respectivas comunidades, bem como a vertiginosa expansão das cadeias de fast food criaram outro ambiente para a consideração da culinária brasileira, que estava decididamente sitiada e confinada à cozinha doméstica. Pouca gente reconhece a importância dos "quilos" na formação dos hábitos atuais de consumo alimentar, mas foi justamente através deles que a comida doméstica brasileira conseguiu furar o cerco dos estrangeiros e fast foods; os "quilos" trouxeram à baila, novamente, o arroz com feijão, o bife acebolado, o quiabo, o jiló, o doce de abóbora. Graças a essa nova disseminação pública das comidas nacionais, a feijoada deixou de figurar, sozinha, como "prato de resistência" — feita tanto em hotéis de luxo como em botecos nas grandes cidades.

Depois dos anos 1990, contudo, a forte influência da nova cozinha espanhola se fez sentir no mundo todo, especialmente no Brasil, onde vários chefs da nova geração haviam se formado ou estagiado nos novos restaurantes revolucionários da Espanha. A França havia ficado definitivamente para trás. Desse modo, completou-se o quadro de desafios para a nova cozinha brasileira: a comida nacional profundamente atacada pelas cozinhas étnicas estrangeiras, a emergência da cozinha doméstica na cena pública, através dos "quilos", a caducidade do modelo francês e o desafio tecnológico representado pela atenção dedicada à Espanha, em processo de revolução culinária. No conjunto, nada da culinária pública dos grandes centros urbanos ensejava qualquer fidelidade às antigas ideias de "culinária brasileira". O ecletismo passou a ser sua marca, reforçada inclusive quando novas redes de fast food começaram a aparecer, ajudando a difundir de forma ainda mais ampla e profunda as cozinhas étnicas da Espanha, do Japão, do Peru e assim por diante.

Foi nesse quadro, marcado pela infidelidade do consumidor, que começou a surgir um movimento de reação com o propósito de desenvolver a nova cozinha brasileira. O uso do adjetivo — "nova" — certamente marca o reconhecimento de que aquela "velha" cozinha, identificada com o período de formação da nação, já não fazia sentido. Excetuando uns poucos tradicionalistas, o discurso pela afirmação da "nova" cozinha brasileira dirigiu-se fortemente contra aspectos constitutivos seus, como o amplo uso da banha de porco, a falta de tratamento estético dos pratos e assim por diante. As virtudes da brasilidade, por sua vez, recaíram, então, mais sobre a "nobreza" dos ingredientes inexplorados ou pouco conhecidos. Isso só era possível porque a importância dos modos de transformação tradicionais, expressos nas receitas, havia caído em descrédito geral, graças às novas técnicas e tecnologias que se difundiram a partir da Espanha. Um exemplo claro, hoje bastante difundido, é a adoção da cocção à baixa temperatura por uma gama enorme de restaurantes.

Trata-se, deste modo, de construir um novo apelo sedutor em torno da noção de brasilidade culinária, isenta de seus "defeitos", com características claramente identificáveis como "modernas". O sucesso dessa empreitada é condição para uma nova fidelização dos consumidores que, ao longo das últimas décadas, se formaram numa cultura em tudo internacionalizada, com pouca capacidade de reconhecimento de valores históricos nacionais. Assim, a nova cozinha brasileira vive a situação de buscar ser, simultânea e imediatamente, nacional e internacional. No mercado da gastronomia, ela é apenas mais uma opção para o consumidor e, portanto, precisa ser agressiva e competitiva a fim de ganhar espaço.

Essa atuação competitiva, por sua vez, se dá em vários pontos do território. Não é apenas em São Paulo e no Rio de Janeiro que há chefs combatendo na linha de frente pelo "achamento" de um novo caminho para a culinária brasileira. Há também os que atuam em Belém do Pará, Belo Horizonte, Curitiba, Recife, João Pessoa, Salvador, Brasília e assim por diante. Os elementos básicos dessa busca são o propósito de adotar tecnologias modernas e o de combiná-las com as pesquisas regionais de ingredientes. Não é um caminho fácil, pois esbarra em seus próprios limites. Afinal, se as técnicas adotadas são relativamente universais, a diversificação que a competição entre iguais impõe não viria, de novo, de uma ideia tradicional — a de que os ingredientes é que dão a coloração local da gastronomia?

Em sua maioria, os chefs de cozinha têm se curvado à linha de pesquisa que coloca no centro os ingredientes. Não raro, fazem verdadeiras peregrinações Brasil afora à procura do que consideram uma novidade suficiente para galvanizar as atenções, seja pelo sabor, pelo aroma ou pela inserção social do ingrediente. Trazer à mesa o que os consumidores não conhecem parece ser a diretriz buscada e mais comum. Alguns elegem áreas distantes dos grandes centros urbanos como verdadeiros "campos de pesquisa" de onde extraem, anos a fio, os elementos necessários para a criação de novos pratos. Amazônia, Cerrado e Mata Atlântica figuram como biomas mais demandados.

Outros cozinheiros aprofundam-se em espaços socioculturais como quilombos, áreas indígenas, comunidades caboclas, regiões de antiga colonização ou especialização produtiva, com o intento de revelar aspectos desconhecidos de nossa alimentação. Essa empreitada põe em destaque, por exemplo, a diversidade das farinhas de mandioca, a produção de queijos de leite cru, plantas de usos tradicionais — como taioba, mangarito, baru etc. — através de preparações que pouco guardam em comum com os usos originais.

No conjunto, vai se tecendo uma nova percepção sobre o que se come ou se poderia comer no Brasil, sem que seja necessário adjetivar a culinária ou carregá-la de simbolismos relativos a sua tara histórica. Ao contrário, o "velho" parece renovado, pronto para conquistar plateias urbanas portadoras de exigências de novo tipo, especialmente aquelas que aprenderam com a moderna cozinha europeia. Esse quadro, evidentemente, cria enorme entusiasmo à medida que restaurantes são inaugurados, que os chefs obtêm reconhecimento internacional, e assim por diante. No entanto, é legítimo que nos perguntemos: essa onda deitará raízes duradouras?

Poucos são os cozinheiros e jornalistas (para não falar nos sociólogos e antropólogos) capazes de indicar um projeto que possa ser denominado Nova Cozinha Brasileira. Por isso, merece destaque uma recente formulação da chef Roberta Sudbrack. Para ela, o trabalho do cozinheiro deve ser assim orientado:

> [Buscar] nossa própria comida e sua singular diversidade, expressada com outros olhos — novos olhos —, para além do típico, do regional, uma linguagem mais atemporal, mas que não deixa de estar referenciada em nossa cultura e de ser reveladora da nossa identidade.

É esse acervo culinário presente em nosso terroir, nos nossos costumes diários mais simples, que, acredito, vai nos levar a uma gastronomia substantivamente brasileira, que para se manter sempre fresca e renovada não pode perder sua ligação com o mundo. Deve influenciar e ser influenciada por essa riqueza gastronômica global. É isso que quero dizer quando defino minha cozinha como moderna brasileira: a preservação da nossa herança gastronômica, mas sem regionalismos. Uma comida atual, que procura unir esse nosso Brasil diverso e conversa com referências universais sem perder sua fonte nacional e o desejo de revelar todos os seus gostos e tradições.[70]

São palavras que expressam um programa bastante claro.

E são também palavras que conflitam, por exemplo, com um grande número de publicações sobre gastronomia; com os programas de formação de chefs em faculdades; com o discurso nacionalista em geral e com os regionalistas em particular. Gente que entende as comidas — esses intermediários materiais/simbólicos — como monumentos aderidos à história jamais contribuirá para a modernização da culinária brasileira. Simplesmente porque não vê o país como espaço de liberdade, de criatividade, de avanço através da negação, como precisa ser a modernidade. São os "essencialistas" ligados à velha culinária que começou com Carême e chegou ao fim com a nouvelle cuisine. Daqui para a frente será outra história.

Entre secos e molhados

Este ensaio explora o tema da classificação culinária e propõe uma hipótese, até certo ponto original, de classificação para a cozinha brasileira. Há séculos estamos acostumados a ordenar as comidas à mesa segundo lógicas variáveis que fixam os momentos do cardápio — aperitivos, entrada, prato principal, sobremesa — ou agrupam os pratos por algum princípio constitutivo — sejam as técnicas ou os ingredientes principais. O que resulta disso não ajuda a compreender a estrutura interna da culinária brasileira. Por exemplo, o que são mingaus, pirões, farofas? Sobremesa, os primeiros, e "acompanhamentos" os dois últimos?

Em primeiro lugar, discutem-se a utilização das classificações de alimentos e os vários critérios adotados ao longo da história da alimentação ocidental. Em segundo, tendo como elemento central as farinhas brasileiras — de mandioca e de milho —, analisa-se como agrupar os alimentos delas derivados segundo uma lógica única, a oposição entre secos e molhados.

AS GRANDES CLASSES DOS ALIMENTOS: PARA QUE SERVEM?

É tradição na sociologia o estudo das formas de classificação, especialmente aquelas dos povos ditos "primitivos".[1] Trata-se, porém, de uma questão que também é importante para as ciências, especialmente para a biologia, cujo primeiro sistema de classificação foi formulado por Aristóteles e, depois, revisto por Lineu (1735), ao organizar todos os seres vivos numa ordem natural (*scala naturae*), que os hierarquizava, ao mesmo tempo que definia o lugar de cada um segundo os gêneros que eram próximos uns aos outros, apenas afastados pelas diferenças específicas (das espécies). Esses tipos de classificação permitem tratamento sistemático de seus objetos. O mesmo acontece na culinária.

A formação clássica de um cozinheiro o habilitará para preparar vários "capítulos" culinários: molhos, guarnições, sopas, hors-d'oeuvres, peixes, carnes de *boucherie*, caças, preparações frias (gelatinas, patês, terrines), assados, sobremesas. Essas formas de classificação se firmaram ao longo do tempo, especialmente pelos esforços de síntese empreendidos por grandes chefs, como Carême (1784-1833) e Escoffier (1846-1935), abarcando a ementa da chamada "alta cozinha" e mesmo da cozinha burguesa. E como a cozinha francesa é dominante no Ocidente, tornaram-se praticamente universais.

A primeira tentativa de classificar nossa cozinha deve-se ao *Cozinheiro nacional*, por volta de 1870. Nele, o autor, anônimo, reuniu as coisas do país em capítulos como sopas (gordas, magras e magras com vinho), vaca, vitela, carneiro, porco, aves domésticas, peru, caça de cabelo (animal com pelo), aves silvestres, peixes de água doce e do mar, crustáceos e conchas, legumes, molhos, salada e compotas, massas doces para sobremesas e conservas. Seu autor não se preocupou em ensinar a cozinhar, como nossos modernos livros de cozinha, mas em apresentar nossa flora e fauna como passível de ser tratada à maneira de qualquer outro ingrediente europeu assemelhado. Hoje, mais de 140 anos depois, o cozinheiro focado no cardápio brasileiro deverá saber preparar feijoada, moquecas, farofas, churrasco, doces de vários tipos e, claro, tudo o mais que se refira à cozinha estruturada à francesa.

Do ponto de vista do cozinheiro moderno, a culinária brasileira se assemelha a um arsenal de pratos, receitas e modos de preparo espalhados pelo território nacional, que ele agregará à lógica da "cozinha francesa" ou ocidental em geral: a cozinha do Pará, a cozinha do Recôncavo baiano, a de Goiás, os preparados com porco que lhe parecem típicos da cozinha mineira, as farofas com ovo, carne ou o que for, feitas com alguma das infinitas farinhas de mandioca etc. Raramente, entretanto, ele conseguirá superar o plano empírico, atingindo algum princípio organizativo próprio, capaz de atravessar essa constelação de elementos.

Não é de estranhar a mudança de ênfase. Firmou-se entre nós a convicção de que os ingredientes nacionais foram assimilados às técnicas europeias (portuguesas), gerando algo original, mas subordinado à lógica dessa cozinha. Daí a simples transliteração de receitas para ingredientes locais, como se vê no citado *Cozinheiro nacional*.[2] Assim, nosso modo atual de organizar a culinária brasileira mantém, tecnicamente, a lógica ocidental-francesa, mas a ela acrescentou os interesses nacionalista e regionalista, além do registro das grandes rubricas étnicas — indígena, africana e portuguesa —, como nas obras dos seguidores de Câmara Cascudo. O tempo também cuidou de decantar agrupamentos de pratos segundo alguns critérios uniformes, como a cozinha do Recôncavo baiano, agrupada na grande classe da "cozinha de azeite".

Raros são os exemplos de organização que enfatizam técnicas culinárias. Talvez as técnicas de elaboração das farinhas de mandioca sejam uma exceção, ao menos num plano mais acadêmico, em que se encontram várias monografias sobre como as farinhas são feitas, as relações sociais que sustentam as "casas de farinhas" e assim por diante. Por outro lado, persistem enormes vazios; por exemplo, ainda não foi dedicada atenção aos fermentados brasileiros correntes na alimentação indígena e cabocla, especialmente aqueles que se utilizam de saliva humana; ou às técnicas de cocção ou defumação, como o moquém. Desse modo, as possibilidades de classificação dos alimentos que compõem a dieta brasileira são amplas e dependem tanto da acuidade dos investigadores, tratando produtos pouco considerados, como de um critério de utilidade que possa favorecer uma síntese diferente da adotada a partir da culinária francesa.

A vantagem de adotar um critério que esteja enraizado em nossos modos próprios de cozinhar — independentemente da origem étnica — é que permitirá uma visualização mais sólida do conjunto da culinária brasileira e, assim, favorecerá seu desenvolvimento, já que, quando se compreendem os princípios subjacentes aos vários pratos, há um nítido avanço do conhecimento e abrem-se possibilidades de pesquisas e criação.

Um bom exemplo dessa dependência dos pratos em relação a um princípio organizativo que não decorra da história, mas aponte para uma dimensão mais estruturante, é a afinidade que existe entre todas as emulsões, como demonstrou Hervé This, em *La cuisine c'est de l'amour, de l'art, de la technique*, ao enlaçar a maionese, o creme chantili, a *sauce béarnaise*, a musse de chocolate e assim por diante. Do ponto de vista técnico, essas preparações são praticamente uma coisa só, embora os cozinheiros tenham aprendido na escola que umas pertencem à classe dos molhos, outras à das sobremesas. Por isso mesmo, são ensinadas separadamente, em aulas comandadas por diferentes especialistas (na verdade, especialistas não em emulsões, mas em açúcar ou sal...). Ao reunir todas elas sob a grande classe das emulsões, pode-se dominar melhor os princípios físico-químicos que regem suas elaborações e habilitar-se tecnicamente a praticar a cozinha com maior controle. Assim, está claro que existem sistemas de classificação mais úteis do que outros.

A ciência, que põe em destaque o princípio físico-químico comum a vários produtos culinários, encontra analogia nas formas modernas de classificação dos seres vivos. Tanto na classificação de Aristóteles como na de Lineu, a que nos referimos no início deste capítulo, os seres vivos são agrupados ou separados por semelhanças e diferenças aparentes. Com o advento do evolucionismo, a partir de Darwin e confirmado pela genética, foi possível ligar "por dentro" o que parecia estar separado "por fora", mostrando proximidades antes insuspeitadas. Hoje sabemos, por exemplo, que somos tão próximos dos porcos como dos macacos.

As cozinhas são fruto da decantação histórica de práticas alimentares recorrentes, sobre as quais, um dia, alguém se debruçou para "colocá-las em ordem". É necessário, porém, conhecer grande quantidade de objetos empíricos antes de tentar qualquer classificação útil. Isso ocorre porque a simples ordenação de objetos assemelhados não tem muita serventia: moquecas, garrafadas, assados, não são classes culinárias com grande poder explicativo. Tal organização é tão arbitrária quanto foi no passado a que classificou os seres vivos, dividindo-os entre os que voam, os que andam sobre a terra e os que vivem na água. São coleções carentes de unidade interna, como as coleções de museu que agrupam, por exemplo, potes de várias partes do mundo.

As classificações, entretanto, não se resumem à possibilidade de agrupar os objetos por um critério dominante. Elas implicam também oposições. Os cozinheiros, que gostam de citar Lévi--Strauss, sabem que ele opôs natureza e cultura, o cru, o cozido e o podre, situando o fogo (vale dizer, a cozinha) como elemento de passagem de uma condição a outra. Contudo, o próprio antropólogo advertiu que as oposições são "formas vazias: nada nos dizem sobre os métodos culinários de uma dada sociedade",[3] visto que cada uma entende coisas diferentes por "cru", "cozido" ou "podre". Para ele, é preciso considerar, ainda, o sentido histórico das transformações nessas categorias, exemplificando com a influência da cozinha italiana na França, quando se desenvolveu certo gosto pela comida em estado de maior "crueza" ante o que era tradicional. Desse modo, diz, o triângulo formado pelas oposições cru-cozido-podre define apenas um campo semântico, que não esclarece grande coisa em termos práticos, visto que "a nenhum método culinário basta cozer o alimento: o processo deve realizar-se de alguma forma especial".[4]

Essa observação de Lévi-Strauss, destacando o processo de cozimento, coloca a questão da classificação alimentar em outro patamar. Hoje, todo cozinheiro sabe que a própria natureza do cozimento é variada. O "ovo dos mil anos" chinês é cozido em cinzas; o ceviche é cozido em meio ácido, de tal sorte que os modernos químicos da cozinha reconhecem que não passa de anacronismo dos dicionários restringir a *cocção* ao ato de submeter alguma coisa crua ao calor. De fato, o que liga todos esses diferentes modos de cozimento é a desnaturação das proteínas, que, no processo, mudam suas propriedades. E como se não bastasse essa constatação, sabemos também que os próprios fogos variam: há o "fogo brando" do *mijoter* francês; o "fogo alto", que a panela *wok* requer para funcionar bem; e há a fogueira, onde se pode colocar umas batatas, que nos serão devolvidas saborosas, e assim por diante. O grande cozinheiro "do fogo", o argentino Francis Mallmann, publicou em 2011 um livro em que mostra o que ele chama de "os caminhos do fogo" (churrasqueira, *infernillo*, forno de barro, rescaldo, *asador*, caldeirão). Ainda que tenham a madeira como material de combustão comum, cada técnica leva a um resultado diverso, o que permite classificá-las em diferentes famílias de produtos culinários partindo do modo de fazer que implica "dominar" o fogo de determinada maneira,[5] conforme nos sugeriu Lévi-Strauss.

Esse percurso que realizamos, problematizando a questão aparentemente simples das classificações culinárias, coloca-nos diante do desafio de amarrar "por dentro" amplas classes de alimentos, reunindo pratos que parecem distantes no espaço e no tempo, contrapondo tais agrupamentos, e assim elaborar uma forma nova de compreendê-los. Acreditamos que esse caminho possa ser bem útil aos cozinheiros, caso encontremos eixos que permitam agrupar boa gama de pratos, indicando suas linhas de desenvolvimento ao longo da história de formação da culinária do país. No pequeno exercício a seguir sugerimos que o contraste entre o seco e o molhado (ou o caldoso), entre a farinha seca e o ensopado, tem o dom de iluminar boa parte do território culinário nacional.

Países como o Brasil se fizeram na confluência de diferentes tradições culinárias e é de se supor que elas tenham se enfrentado de maneira antagônica, visto que formavam diferentes arquiteturas do gosto. Ao longo da história, algumas delas desapareceram, outras prevaleceram, por vezes combinando-se e criando convergências, que, mais tarde, mal deixaram ver as formas originais. É muito difícil, porém, estabelecer onde e como isso se deu, de modo que a descoberta de princípios constitutivos dos pratos pode ser mais útil ao entendimento da culinária resultante do que a busca histórica de suas "origens".

O PÃO E A CENTRALIDADE DA SOPA
NA ANTIGA CULINÁRIA EUROPEIA

Vários povos, a partir do domínio das técnicas de cerâmica, desenvolveram a culinária dos cozidos ou "potaria". Nesse particular, a colonização portuguesa não representou qualquer novidade para os indígenas, que já dominavam essas técnicas havia mais de 4 mil anos, ou para os negros. A culinária de potaria foi dominante durante muitos séculos nas sociedades rurais europeias, antes do advento das grandes cidades, o que favoreceu uma proximidade técnica entre a cozinha portuguesa e a dos povos indígenas. Os compêndios históricos sobre a cozinha portuguesa mais antiga que conhecemos registram que ela está descrita no chamado *Livro de cozinha da infanta d. Maria*, conjunto de receitas manuscritas, provavelmente dos finais do século 15, e que nos permite conhecer ingredientes e equipamentos do período, além de hábitos alimentares e a articulação que havia entre todos esses elementos. Na obra, sob vários pontos de vista — culinário, serviço, gosto, técnicas —, os alimentos aparecem divididos em duas grandes classes: os caldosos e os sólidos, com uma categoria intermediária, a sopa (pão embebido em caldo).

Como o que nos interessa aqui são os secos e molhados, observemos que o pão ocupava o papel de recipiente ou sustentáculo dos sólidos, como um "prato". Mas ele é também um alimento básico, que está na origem da sopa, como mostra a etimologia da própria palavra *soupe*, surgida por volta de 1185, derivada de *supinus*, "deitado, estendido", designando justamente o pedaço de pão colocado no fundo da panela sobre o qual se derramava o caldo quente feito com os demais ingredientes.[6] A variação mais fina do mesmo prato, o *potage*, caldo de alimentos cozidos em um grande recipiente (*pot*), surgiu em torno do século 13.

Como registrou Julia Csergo em sua monografia sobre o *pot-au-feu*,[7] é possível percorrer toda a França nos calcanhares desse prato, que, embora apresente variações regionais, será sempre a expressão da "França profunda", onde se tem o hábito, inclusive, de cultivar uma horta de *légumes du potager*, justamente para fazer a sopa. A forma primitiva e quase universal de refeição é um pote com água ao qual se acrescentam carnes e legumes variados, segundo a disponibilidade sazonal e, na tradição europeia, posteriormente o pão. Há, porém, um momento nessa história em que o "caldo" desse cozimento serve a outras preparações, assim deixando clara a consciência de que o sabor pode ser transferido. A trajetória do *pot-au-feu* é ilustrativa. Sem ele não haveria molhos, pois estes tiveram sempre por base uma espécie de *pot-au-feu* que se "purifica", escumando e retirando os legumes, a carne e também a gordura que lhe deram sabor. A literatura com base nessa tradição, como são os livros de Carême ou Escoffier, conseguirá armar dois capítulos específicos da culinária — as *potages* e os "fundos de cocção" (*fonds*). Decorrem, então, duas espécies — sopas (*soupes*) e fervidos (*buillies*), derivados do *pot-au-feu*, e as subespécies: marmita, *consommé*, sopas claras e sopas engrossadas (estas, em subclasses com amidos ou gorduras, que são invenções que contam pouco mais de um século e meio).[8] E a sopa, de fato, parece ter surgido daquelas duas classes de alimentos de uma forma tão decisiva que Escoffier escreveu: "La nation française est une nation soupière et bouillonnante",[9] quer dizer, nação de caldos combinados com o pão.

Essa digressão sobre os caldos mostra como o cozido da potaria vai se tornando mais complexo e diversificado, sem perder o sentido de unidade, isto é, seu princípio estruturante. Mas, voltando ao pão, o *Livro de cozinha da infanta d. Maria* nos mostra que os portugueses concebiam, ainda, outras combinações do amido do trigo com os cozidos e assados, sem passar pela forma-pão. Os legumes e carnes cozidos, refogados, esgotados e quase "secos", eram cobertos ou envoltos numa massa e, depois, assados. Os exemplos mostram como o pão, sozinho (e, no caso dos empadões, sem fermento),[10] vai tecendo percursos variados e definindo classes de produtos culinários, conforme se combina com caldos ou é utilizado "seco" em tortas e empanados. Na sopa, ele ocupou inicialmente o papel de suporte, determinando depois o uso de recipientes que, é provável, exigiram o uso de ferramentas de mesa, como a colher. Tudo ganha sentido quando tomamos o pão como eixo histórico da culinária europeia. E, observando a cozinha brasileira, podemos nos perguntar, analogamente, se as farinhas de mandioca e de milho — que aqui foram consideradas pelos colonizadores como equivalentes ao pão — não podem esconder, em seus variados usos, o fio condutor de algum princípio explicativo.

OS SECOS E MOLHADOS BRASILEIROS

Foram os cronistas coloniais os primeiros a aproximar o uso de farinhas de mandioca e de milho aos usos europeus do pão. Na condição de "pão da terra", deveriam executar um percurso semelhante ao pão europeu na configuração de pratos. As técnicas europeias absorveriam ingredientes nativos, assim como os trazidos da África, "adaptando-se" ao Novo Mundo e ampliando a própria universalidade. Esse ponto de vista bastante comum marcou a interpretação da relação entre a América portuguesa e a velha Europa.

Porém, ao observar essa história de uma perspectiva de já mais de quinhentos anos, talvez possamos perguntar: não teria sido o contrário? Não teria sido o gosto europeu submetido pelas práticas culinárias locais, a exemplo do que aconteceu com o chocolate no México?

Pesquisas como a de Marcy Norton sobre o chocolate[11] nos animam a partir para outra hipótese sobre a cozinha brasileira: as culinárias que influenciaram sua formação remetem a sociedades rurais estabelecidas, sedentárias, fortemente dedicadas à agricultura, onde o fervido e o assado, de fato, cobrem as principais formas de cozinhar. Buscando, contudo, ir mais além dessa generalidade, sugerimos que, numa sociedade ainda fluida como a brasileira, onde os conquistadores expandiam constantemente as fronteiras — pela derrubada das matas, pela coleta das "drogas do sertão" e da borracha, pela lida com o gado ou pelo trabalho nos cafezais —, acabou predominando uma cozinha que, a partir da herança europeia, se adaptou às condições de trabalho dos conquistadores. Essa cozinha ora assumia a feição mais "seca", ora a "molhada" ou caldosa, num processo em que, constantemente, os colonizadores recorreram a várias técnicas de origem indígena.

O desafio dos trabalhos executados longe de casa — às vezes impondo a ausência por vários dias seguidos — fez do "pouso" o lugar onde podiam se servir, a qualquer hora do dia, dos cozidos em grandes recipientes, ao passo que no campo, na mata, prevaleciam os alimentos secos de matulagem, para transporte nos embornais, nas marmitas. Isso quer dizer que a condição de vida, mais do que qualquer outro fator, serviu para organizar o repertório culinário dos conquistadores. O que estamos sugerindo, portanto, é que, tanto para os indígenas como para os conquistadores, podemos identificar na matriz básica de nossa alimentação duas modalidades: a cozinha seca e a cozinha molhada.

Nas regiões litorâneas, dominadas pela vida sedentária dos engenhos de açúcar, prevaleciam a cozinha dos fogões, especialmente dos cozidos, feita de moquecas, picadinhos etc. Nos sertões, onde se davam a conquista das terras e a lida com o gado, destacavam-se os alimentos secos, como as paçocas, o cuscuz, desenvolvidos pelo tropeirismo e que permanecem até hoje no sertão nordestino e na culinária nostálgica de mineiros e paulistas. Assim, é importante visitarmos a trajetória de dois produtos da terra e que eram parte importante das dietas indígenas, além das frutas.

Porém, as formas culinárias nem sempre são de leitura fácil. A farinha de mandioca, desenvolvida pelos indígenas, que as preparavam de várias formas, foi relatada na crônica colonial e na historiografia como o equivalente ao pão europeu e, de fato, muitas vezes ocupou o papel da farinha de trigo em elaborações de bolos, biscoitos e pães — além de ter sido empregada para fazer o beiju, à maneira que os portugueses faziam os filhoses. Segundo algumas interpretações, por ser branca e mais semelhante ao trigo, a farinha de mandioca[12] foi preferida à farinha de milho, planta que, durante muito tempo, esteve associada à alimentação de animais domésticos e do próprio "bugre".[13]

A CENTRALIDADE DAS FARINHAS DE MANDIOCA E MILHO NO BRASIL

Desde os primeiros momentos os cronistas coloniais registraram que, aqui, o que se comia "em lugar do pão é a farinha de pão que se faz da planta que chama mandioca".[14] Mas, mesmo antes de chegar à farinha, a mandioca originava vários pratos. Bolos de massa envoltos em folha de bananeira e assados ou mesmo o grolado, a puba frita, ao que parece derivado da dieta dos povos Cariris. O milho cru ralado dará origem, por sua vez, à pamonha envolta em palha de milho e ao curau.

Ora, a farinha seca, ou "farinha de pau", ou, ainda, "farinha de guerra", era uma elaboração culinária indígena com finalidade precípua. Como registrou Gandavo:

> [Os indígenas] Põem um alguidar grande sobre o fogo e como se esquenta botam aquela mandioca nele e por espaço de meia hora está naquela quentura cozendo-se, dali a tiram e fica temperada para comer. Há todavia farinhas de duas maneiras, uma se chama de guerra e outra fresca, a de guerra é muito seca e fazem desta maneira para durar muito e não se danar. A fresca é muito branda e tem mais substância finalmente que não é tão áspera como a outra, mas não dura mais que dois ou três dias, como passa daqui logo se dana.[15]

Assim, está claro que a farinha para consumo imediato conserva boa dose de água, que a compromete em três dias, ao passo que a "de guerra" é seca ao extremo, para manter-se comestível por longo tempo. As farinhas, então, podem ser mais secas ou mais molhadas, de acordo com a finalidade.

Por outro lado, como observou Evaldo Cabral de Mello, os vários usos da farinha de mandioca foram se alinhando com as preferências portuguesas:

> A tapioca constituía outra forma de consumo de farinha de mandioca pela "gente de primor". "Grossas como filhós de polme e moles" [as tapiocas] eram, contudo, menos apreciadas que os beijus, pois "não são de tão boa digestão nem tão sadias". Ademais, e ao contrário dos beijus, eram deglutidas quentes e, banhadas no leite e misturadas com açúcar branco, resultavam deliciosas. A carimã era especialmente ingerida como pirão, feito também de caldo de peixe ou carne, com açúcar, arroz e água de flor de laranja — pirão, aliás, inicialmente designado por marmelada de mandioca.[16]

No mesmo ensaio, em passagem anterior, o historiador aponta que:

No caso dos beijus, tratava-se de utilizar a farinha de mandioca à maneira do que se fazia no Reino com a farinha de trigo na confecção de filhós mouriscas. Beijus espessos e torrados, que duravam mais de ano sem se deteriorarem, eram igualmente usados no aprovisionamento dos navios de torna-viagem.[17]

Assim, na análise sempre respeitável de Evaldo Cabral de Mello, os próprios beijus são uma "adaptação" portuguesa na forma de comer a farinha de mandioca, assim como o pirão, este como um pão amolecido por um caldo.

Deixemos de lado, agora, o "pão da terra" para nos concentrarmos nas carnes. Além das caças assadas em grandes nacos sobre a fogueira, a historiografia registra como uma variante dos assados o moquém, que consistia em assar lentamente sobre um jirau construído como um platô longe do fogo, sendo a carne envolta na fumaça, como nossas modernas defumações. Mas essa mesma historiografia não atenta muito para as diferenças sutis: havia o peixe para consumo imediato e aquele mais seco, para os períodos de "precisão". Padre Simão Travassos informa que "reparte-se a carne por todas as casas da aldeia, e pelos hóspedes que vieram a estas matanças, e dela comem logo assada e cozida, com outra muito assada, e mirrada, a que chamam moquém".[18] Outro cronista informa haverem matado muita caça "que, post[a] no moquém, nos servi[u] de nova matolagem para o caminho".[19] Há relatos que indicam que a carne colocada sob a fogueira, envolta em folha de bananeira, é aquela para consumo imediato; outra, colocada longe do fogo, recebendo calor fraco e fumaça por longo tempo, é aquela que se conserva — mesmo que, nos registros, chame-se a ambas apenas de moquém.

Nem sempre a carne utilizada nas refeições era de caça recém-abatida ou o peixe de pesca recente. Ainda hoje, no Alto Rio Negro, várias preparações cozidas, como a quinhapira, utilizam o peixe moqueado, que é levado à água para ser fervido com temperos, sendo então comido com beiju.[20] A quinhapira, portanto, é uma variante do mujica — em que o peixe desfeito é fresco, cozido num caldo engrossado com farinha de mandioca. Confrontando essas duas preparações, resulta que o moqueado é, acima de tudo, uma forma de conserva, na qual se aproveita o excedente de carne para usos futuros. Como ela sofre, entretanto, progressiva desidratação, a carne vai ficando cada vez mais dura, o que torna obrigatório submetê-la a novo cozimento, reidratando-a. Tem-se, então, a diferença entre o "moqueado novo" e o "moqueado velho".[21]

Assim, temos que tanto na categoria ampla e variada das farinhas, como na das carnes moqueadas, os portugueses defrontaram com uma diversidade de produtos elaborados para diferentes finalidades, em que o destaque cabe à umidade ou água preservada nas preparações, havendo as mais secas e as mais molhadas. E não se pode considerar muito diferentes os procedimentos relativos às moquecas do litoral, que invariavelmente são comidas com farinha de mandioca. Mais semelhante ainda é a moqueca que se fazia de bacalhau seco reidratado, que nos remete à quinhapira, ou tome-se o vatapá, em que ao caldo junta-se pão amanhecido (antigamente se acrescia o pó de arroz, sem dúvida, por influência dos negros) ao melhor estilo das açordas portuguesas; ou o bobó, engrossado com a mandioca apenas cozida ou com a fruta-pão. O determinante, num modo ou outro, seja na carne "moqueada" ou fresca, é a adição de caldo à farinha de mandioca, à massa da mandioca ou ao pão.

Talvez possamos tirar outros ensinamentos da culinária de origem indígena, perseguindo a díade cozido/seco. Ela pode ser generalizada para várias preparações de nossa culinária atual e também serve, em suas variantes, para "amarrar" pratos a partir de um mesmo princípio constitutivo. É o que se procura exemplificar a seguir.

EM BUSCA DE UMA GENERALIZAÇÃO

Comecemos pelo chibé ou a tiquara, por vezes chamado jacuba, sendo todos eles nomes de uma preparação muito simples, na qual entram como ingredientes a farinha de mandioca e a água fresca. Câmara Cascudo, no verbete relativo à jacuba, diz tratar-se esse prato de "refresco e pirão, preparados com água, farinha de mandioca, açúcar ou mel e, às vezes, temperado com cachaça".[22] Os componentes podem variar, usando-se a farinha de milho, a rapadura (no lugar do mel) e o suco de limão ou de outra fruta (no lugar da cachaça), tudo sempre formando um conjunto que se lê como "refresco",[23] porque o componente básico é a água fria, que nunca deve ser cozida. O folclorista é de opinião que a jacuba talvez tenha sido invenção dos jesuítas para mitigar a fome nos dias de jejum.

O mingau segue-se ao chibé. Enquanto este propicia refrescância, aquele — no modo como foi entendido pelos colonizadores — é importante elemento nutriente da culinária local, estando associado ao tratamento a quente. O "mingau" é "certa bebida que fazem engrossar com alguma farinha e mais nada" ou "um punhado de farinha de pau misturada com água a que chamam tiquara — e se têm como para a cozerem, ou aquentar ao fogo, a que chamam mingau, já serão mais contentes".[24] O mingau mais nobre, registra-se, era feito da alva farinha carimã, obtida pelo peneiramento da farinha puba:

> os que não gostam de farinha só per se a misturam no mesmo prato dos legumes; faz-se também em caldos, ou grossos como papas, ou mais líquidos, e potáveis, como para doentes. E para esses caldos

é preferida a farinha seca, exceto quando são caldos de regalos, porque então se fazem de carimã, ou tapioca.[25]

O entendimento do padre João Daniel, citado, não é o entendimento moderno. O mingau se faz, segundo os remanescentes indígenas atuais do Alto Rio Negro, dissolvendo algum alimento em água até conseguir uma consistência pastosa: servem bananas pacovãs, verdes ou maduras; abacaxis; farinha; goma com farinha — tudo pode se transformar em mingau. São coisas *over cooked*, no sentido de que o fogo "desmancha" algo na água, cujo espessamento pode ser feito diretamente com farinha ou goma.[26] A própria goma aparece em alguns textos como um mingau. E a farinha carimã, mais fina e alva, parece especialmente adequada ao mingau, como depois será a maisena — o amido fino extraído do milho. Enquanto a jacuba refresca e distrai, o mingau é mais trabalhoso, impõe busca de ingredientes. No mais é igualmente versátil — come-se antes ou depois da refeição —, mas mais como "alimento", quiçá substituindo-o ocasionalmente, para os doentes e convalescentes, ou sendo oferecido às crianças a qualquer momento do dia.

O mingau se situa num estágio além do caldo simples, em direção ao que é sólido e verdadeiramente tem "sustança", sustenta e sacia. E a essa altura podemos nos perguntar: o que diferencia o mingau da papa ou purê, já que no Alto Rio Negro ele pode ser feito de banana ou qualquer outra fruta? Câmara Cascudo diz que o quibebe é a papa ou purê de abóbora ou de banana, que pode incluir banana com paçoca, carne ou farinha de mandioca. No Rio de Janeiro, o quibebe de banana, água e sal acompanha ensopados. Ele é temperado com alho, cebola, salsa, pimenta-do-reino, e pode levar banha. Na Amazônia, é massa de abóbora cozida à qual se junta leite.[27] A diferença entre o mingau e o quibebe é que, no primeiro, parece ter papel predominante a combinação de farinha com a água, enquanto no segundo prevalece a fruta pastosa (banana ou abóbora). Trata-se, portanto, de uma questão de densidade. O mingau grosso não dissolve a farinha no caldo, mantendo sua singularidade. O quibebe pode ser temperado de modo diverso do restante do prato, para ser comido como "acompanhamento". Ora, a transição do mingau para o pirão é, portanto, sutil. O pirão será o mingau mais engrossado e temperado, que mantém sua singularidade mesmo num prato onde haja, por exemplo, um cozido mais caldoso, pois não se dissolve nele ("farinha pouca, meu pirão primeiro", diz o dito popular). Mas escreve Câmara Cascudo que, historicamente, "o pirão aparece vassalo, ordenança, pajem da carne e do peixe, não mais autônomo como o mingau",[28] confirmando que, no pirão, a mistura de farinha com líquidos ganha a condição de acompanhamento.

É importante registrar a essa altura que Câmara Cascudo foi o primeiro autor brasileiro a reconhecer no pirão um espaço de convergência entre portugueses e indígenas. Ele ressalta que

> o pirão cozido, não dispensando garfo ou colher, explica sua distância etnográfica da parafernália "ameraba" [como Cascudo costumava chamar o ameríndio]. É uma decorrência natural das papas, açordas, caldos engrossados de cereais, *purées*, bases da alimentação camponesa na Europa. O português trouxe para o Brasil a maneira e utilizou a farinha local, fazendo-o inteiramente ao lume.[29]

Acrescenta ainda que, se usada a farinha derivada do milho, o pirão se chamará *angu* — elemento presente na dieta dos escravizados nas minas e que serve de base de alimentação popular na Bahia —, alimento que, submetido a uma cocção mais profunda, os imigrantes italianos transformaram em *polenta*. Mas temos, ainda, o caso particular do *virado*, que será uma modalidade de angu feita com o feijão caldoso.

Se acompanharmos a sequência dos pratos brasileiros onde a água vai rareando, o alimento ficando mais seco, quando se tempera o "pirão" sem acrescentar água, chegamos à *farofa* — seja de mandioca, seja de milho. A fronteira entre os dois é perceptível, pois "há farofas tão mal feitas que parecem pirões-de-galinhas", cita Câmara Cascudo.[30] Em outro processo, submetendo a farinha de milho a uma cocção ao vapor — técnica introduzida por comerciantes portugueses na Capitania de São Vicente, procurando arremedar o cuscuz africano —, teremos o cuscuz de milho, utilizado como acompanhamento de pratos caldosos, à semelhança da simples farinha ou da farofa seca; e, quando se incluem as carnes na própria massa, antes de levá-la ao vapor, teremos o cuscuz paulista.

Por fim, se enriquecermos a simples farofa com moquém, com carnes-secas ou qualquer outro elemento da mesma natureza, teremos a paçoca.[31] Assim, não importando se partimos da mandioca ou do milho, esses "pães da terra" estarão quase sempre associados a determinada quantidade de água, que define sua espécie alimentar, e a alguns temperos e carnes. Já a quantidade de água ajuda a definir sua funcionalidade: alimentação comunitária, sedentária ou ligada ao movimento de guerra (a "farinha de pau" dos indígenas), o embrenhar-se na mata ou, ainda, mais tarde, a lida com o gado. Acrescentem-se a essa classe, por similar, o feijão-tropeiro e o baião de dois.

De maneira esquemática, podemos dispor todos os produtos antes referidos num gradiente em que o caldo, a água, vai definindo o lugar de cada coisa numa sequência como a que se vê na figura a seguir. Sua lógica de construção é muito simples.

Nas colunas, correspondentes à mandioca e ao milho, dispõem-se os pratos segundo a associação com diferentes quantidades de água e outros ingredientes. Nas linhas, temos os alimentos "aparentados", sejam originários da mandioca ou do milho. Parte-se do ingrediente cru, ralado, do qual se fazem beijus e bolos assados envoltos na folha de bananeira, no caso da mandioca, ou pamonhas e curaus, no caso do milho. Em seguida, temos as farinhas de mandioca e milho, frutos de algum processo de cocção.

O MILHO E A MANDIOCA NAS DIFERENTES PROPORÇÕES DE ÁGUA

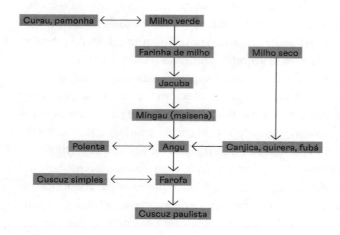

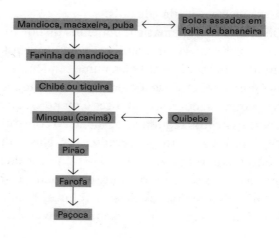

A exceção decorre do fato de que o milho serve para fazer — além da farinha, quando cru ou reidratado —, quando seco, a canjica, a quirera e o fubá, que são "farinhas" cozidas que expressam diferenças de granulação. Do fubá, por exemplo, se fará o angu que alimentará os escravizados e, considerado indigesto pelos europeus — graças à pouca cocção e ausência de sal —, se "transformará" em polenta por meio de uma cocção mais elaborada, no momento da imigração dos italianos para o Sul do país.

Jacuba, chibé ou tiquira são sinônimos, mas reservamos o termo "jacuba" somente para diferenciar aquele que leva farinha de milho, além dos outros ingredientes (rapadura, vinho de fruta etc.). Já os mingaus de maisena ou de farinha carimã, um estágio além do chibé, são, evidentemente, alimentos que desempenham um mesmo papel à mesa.

Esse esquema genérico, que pode ser aperfeiçoado à medida que se levem em consideração mais detalhes (e desde que estes não o destruam), tem por princípio o ordenamento das comidas pela relação farinha/água. Seria possível imaginar um tratado sobre usos da farinha de mandioca, ou farinha de milho, que seguisse à risca essa lógica de cozimento dos alimentos e regulação da quantidade de água acrescentada, independentemente dos demais ingredientes. Ele resume "formas básicas de cozinhar" dentro do que veio a se conhecer como cozinha brasileira de feição popular. No entanto, não é assim que aparecerá na literatura a descrição de nossa culinária. Ela seguirá muito mais a lógica da culinária europeia do que qualquer outra coisa.

Certamente, ambas "dialogaram". Paula Pinto e Silva, que estudou a literatura da culinária da corte no Rio de Janeiro novecentista, mostrou em vários casos os caminhos trilhados. Oferece-nos, por exemplo, a seguinte receita:

Pise-se num gral de pedra um peito de capão, outro de galinha ou de perdiz depois de assados; junte-se-lhe um bocado de miolo de pão ensopado em caldo e uma gema de ovo dura; depois de tudo isto pisado, deite-se numa caçarola e dissolva-se com caldo de vitela e de galinha que esteja quente; passe-se depois por um peneiro, ponha-se a aquentar, mexendo-o sempre com uma colher, e antes de ferver, se usará dele quando quiserem. [...]
A ideia da receita é de um caldo revigorante, feito a partir da junção de três pequenas aves assadas — capão, galinha e perdiz — e esmagadas num almofariz. Depois de desfeitas, acrescentam-se a ela miolo de pão embebido em um outro caldo, que não sabemos qual é, e uma gema de ovo dura, provavelmente cozida. Tudo isso será novamente amassado no pilão, e depois misturado a caldo de vitela ou de galinha. Depois de passado na peneira, coloca-se para esquentar e está pronto para ser tomado. Mais parecido com um mingau do que propriamente um caldo, o prato guarda muitas semelhanças também com a sopa.[32]

O que nos chama a atenção é a lógica de submeter, sequencialmente, um assado a um caldo, e o acréscimo do pão — que define a "sopa" europeia —, chegando-se a uma pasta que "mais parece um mingau". Esse pão, é claro, poderá ser de mandioca ou de milho, mas sempre será pão.

Outras receitas coligidas por Pinto e Silva seguem a mesma lógica, como uma "sopa de perdizes e nabos", modelo para outras tantas receitas que "utilizam aves, caldos não especificados e pão como espessante". Registra a autora, contudo, que

o cronista Luiz Edmundo, descrevendo o modo de vida do Rio de Janeiro de finais do século 18 e início do século 19, afirma que era fácil encontrar, entre os fazendeiros recém-instalados na cidade, uma cozinha "tamoia", baseada nos produtos da terra, como o aipim e a mandioca, além de pratos particulares, como farofa, pirão, paçoca, canjica, angu e beiju.[33]

Parece, portanto, que certa dualidade de padrão construtivo dos pratos possa ter sido corrente na corte durante um tempo, e as grandes categorias da culinária europeia seriam aquelas que acabariam por se impor para as elites. Mas no já citado *Cozinheiro nacional*, há também a incorporação de algumas poucas "receitas nacionais". Assim, no enorme capítulo das sopas, fazem-se presentes, em muitas delas, a farinha de mandioca, o fubá ou a canjiquinha, e mesmo o quibebe como ingredientes. E é curioso notar que os mingaus — como o mingau à mineira, feito a partir do fubá — e o curau (identificado como "mingau de milho verde") figuram também nesse capítulo, especificamente no item das "sopas de leite"; e mesmo o que denominamos de "sagu ao vinho" aparece na classe das "sopas magras".

O que procuramos mostrar é que o tratamento do amido — do milho ou da mandioca — foi muito mais elaborado e rico ao longo da formação da culinária brasileira do que o simplesmente substituir o pão europeu no capítulo das sopas, ainda que o olhar europeu tenha vislumbrado no pão um "lugar" para aninhar esses produtos da terra. A trajetória do milho e da mandioca em sua relação com a água ou caldos vai definindo categorias culinárias ricas; no capítulo dos pratos "secos" ou de matulagem — como as paçocas, o baião de dois, o cuscuz paulista — está clara sua destinação para o trabalho longe de casa, quando não se conta com o fogão e os potes caldosos. Representam formas criativas de conservação, na qual as farinhas secas — de milho ou de mandioca — absorvem a umidade restante dos alimentos, garantindo sua maior durabilidade.

Desse modo, e aos poucos, construímos a lógica da culinária brasileira, sem termos de enquadrá-la na camisa de força do modelo da culinária europeia; convenhamos, uma culinária só existe — e persiste — quando traça com clareza sua lógica constitutiva para que possa ser compreendida, repetida e reinterpretada longe de sua origem e em qualquer tempo. Foi por esse caminho que se universalizou a culinária francesa.

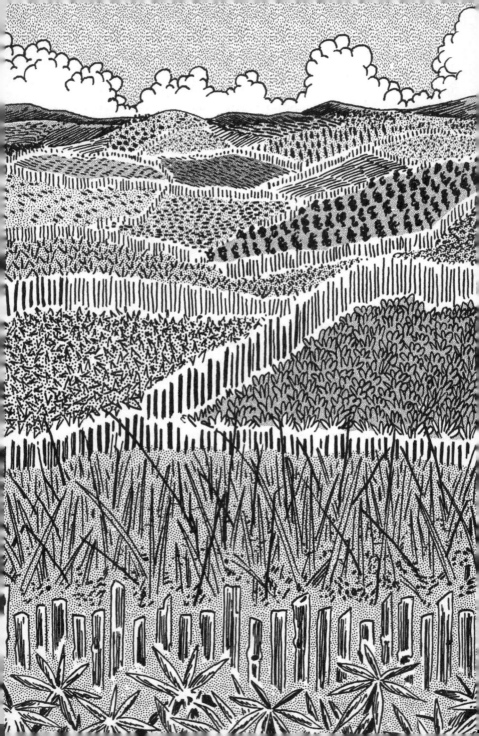

A emergência dos sabores regionais

Em "Formação da culinária brasileira", vimos como se formou o mito da cozinha brasileira. Neste ensaio, analisaremos uma de suas variantes: o mito das cozinhas regionais. São realidades simbólicas que em boa medida orientam nossa relação com a comida, determinando parte do apreço que temos por ela. Ao longo do tempo, assistimos a como essa estima varia. Há trinta ou quarenta anos, foi o momento da cozinha baiana; hoje, é a vez da cozinha paraense.

Lévi-Strauss, em "Como morrem os mitos", mostrou que, mais do que no tempo, os mitos se transformam no espaço sem nunca desaparecer. Contudo,

> duas vias ainda permanecem abertas: a da elaboração romanesca e da reutilização com fins de legitimação histórica. Essa história, por sua vez, pode ser de dois tipos: retrospectiva, para fundamentar uma ordem tradicional num passado remoto, ou prospectiva, para fazer desse passado o germe de um porvir que começa a tomar forma.[1]

Evidentemente, se temos algum compromisso com nossa culinária, um interesse prático, é esse segundo tipo de história que nos interessa.

É preciso, porém, registrar uma diferença fundamental: enquanto os conceitos e práticas da chamada cozinha brasileira nos unificam à mesa, os das cozinhas regionais nos separam, apesar de sermos todos brasileiros. Por essa razão, a investigação sobre a origem das culinárias regionais precisa recorrer a outros fatores explicativos. Além disso, em todo o mundo, acontece uma mudança de ênfase a respeito das divisões culinárias que é preciso ter em conta, pois também influencia a maneira de nos relacionarmos com nossa cozinha regional. No período do nacionalismo, contrapunha-se uma "cozinha brasileira" a uma "cozinha francesa" ou afrancesada que nos remetia para fora do universo de nossas vivências mais imediatas. E dessa cozinha brasileira eram tributárias todas as cozinhas regionais. Recentemente, contudo, assiste-se à emergência de um localismo extremo, com a atenção e a ênfase voltadas para os terroirs e as demarcações de origem de determinados produtos (DOCs, AOCs etc.). Estas podem, inclusive, se sobrepor às denominações nacionais, mostrando como "território" é um conceito histórico de poder explicativo bastante variável.

Ora, hoje é grande a tentação de visualizarmos a culinária como algo disperso no território, apresentando variações georreferenciadas de expressão cultural. Pouco importa, nessa óptica, que as diferenças partam da diversidade ecossistêmica ou da história que se processou sobre cada território em particular. O fato é que a nação, quando surge no mundo moderno, já aparece recortada em espaços distintos, ora pela cultura e pelos hábitos, ora pela língua ou pela vivência histórica dos habitantes que ocupam parcelas do território. Essa noção é bastante forte e ativa quando o assunto abrange as "identidades" que compõem a diversidade que o organismo estatal comporta. É como se tivéssemos estudado a formação de uma língua para, em seguida, nos determos sobre a formação de seus dialetos. Mas essa questão, no Brasil e nos países que se formaram ao longo do século 19, é distinta da que surpreendemos naquelas nações mais antigas, que resultaram da unificação de regiões histórica e culturalmente cheias de particularidades, como a Espanha e a França, sobre as quais vale a pena nos demorarmos um pouco, realçando aspectos úteis para a compreensão do que se passou no Brasil.

O CASO FRANCÊS: DOS VELHOS TERRITÓRIOS À GASTRONOMIZAÇÃO DO TERROIR

Depois da Idade Média, sob Filipe II, que soube aproveitar a guerra contra os ingleses no Norte da França para construir um poderoso exército, começam a centralização e a formação do poder político real. Porém, a oposição região/nação já aparece com clareza nos períodos de Henrique IV e Luís XIV (portanto, no longo tempo entre 1590 e 1715), desembocando na Primeira República (1792--1804). Naquele tempo, as aristocracias locais se transferiram para Paris, onde as maneiras de comer se renovaram e se sofisticaram, diferenciando-se das tradições locais: o consumo de produtos caros e distantes (como as especiarias) se sobrepôs à alimentação orientada apenas pelas necessidades. Assim, as províncias ficaram restritas à condição de meras fornecedoras de matérias-primas para a cornucópia da nobreza, em meio à qual vigoravam o luxo e o gosto pelo "supérfluo". A noção e o discurso da "gastronomia", eles próprios, se desenvolveram nesse ambiente, opondo-se à tradição. Portanto, nossa questão é identificar como a cozinha local, hoje chamada de terroir, volta a ser valorizada e se "gastronomiza", um processo bastante recente, como demonstrou Jean-Pierre Poulain,[2] surgido lá pela metade do século 19 e aprofundado no século 20.

No período napoleônico, por exemplo, a velha França, que reunia diferentes tradições históricas e mesmo línguas, foi dividida em departamentos, que acomodaram, sob a óptica da estrutura centralizada, uma série de interesses da aristocracia e das burguesias locais, fixando-as como cogestoras dos negócios do Estado. Embora a nação tenha sido representada como expressão da convergência de uma série de fatores — como língua, costumes, religião, território e, sobretudo, uma forte vontade dos cidadãos de "estarem juntos" —, havia nisso tudo um forte elemento de imposição centralizadora. A culinária, evidentemente, não poderia escapar desse processo e é útil acompanhar como se deu sua inclusão num discurso unificado sobre a nação, mantendo-se a oposição entre "cozinha nacional" e cozinhas regionais.

Na análise da sociologia da alimentação, trata-se de uma reinvenção da culinária regional em tensão permanente com sua expressão centralizada, nacional. Esse trânsito simbólico de uma coisa para outra é visível, por exemplo, na literatura. Romancistas como Balzac, Flaubert, Zola e Maupassant participaram ativamente do movimento cultural que apresentou a cozinha francesa como um patrimônio nacional, enfatizando o valor do "comer regional" como expressão de algo mais puro e verdadeiro, historicamente mais profundo, em oposição à futilidade dos hábitos burgueses parisienses. A cozinha simples, cotidiana, aparentemente eterna dos camponeses franceses, com seus longos processos de cocção, é oposta ao discurso gastronômico da época que negligencia tais práticas. A Alsácia, a Provença e a Normandia parecem dar o exemplo do bem comer, em oposição ao artificialismo da grande cozinha.[3]

Esse foi, até certo ponto, um fenômeno internacional, já que Paris era, então, a "capital do século 19" para as burguesias do mundo todo. Quem tenha lido com atenção *Anna Kariênina*, de Tolstói, terá percebido, em várias cenas que se passam em restaurantes, a oposição entre o modo afrancesado e sofisticado de comer e os padrões da região rural, de onde provêm algumas personagens. Também no Brasil, especialmente na corte e nas casas-grandes, a cozinha se afrancesou, propiciando a unificação das preferências das elites nacionais.[4] Elas se afastaram em parte do comer regional, estabelecendo a dualidade de ementas que caracterizaria a culinária brasileira do século 19 até hoje. A "gastronomização" do terroir na França (ou seja: a revalorização da cozinha regional com sentido gastronômico) se aprofunda especialmente a partir de meados do século 20, com o desenvolvimento da indústria do turismo. Nesse processo, jogaram papel destacado tanto o *Guia Michelin* como a obra panegírica de Curnonsky (apelido do crítico de gastronomia francês Maurice Edmond Sailland), além de certas iniciativas de promoção oficial da cozinha das províncias. Tal promoção se deu em feiras e exposições, como o Salon des Arts Ménagers, em Paris, e nas "semanas gastronômicas regionais", que tinham como presidente o jornalista Austin de Croze, ou, ainda, nas recentes iniciativas de "patrimonialização" da cozinha francesa.

Como Pierre Poulain mostra,[5] o *Guia Michelin*, que surge como um roteiro de postos de serviço de estrada, logo agrega informações sobre onde comer nas províncias, contando diretamente com a colaboração de Curnonsky que, mais tarde, publicará um livro com o propósito de valorizar a riqueza da comida tradicional, o célebre *Cuisine et vins de France* (1953), onde claramente pontua que a "cozinha regional faz da França o paraíso da boa mesa, em função de que se pode realizar a aliança entre o turismo e a gastronomia".[6] No plano das iniciativas de valorização da tradição das províncias em Paris, além do Salon citado, aconteceram as semanas gastronômicas, realizadas no restaurante do segundo piso da torre Eiffel, protagonizadas por chefs convidados que, surpreendentemente, mais tarde apareceriam no topo da hierarquia da cozinha francesa, como Bocuse, Daguin, Darroze.

Já o processo de patrimonialização — ainda seguindo Poulain — surge no plano prático com o movimento da nouvelle cuisine, ou a nouvelle cuisine de terroir, como disse um analista. No plano acadêmico, tem impulso a partir de um livro de Henri Mendras, *La fin des paysans* (1967), que praticamente estabelece um novo terreno etnográfico francês, que será ocupado por várias revistas especializadas (como as da coleção Ethnocuisine, com números dedicados às diferentes regiões francesas e que teve entre seus colaboradores o próprio Poulain) e depois pelos trabalhos concebidos e apoiados pelo Conseil National des Arts Culinaires (CNAC), nos anos 1990.

Nessa última fase, o inventário do patrimônio culinário francês será feito por províncias, contando com equipes multidisciplinares de historiadores, antropólogos, agrônomos etc. Servirá como fonte de pesquisa e inspiração para os vários chefs de cozinha identificados com o novo movimento. Assim, por causa de uma sucessão temporal de ações, a cozinha francesa apresenta hoje grande complexidade e diversidade, pois se apoia em conhecimentos que revalorizaram as culinárias regionais, que haviam sido praticamente suprimidas.

Por esse trabalho de revalorização da cozinha regional com ênfase em seus aspectos considerados "gourmets", a cozinha francesa pode, agora, vangloriar-se de uma riqueza e autonomia do gosto popular, que foram deixadas de lado ao longo do processo de centralização política, mas que, conforme a patrimonialização mostrou, não desapareceu. Pelo contrário, impulsionada pelo Estado nos anos 1990, a tendência que já se verificava desde a nouvelle cuisine dos anos 1970 intensificou-se, multiplicando a definição de novas Denominações de Origem Controlada (DOCs) e resultando, por exemplo, num novo traçado da França *fromagère* e vinícola.[7]

Assim, a trajetória das cozinhas regionais francesas, pelo estudo e clara diferenciação de suas fases, tem sido tomada como um modelo para a análise de outras experiências nacionais, e mesmo para justificar a pressão de produtores especializados para obter do Estado um estatuto diferenciado, como aquele que decorre, justamente, das DOCs. Itália, Espanha e Portugal, países integrantes da Organização para a Cooperação do Desenvolvimento Econômico (OCDE), que vem estimulando as estratégias de desenvolvimento local, utilizam, em boa medida, a experiência francesa como parâmetro virtuoso.

A DUALIDADE ESPANHOLA

Não é o caso de discutir aqui cada situação particular, mas talvez valha a pena recordar alguns aspectos da trajetória da Espanha, que também se tornou um modelo mundial de desenvolvimento local a partir de sua novíssima cozinha, comandada por Ferran Adrià e seus seguidores, que deram ênfase especialmente às cozinhas catalã e basca.

Ora, sob a ditadura de Francisco Franco, que derrotou toda sorte de republicanismo e autonomia das províncias ao longo da Guerra Civil, a própria culinária sofreu um processo de unificação, tornando-se, no dizer de Manuel Vázquez Montalbán, um "país da paella e dos *bocadillos de jamón*". Só com a redemocratização, após a morte de Franco, os cozinheiros, seguindo uma tendência cultural mais ampla — como a retomada das várias línguas, que não o castelhano imposto pela ditadura —, começaram a pesquisar as culinárias populares locais, sobre as quais trabalharam num processo de recriação.

Assim, com a retomada do tema da cultura (e da cozinha) popular na Espanha democrática, é possível compreender o Conde de Sert, quando diz:

A cozinha culta do Ocidente, cheia de penduricalhos, disfarces, desalentos e genialidades dos seus criadores, se alimenta da cozinha popular, anônima, de tradição oral, própria de cozinheiras e artesãos atentos aos cozidos ancestrais, à qualidade do produto e ao ponto de cocção. Ao reinterpretar e romper padrões de sabores conhecidos, e incorporar produtos estrangeiros e novas técnicas culinárias, essa cozinha criativa adquire o status de culta, ao passo que a cozinha popular, baseada na repetição, na memória gustativa e nos produtos autóctones, tende ao mimetismo. Neste sentido, se poderia dizer que a cozinha popular é tradicional e conservadora, e a cozinha culta, progressista e inovadora.[8]

Por outro lado, Manuel Vázquez Montalbán analisou as variadas cozinhas da Espanha, mostrando como elas foram inventariadas duas vezes: no primeiro quartel do século 20 e, depois, nos anos 1970 — desta vez num trabalho quase arqueológico, visto que os pratos relacionados antes já não existiam mais. De modo que a segunda "lista" — da qual participou a geração de Ferran Adrià — propiciou o reencontro com sabores e receitas perdidos, impulsionando a retomada das cozinhas regionais espanholas, que deixaram de ser valorizadas ou praticadas sob o franquismo. Para Montalbán, essa trajetória representa a evolução de uma cozinha eminentemente popular, que estivera em crise ao longo dos anos 1950 e 1960, pois não encontrava terreno para se desenvolver em meio à mediocridade dos setores sociais que davam sustentação ao franquismo e tinham condições econômicas de gastar um pouco mais para comer. Assim, entende ele que qualquer receituário honesto sobre as cozinhas espanholas "deveria se basear na cozinha tradicional e nos aportes que durante os últimos anos foram feitos por jovens cozinheiros a serviço de uma suposta nouvelle cuisine à espanhola".[9]

A diferença entre os dois autores espanhóis reside na maneira como concebem a comunicação entre as "duas cozinhas". Para Conde de Sert, elas são mais estanques, mas há um movimento de apropriação do substrato popular pela cozinha culta; para Montalbán, elas parecem se nutrir mutuamente, resultando num "receituário honesto", patrimônio de todos os espanhóis.

O REGIONALISMO BRASILEIRO COMO TEMA DAS ELITES POLÍTICAS

Se no caso da França e Espanha é possível perseguirmos a discussão sobre o regionalismo culinário, identificando seu impulso moderno como uma retomada de tradições alimentares, entre nós, brasileiros, o caminho precisa ser outro. Devemos nos ater primeiramente à ordem temporal dos fatos. A discussão sobre a formação nacional, inclusive de nossa culinária, pode ser situada entre 1870 e 1930, quando envolveu nos debates as elites econômicas e os intelectuais de todo o país. As cozinhas regionais emergiram como tema a partir de 1920, e de maneira mais forte no Nordeste. O segundo aspecto que merece menção é que, quando dizemos "cozinhas regionais", em geral estamos nos referindo, com maior ênfase, às cozinhas populares. Nesse ponto, têm pouca importância, por exemplo, os livros sobre culinária que expressaram modas internacionais e atravessaram o Atlântico, influindo na prática culinária das grandes cidades da América.

Temos também uma evolução distinta, marcada em primeiro lugar pela violenta liquidação da população nativa e pela direção dada à alimentação negra pelos colonizadores. Ao chegarmos à segunda metade do século 19, as elites nacionais estavam mais sensíveis ao processo internacional de afrancesamento culinário do que à descoberta do que "valeria a pena comer" e incorporar a suas vivências, escolhendo pratos em meio a um vasto e desorganizado repertório de comidas populares.

Porém, se olharmos para as camadas populares, e não mais para as elites, percebemos que as diferenças regionais marcavam, de fato, o modo de comer dos trabalhadores que, saídos especialmente do Nordeste a partir da década de 1930, ganhavam os grandes centros urbanos. Só nesse contexto a questão das culinárias regionais adquire concretude, deixando de ser tema de discursos intelectualizados. Em 1943, por exemplo, o ministro do Trabalho, Alexandre Marcondes Filho, a pretexto de rebater críticas feitas a um restaurante operário mantido pelo governo na praça da Bandeira, no Rio de Janeiro, afirmou:

> Em primeiro lugar, a organização dos cardápios. Sabe-se hoje que o organismo exige calorias e vitaminas, distribuídas em determinadas proporções, conforme a atividade humana. É o que está nos livros. Mas, dos livros à realidade, a distância não é pequena [...]. Em segundo lugar, a parte educativa. Era necessário combater a natural resistência que o operário, como qualquer pessoa, oferece para habituar-se a novos pratos, atendendo, dentro do possível, às exigências do seu paladar. E, para dificultar ainda mais todos esses pormenores [...], tornava-se imprescindível que o processo de observação e experiência conseguisse regras gerais, que pudessem, depois, nortear a solução do problema nas várias regiões brasileiras, tendo em vista as inúmeras peculiaridades respectivas.[10]

Essa fala do ministro é bastante elucidativa. Estava, então, em curso no país o avanço do discurso médico e nutricional, especialmente quando o tema era a dieta dos trabalhadores e as necessidades alimentares mais adequadas a cada profissão. Contudo, a fala do ministro ainda é sensível ao "problema do cardápio", referindo-se à diversidade das preferências alimentares de pessoas vindas de tantos cantos da nação. Supunha ele também que o "paladar" funcionaria como obstáculo à padronização quando a política governamental levasse novos restaurantes para as "várias regiões brasileiras". Ora, ainda hoje essa é uma questão pertinente. Veja--se, por exemplo, o que fazem em São Paulo alguns comerciantes astutos de bares populares que, às quartas e sábados, oferecem feijoadas com diferentes finalizações: salsinha ou coentro, conforme o cliente seja "paulista" ou "nordestino".

Mesmo que seja difícil estabelecer as fronteiras entre hábitos regionais, é claro que elas existem e são diversas. Há fronteiras linguísticas, pois um paulista jamais pensaria, em sã consciência, em comer "bode" ou "ovelha", embora "bode" seja sinônimo de "cabrito" na região nordestina, e "ovelha", sinônimo de "cordeiro" no Rio Grande do Sul. Há também fronteiras de "gosto", cujo traçado histórico é muitas vezes difícil de compreender: uma região prefere o coentro, enquanto outra prefere a salsinha; outra, a pimenta em maior quantidade; umas estimam as vísceras de animais; outras, as carnes "nobres"; do Maranhão ao Espírito Santo, incide o coco nas moquecas, que rareia à medida que nos aproximamos do extremo sul do país, onde as próprias "moquecas" passam a se chamar "peixadas". Isso sem falar de produtos de incidência fortemente territorial, como o mate, que abarca o Sul do país e parte do Centro-Oeste, além de países vizinhos — caso mais fácil de entender que os demais, pois o hábito do mate e a apreciação do sabor amargo devem-se à influência exclusiva dos povos guaranis.

Esse breve registro serve como alerta para o debate da questão do regionalismo culinário no Brasil, pois são muito pobres os conhecimentos sobre como de fato se comia ao longo do período estudado. Por exemplo, para o período de formação da nação, o regionalismo foi pouco estudado, exceto na literatura. A própria divisão do espaço nacional é ainda pobre — entre "Norte" e "Sul", o que levou a literatura nordestina florescente a ser denominada de "romance do Norte". Também o Centro-Oeste é chamado, genericamente, de "Oeste", tudo de um ponto de vista da então capital federal (Rio de Janeiro). Nossa história "regional" começa, portanto, no século 20, especialmente a partir do movimento modernista e seu contraponto nordestino, o movimento intelectual liderado por

Gilberto Freyre; além, é claro, da redivisão interna do país pelo IBGE[11] feita em 1942, que evolui de um conceito de "regiões naturais" para outro, de "regiões homogêneas" do ponto de vista sociopolítico. As condições para que esse regionalismo emergisse, no entanto, vinham se desenvolvendo desde a Proclamação da República — especialmente após o período inicial "jacobinista" —, graças a um federalismo que favoreceu a consolidação das oligarquias estaduais. A chamada República Velha, que durou até a Revolução de 1930, foi um regime político descentralizado que reforçou o velho sistema oligárquico — um número pequeno de famílias dominava os Estados, antigas províncias — desde o tempo do Império. Nessa época, sobressaía o poder político da aliança duradoura entre São Paulo e Minas Gerais, que se revezavam no governo federal, impondo à nação diretrizes econômicas e políticas que correspondiam aos interesses dos cafeicultores. Outros centros regionais importantes, como Bahia, Pernambuco e Rio Grande do Sul, viviam em constante conflito com essas diretrizes, embora incapazes de "virar o jogo" em favor próprio. Somente a partir de 1930 — e sobretudo no período ditatorial do Estado Novo — esse quadro mudaria substancialmente. Até então, só restava aos Estados não alinhados com o poderio mineiro-paulista produzir uma espécie de contradiscurso, cuja base era, evidentemente, composta pelos valores regionais — políticos, econômicos e culturais — preteridos pelo poder dominante. Em síntese, tínhamos uma situação completamente distinta daquela a que nos referimos para a Europa — no caso da França e Espanha —, onde as tradições populares regionais eram muito antigas, anteriores à formação dos Estados modernos. Entre nós, o centralismo imperial impôs-se às elites, pois a maioria da população, submetida pela escravidão, pouco contava. Portanto, só sob o federalismo da República Velha é que as elites locais passam a se preocupar com a formulação de um discurso diferenciador, baseado no conceito de "região". Essas regiões, então, expressam a contradição e o conflito permanente com essa "unidade", cujo fundamento era a desigualdade do poder das diferentes oligarquias estaduais.

Foi bastante importante, nesse contexto, a chamada "política das salvações" ao longo do governo de Hermes da Fonseca (1910-14), que procurou desalojar com o uso da força as velhas oligarquias dos Estados, ao estabelecer um controle central efetivo sobre a política. Contudo, o sucesso da iniciativa não foi geral. No Ceará, por exemplo, o governo imposto, liderado por um militar que contava com apoio dos comerciantes de Fortaleza, logo foi deposto por uma guerra interna, na qual as forças oligárquicas — que voltariam depois ao poder — contaram com o apoio decisivo de Padre Cícero e exércitos de jagunços. Aos olhos da capital federal e da classe média urbana que se consolidava, o regionalismo oligárquico aparecia como o resíduo de um passado que precisava ser superado. Mas, no plano intelectual, surgiu um discurso regionalista que buscava se legitimar não a partir do poderio das oligarquias, mas do valor cultural permanente e plural que passaram a demonstrar por meio de suas obras — e que reivindicava um novo arranjo de poder em que os "excluídos" do eixo São Paulo-Minas também tivessem sua vez e sua voz.

Uma iniciativa político-intelectual importante foi o lançamento, em Recife, de um manifesto redigido por Gilberto Freyre com o propósito de mostrar que o Nordeste havia contribuído para a nação com muito mais do que apenas o açúcar. Nesse *Manifesto regionalista* (1926), lê-se claramente a intenção de mexer no arranjo de poder:

> A maior injustiça que se poderia fazer a um regionalismo como o nosso seria confundi-lo com separatismo ou com bairrismo. Com anti-internacionalismo, antiuniversalismo ou antinacionalismo. Ele é tão contrário a qualquer espécie de separatismo que, mais unionista que o atual e precário unionismo brasileiro, visa à superação do estadualismo, lamentavelmente desenvolvido aqui pela República —

esta sim, separatista — para substituí-lo por novo e flexível sistema em que as regiões, mais importantes que os Estados, se completem e se integrem ativa e criadoramente numa verdadeira organização nacional. Pois são modos de ser — os caracterizados no brasileiro por sua forma regional de expressão — que pedem estudos ou indagações dentro de um critério de inter-relação que, ao mesmo tempo que amplie, no nosso caso, o que é pernambucano, paraibano, norte-rio-grandense, piauiense e até maranhense, ou alagoano ou cearense, em nordestino, articule o que é nordestino em conjunto com o que é geral e difusamente brasileiro ou vagamente americano.[12]

Sendo mais específico no que tange ao Nordeste, Gilberto Freyre afirma, no mesmo documento:

Não há região no Brasil que exceda o Nordeste em riqueza de tradições ilustres e em nitidez de caráter. Vários dos seus valores regionais tornaram-se nacionais depois de impostos aos outros brasileiros menos pela superioridade econômica que o açúcar deu ao Nordeste durante mais de um século do que pela sedução moral e pela fascinação estética dos mesmos valores.

A expressão cultural das regiões como espaços diferenciados no interior da nação passa a ser reivindicada também por outros intelectuais nordestinos, dentre os quais se destacam, além de Gilberto Freyre, Luís da Câmara Cascudo — para ficarmos apenas entre aqueles que verdadeiramente contribuíram para um novo entendimento da culinária nacional. Esses dois intelectuais, porém, desenvolveram, nos anos 1920, visões diferentes sobre o significado de "região" e quais seriam, especificamente, as questões nordestinas. Vale atentar para essas diferenças.

Gilberto Freyre começa seu ativismo intelectual após um período de formação no exterior, durante o qual — destacam seus biógrafos — ele recebeu importante influência do culturalismo do antropólogo Franz Boas. Outra influência, nem sempre lembrada, mas talvez mais importante para seu pensamento regionalista, foi a de Charles Maurras, dirigente da Action Française e teórico do nacionalismo integral. Como descreveu José Luiz Ferreira:

> [Maurras] pensou a questão do regionalismo como sendo aquela parte que Paris havia desconsiderado na influência sobre a formação francesa, como o Sul da França. Esse regionalismo passou a ser defendido por Maurras, a quem Gilberto Freyre conheceu, na viagem à Europa, tendo assistido a várias conferências sobre a ação regionalista.[13]

É dessa perspectiva que Freyre trabalhará argumentos em favor da "retradicionalização" do Nordeste, o que pode ser sintetizado por uma frase sua: "Pedimos à experiência do que foi as normas seguras do que deve ser".

Esse "do que foi" se referia especialmente ao passado colonial do Brasil tal como existira em Pernambuco e no Recife, que, então, passavam por acelerada modernização — arquitetônica, urbanística, de hábitos e valores —, o que, para Freyre, significava sobretudo a descaracterização daquilo que outrora fora virtuoso. Ao chegar de suas viagens de formação, Freyre encontrou um Recife que em tudo queria imitar Paris, transfigurando-se. Foi contra isso que ele se rebelou. Em vários artigos escritos entre 1918 e 1926, e mesmo posteriormente,

> Gilberto Freyre nos leva a pensar a tradição como algo cristalizado e estanque, cujo propósito era a perpetuação daquelas estruturas herdadas do colonizador, as quais se encontravam carcomidas pelo tempo em virtude da transplantação de um modo de viver que não intercambiava com o momento presente.[14]

Para Freyre, no que tange especificamente à culinária, o momento alto dela se dera durante o reinado de Pedro II. Em *Tempo de aprendiz*, escreveu:

Chegamos a possuir uma grande cozinha. E pelos lares patriarcais, nas cidades e nos engenhos, pretalhonas imensas contribuíam, detrás dos fornos e fogões, com os seus guisados e os seus doces, para a elevada vida social e política da época mais honrosa de nossa história. Havia então, no Brasil, a preocupação do bem comer.[15]

Esse passado histórico serviria, em seus escritos, de âncora e contraponto à modernização dos hábitos e costumes. Nesse "viver pernambucano", a culinária da região

> adquire uma importância fundamental e passa a ser valorizada como o instrumento principal na construção de uma cartografia geográfico-cultural que reivindica autenticidade na construção da identidade nacional.[16]

Ora, bem diverso será o ponto de vista de Câmara Cascudo. Como mostra o estudioso José Luiz Ferreira, é marcante, em sua história intelectual, a proximidade com os modernistas de São Paulo, sobretudo com Mário de Andrade — a quem ele ciceroneou pelo sertão, numa das duas viagens que o poeta fez ao Rio Grande do Norte. Na correspondência entre os dois, registra-se a diferença em relação às posições de Gilberto Freyre. Mário de Andrade mostra seu entusiasmo com o regionalismo e, ao mesmo tempo, expressa seus temores:

> O tal Congresso Regionalista me deixou besta de entusiasmo. Em tese sou contrário ao regionalismo. Acho desintegrante da ideia da nação e sobre este ponto muito prejudicial pro Brasil já tão separado. Além disso fatalmente o regionalismo insiste sobre as diferenciações e as curiosidades salientando não propriamente o caráter individual psicológico duma raça porém os seus dados exóticos. Pode-se dizer que exóticos até dentro do próprio país, não acha?[17]

Também Câmara Cascudo revelará uma feição distinta daquela que Gilberto Freyre expressava em seus escritos, pois Câmara Cascudo, em vez de exaltar o regionalismo como construção política a reivindicar um lugar de destaque na nação, preferiu "uma modalidade de estudo que via nas características tradicionais locais os elementos para se constituir o mapa da diversidade de costumes do país".[18] Em poucas palavras, Câmara Cascudo não partilhava do "pernambucanismo" de Gilberto Freyre e seu elogio à civilização do açúcar, na qual Freyre via um passado glorioso da nacionalidade que precisava ser preservado e valorizado. Ao contrário, a perspectiva de Câmara Cascudo, situado em Natal, mostrava que o processo de modernização deveria ser antes desejado do que temido, dada a marginalidade do Rio Grande do Norte em relação aos influxos modernizantes da vida nacional.

De fato, o Estado estava ligado sobretudo a atividades econômicas menos expressivas e dinâmicas, como a pecuária e o algodão, do que as de Pernambuco. Assim, parecia-lhe haver um déficit de modernidade a ser superado graças ao fim do isolamento do sertão, com a abertura de estradas e a incorporação à malha rodoviária estadual de áreas importantes, como Seridó, centro da economia algodoeira e celeiro da riqueza da elite do Estado. Por isso Câmara Cascudo recusa o debate dos seguidores do *Manifesto regionalista* naquilo em que se opunham ao processo que mudaria a vida de sua cidade e de seu Estado:

a visão do autor norte-rio-grandense [acrescenta José Luiz Ferreira] era no sentido de se apropriar de toda a tradição existente ao longo da formação do Estado e, a partir dela, oferecer a matriz norteadora para a compreensão de uma possível gênese cultural local.[19]

Ao abandonar o apego regionalista às formas da herança colonial, Câmara Cascudo se debruçou sobre o estudo da tradição oral sertaneja, incluindo a literatura de cordel, como elemento que revela a diversidade da cultura popular e, ao mesmo tempo, propulsiona o presente. Essa diretriz se traduziu numa metodologia original, expressa em sua *História da alimentação no Brasil*. Ao lê-la hoje percebemos a importância que tem para ele o registro sobre a alimentação na linguagem oral e gestual, pois, como ele mesmo escreve, "o conceito diferencial entre a nossa e a sociedade de outrora decorre do complexo verbal orientador. As palavras governam, distinguem, dividem". De sorte que o método de estudo se assemelha ao da etimologia, tornando a linguagem e as palavras fontes documentais, vivas e atuantes, da história. Por isso mesmo, não existe hierarquia entre as fontes. Sejam elas históricas, sociológicas, provindas de tradições orais ou ditos populares — tudo tem valor equivalente. O resultado, na obra de Câmara Cascudo, foi uma compilação erudita sobre tudo o que se referia a determinado produto alimentar, de modo a indicar sua importância como manifestação cultural e herança da longa história que formou a culinária brasileira entre os séculos 16 e 18.

Para Câmara Cascudo, a alimentação é uma esfera da vida humana muito mais valiosa do que a própria linguagem, e, ao estudarmos o desenvolvimento dos hábitos alimentares, é possível tomá-los como algo que vai se depositando no leito da história até fixar o que chamamos "gosto", o que ele considerava uma "realidade psicológica atuante", na qual a longa duração mostra os hábitos que parecem "esculpidos em granito", em contraste com os hábitos modernos, esculpidos "em gesso".

Será essa visão antropológica do comer a responsável pela perspectiva que coloca lado a lado, como de resto fará o modernismo, as "contribuições" indígena, africana e portuguesa — uma hipótese que liberta Câmara Cascudo das amarras histórico-regionais do regionalismo de Gilberto Freyre, centrada na casa-grande. Mas como os dois autores são igualmente marcantes na cultura brasileira, acabamos por construir a representação de nossa culinária de maneira contraditória: de um lado a perspectiva étnico-cultural de Câmara Cascudo; do outro, a perspectiva regionalista de Gilberto Freyre.

O TRIUNFO DO REGIONALISMO DE FREYRE SOBRE O CULTURALISMO DE CÂMARA CASCUDO

A questão, entretanto, não é simples. Freyre foi quem primeiro estabeleceu um "mapa" culinário do país, sobreposto ao que viria a ser o mapa sociopolítico das "regiões homogêneas" do IBGE. Mas, se o mapa do IBGE é contínuo, o de Freyre é descontínuo. Ele faz, por exemplo, o elogio da culinária do açúcar, associada ao Nordeste, e do "complexo da tartaruga", associado à Amazônia. Para generalizar esse procedimento, a indústria do turismo teve de promover um recorte não culinário de todo o território onde empilhou, sem muitos critérios, atributos de todo tipo — como a paisagem, os hábitos populares e uma coleção limitada de pratos "típicos" de cada Estado. É claro que essa "tipicidade" possui alguns fundamentos históricos, mas revela também boa dose de arbítrio.

O próprio Gilberto Freyre escreveu, em 1951, na revista *O Cruzeiro*:

> Venho há anos tentando organizar um mapa culinário do Brasil em que se exprima a geografia não da fome,[20] mas da velha e autêntica glutoneria brasileira [...]. Esse mapa, hei de publicá-lo um dia: um mapa a cores, acompanhado de guia para o turista que deseje viajar pelo Brasil sabendo que pratos característicos deveria pedir em cada região principal do país cujo encanto queira surpreender pelo paladar e não apenas pelos olhos e pelo ouvido.

E sugere aos leitores que lhe escrevam a fim de que ele possa apurar esse levantamento, "indicando quitutes que deem fama aos seus municípios de origem ou residência".[21]

Tal como fez Curnonsky para o *Guia Michelin*, Freyre anuncia o procedimento que viria a ser adotado pela indústria do turismo nacional, pois, seguindo essa estratégia, teremos, a partir dos anos 1960, uma representação das unidades da federação por seus "pratos típicos", conforme se pode ver em um levantamento feito em 1970 pelo *Guia Quatro Rodas*:

NÚMERO DE PRATOS TÍPICOS POR UNIDADE DA FEDERAÇÃO, EM 1970

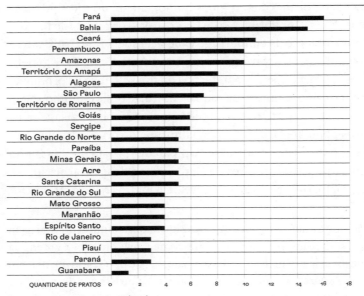

Fonte: *Guia Quatro Rodas Brasil* (1970).

O que salta à vista é que a ideia de tipicidade que orienta essas escolhas possui muito de arbitrário, situando-se bem longe daquela ideia inicial de Gilberto Freyre do *Manifesto regionalista*. Do mesmo modo, afasta-se da concepção cascudiana, pois, se Câmara Cascudo esteve centrado na contribuição étnica para a culinária — especialmente o aporte feito por indígenas, negros e portugueses entre os séculos 16 e 18 — definindo o "gosto" que se verifica em todo o território brasileiro, com algumas variações espaciais segundo a maior ou menor concentração das populações negras e indígenas, na visão turística que acabou prevalecendo isso tudo se resume aos "pratos típicos". E, na medida em que eles possam ser "regionalizados" — como o azeite de dendê, tido como típico da Bahia (e não só do Recôncavo baiano) —, dá-se uma síntese que não se encontra nem em Freyre nem em Câmara Cascudo, e que se expressa, em cada Estado, em meia dúzia de pratos típicos que variam no espaço, denunciando alta dose de arbítrio.[22]

O REGIONALISMO CULINÁRIO SE TRANSFORMA EM TIPICIDADE

Na Europa moderna, a ideia de tipicidade está na base da descrição dos produtos que compõem uma tradição cultural circunscrita a um território, ou a um terroir. Ela é fruto de uma análise minuciosa, feita por equipes multidisciplinares, que inclui a referência ecológica, histórica ou o uso — presente ou passado — de ingredientes, métodos ou receitas de produtos. Nesse processo de tipificação das cozinhas regionais, alguns pratos se tornam especialmente representativos, marcas de orgulho e distinção. Cada território, portanto, terá seus pratos, seus vinhos, suas carnes, suas receitas, compondo um complexo cultural alimentar bastante amplo. A legislação que privilegia o desenvolvimento local defenderá, por sua vez, essa tipicidade, fixando em regulamentos como os produtos são feitos e quem os faça assim merecerá o reconhecimento do Estado, gozando a produção de estatuto especial. É assim quando se fala das cozinhas basca, catalã, normanda, bretã etc. A ninguém ocorre tipificá-las somente pelo prato, feito de qualquer forma e por qualquer um.

A abordagem brasileira, no entanto, tende à simplificação extrema, apresentando às vezes um único prato conforme as regiões: "arroz com pequi", de Goiás; "tutu com linguiça", de Minas; "churrasco gaúcho"; "tacacá e tucupi", da região Norte; "baião de dois", do Ceará; "acarajé e vatapá", da Bahia.[23] Se fôssemos mais rigorosos, seria preciso especificar o contexto histórico de onde se extrai a "tipicidade", como no caso exemplar do vatapá. A receita hoje consagrada é feita com pão amanhecido. No entanto, duas fontes que merecem crédito — os baianos Nina Rodrigues e Manuel Querino — não registram esse tipo de elaboração. As receitas de vatapá que reproduzem em seus livros, coligidas na Bahia de fins do século 19, têm como ingrediente o pó de arroz, não o pão. Assim, é forçoso considerar que o "típico" do turismo não se baseia na história ou etnografia do prato, e a ênfase em determinado conjunto de pratos dependerá muito mais do esforço de marketing de cada unidade da federação do que da investigação de sua história, como no caso da típica cozinha mineira.

Historicamente, Minas nunca foi um território isolado a ponto de produzir uma culinária em tudo distinta dos territórios contíguos, como São Paulo, o sertão baiano e boa parte do Centro-Oeste. Observando de perto os modos de fazer, bem como a série de matérias-primas — como os pequenos animais, o milho etc. —, é difícil distinguir Minas de São Paulo, territórios que foram separados administrativamente no século 18. Contudo, nos anos 1970, quando o turismo ganha importante impulso com a ideologia do "Brasil grande" e existe o propósito de promover a "integração nacional", o governo de Minas Gerais toma a dianteira política, investindo na definição de algo chamado "mineiridade". Para Monica Abdala, os pratos considerados "típicos mineiros" têm sua formação no período de ocupação do território em busca do ouro:

Atravessando os séculos, vieram alguns de nossos principais pratos como o feijão-tropeiro, o angu de milho verde ou de fubá com frango, a paçoca de carne-seca, farofas, couve, o lombo e o pernil assados, leitoa pururuca, o torresmo, o tutu e toda uma série de pratos em que predominam as carnes de porco e de frango.[24]

No entanto, em defesa da "tipicidade", a autora limita-se a observar:

> Percebe-se a composição original de um cardápio composto por pratos que se tornaram dominantes no menu de gerações e gerações de famílias mineiras, que fizeram deles uma tradição e reconhecem--nos como representantes típicos de sua culinária. É possível que alguns desses pratos sejam comuns em outros Estados, mas o que importa é o modo como são feitos em Minas, os rituais que envolvem sua preparação, o oferecimento e, principalmente, seu significado para os mineiros. Os pratos considerados "típicos" são justamente aqueles que no passado foram partilhados por senhores, escravizados, homens livres, tropeiros, fazendeiros.[25]

Já ao discorrer sobre a "receita de mineiridade", ela não deixa de reconhecer o papel determinante do marketing governamental para "tipificar" a comida como "patrimônio estadual".

Outro analista, procurando responder se existe uma cozinha "típica mineira", numa publicação do Itamaraty destinada a um público estrangeiro, assim se expressou:

> Sim, [ela existe] porque se pode reconhecer uma constante na equação das preferências alimentícias da gente que habita Minas. Não, porque tais preferências não são exclusivas dessa mesma gente. A constante se define, é claro, pelo trivial culinário, baseado primeiramente no trinômio feijão, angu e couve, depois no arroz, depois na carne (preferencialmente de porco) e, enfim, moderadamente, nos legumes e ervas. Apontam-se como pratos típicos de Minas: o

tutu de feijão com torresmo ou linguiça, o lombo de porco assado e a couve fina. Acrescente-se ainda a galinha (ou frango) ao molho pardo com angu e quiabo. Pratos considerados genuinamente mineiros, sem serem, entretanto, exclusivamente de Minas.[26]

Talvez a contraprova dessa estratégia de tipificação das cozinhas estaduais com o propósito de servir à indústria do turismo seja o caso da culinária paulista. O mesmo *Guia Quatro Rodas* apresentou, em 1991, um levantamento de restaurantes tipicamente brasileiros por Estados, dividindo-os em "típico local" e "típico de outros Estados". Nesse levantamento, enquanto Bahia, Minas Gerais e Rio Grande do Sul apareciam como tendo, cada um, mais de 30 restaurantes da categoria "típico local" e quase nenhum da "de outros Estados", em São Paulo ocorria o inverso: para 25 restaurantes "de outros Estados" não havia sequer um que fosse "típico paulista".

Ora, não é difícil reconhecer ao menos duas fases completamente distintas na história da culinária de São Paulo. A primeira, entre os séculos 16 e 17, quando se dá a ocupação do litoral, do Vale do Paraíba e do Vale do Ribeira, além do planalto paulista, sempre com forte interação com os indígenas das etnias tupis-guaranis, o que resultou na assimilação de ingredientes e produtos dessas culturas — como o milho e muitos de seus derivados. A segunda, a partir de finais do século 19, marcada pela conquista dos "sertões bravios", especialmente no oeste do Estado, tomando-se as terras dos indígenas remanescentes para a expansão da monocultura do café. Essa fase, marcada pela mão de obra imigrante — italiana, em particular —, se sobrepõe àquela outra, anterior, empobrecida.

Assim, o século 20 paulista é inaugurado por uma dualidade alimentar crescente, contrapondo a cultura "caipira" à cultura dos imigrantes. A capital, sobretudo, aprofundará a mitologia culinária desses imigrantes — agora também incluídos os árabes, espanhóis, alemães, japoneses etc. —, projetando a si mesma como espaço alimentar metropolitano, e não "regional".[27] O caipira e sua culinária serão estigmatizados como inferiores, atrasados e desprovidos de interesse — conforme Monteiro Lobato tantas vezes denunciou. Em contraposição, cada nacionalidade ou etnia oriunda da imigração terá suas tradições valorizadas não só no âmbito das famílias imigrantes, o que seria natural, mas também na esfera pública, a fim de conferir um valor singular de cidade cosmopolita a São Paulo. Portanto, não é de estranhar que o *Guia Quatro Rodas* estampe, nos anos 1990, como inexistente uma cozinha "típica" do Estado paulista.

A consciência da importância do marketing no terreno da "tipificação" é coisa recente, pois só agora surgiram estudos focando a indústria do turismo e seu papel na fixação da "mineiridade" e da "baianidade" no terreno culinário.[28] Segundo Luciana Patrícia de Moraes, foram os ensaístas do século 20 "que, bebendo na obra dos viajantes e nos relatos sobre a Província de Minas Gerais no Setecentos, organizaram estes elementos e transformaram-nos em código, delineando os contornos da mineiridade".[29]

Já o livro *Brazilian Food: Race, Class and Identity in Regional Cuisines*, da brasilianista norte-americana Jane Fajans, talvez reconhecendo a fragilidade dos vínculos entre pratos e territórios no Brasil, analisa as cozinhas regionais abandonando a ideia de descontinuidade entre as cozinhas típicas dos Estados para assumir outra perspectiva. Para Fajans, a identidade não depende da fixação a um espaço, mas é flutuante, visto que um mesmo prato pode marcar alguém genericamente como nordestino, alguém rústico em particular, um indígena, ou uma pessoa sofisticada, dependendo de onde ou com quem ele é consumido. Dessa perspectiva, bastante corrente em antropologia hoje em dia, as pessoas carregam a identidade alimentar para onde vão, e essa mobilidade é mais importante no processo identitário do que a origem geográfica. Os casos mais interessantes que ela cita são, por exemplo, o uso da mandioca no Pará, que dota vários elementos de identidade regional, e a mundialização da Amazônia, pelo consumo amplo do açaí; por outro lado, ela analisa também a "comida mineira", que se desenraíza evoluindo em direção a um conceito mais abrangente e menos determinado de "cozinha caseira".[30]

CONCLUSÃO

O que procuramos mostrar neste breve texto foi a trajetória do regionalismo culinário brasileiro em contraste com o modelo europeu, notadamente o francês, de valorização histórica e revalorização cultural das características locais, consubstanciadas no moderno conceito de terroir. Entre nós, o regionalismo culinário só teve o sentido de reforçar a discussão sobre o regionalismo político, especialmente nordestino, na segunda década do século passado e, depois, deu-se sua caricaturização para efeitos de marketing turístico, sobretudo de alguns Estados.

A relação entre identidade e tipicidade é muito forçada, pois a tipificação não retém a riqueza cultural na qual os pratos, um dia, estiveram imersos. Ao simplificar a relação da comida com a cultura em sentido amplo, dá-se uma caricaturização dessa última, fazendo com que os próprios consumidores locais já não mais a reconheçam como autêntica. Um exemplo é o acarajé, feito com menos pimenta para os "paulistas" (turistas em geral). Assim, vai-se construindo uma comida figurativa, olhando para fora de seu universo original. Portanto, estamos diante de um processo que pouca relação guarda com aquele de "gastronomização do terroir". Falta-nos aquela "terceira etapa" a que se refere Jean--Pierre Poulain, a respeito do inventário e patrimonialização das comidas locais francesas, empreendida a partir das ações do Conseil National des Arts Culinaires (CNAC), nos anos 1990. Sem esse passo decisivo, visando catalogar os produtos alimentares plasmados pelo tempo, imersos nas particularidades culturais de cada território, não haverá como nos libertarmos das peias do "regionalismo político" do passado. Tomemos o exemplo de uma das caricaturas de cozinha regional. Tanto o pequi (*Caryocar brasiliense*) como o piquiá (*Caryocar villosum*) — produtos da domesticação milenar dessas espécies pelos ancestrais dos povos Cuicuro do Alto Xingu[31] — acabaram sobrando como único alimento "típico" na culinária goiana e, por extensão, do Centro-Oeste. Contudo, se observarmos hoje a produção nacional de pequi, veremos que Bahia, Minas Gerais e Goiás, juntos, respondem por 44,4% do total, enquanto a região do Cariri, no Ceará, gera sozinha 47% da produção nacional. Sua produção extrativista está presente, ainda, no Mato Grosso e no Pará. Por que, então, a insistência no "típico goiano", resumido ao arroz com pequi e galinhada com pequi? As etnografias culinárias do pequi e do piquiá estão ainda por se fazer e certamente abrangerão boas parcelas do território nacional, relativizando o uso goiano do produto.

Essa necessidade de mergulhar fundo no território, considerando sobretudo a diversidade de uma perspectiva ecossistêmica, diminuindo a importância do "regionalismo político", valoriza, por sua vez, o enfoque de Câmara Cascudo, deixando para trás aquele derivado de Gilberto Freyre, visto que, diante de cada prato de cada lugar, é sempre possível buscar reminiscências dos povos formadores da comida local. Em outras palavras, uma etnografia atual pode — e deve — permitir a reavaliação da etnologia culinária, que se alimente dos levantamentos presentes sobre como e o que o brasileiro "realmente come", de uma historiografia, incluindo aí as ideias regionalistas do início do século 20, assim como das paisagens botânicas entre as quais vivemos distribuídos. Uma revisão do país culinário que parta de uma "desconstrução" de sua abordagem regionalista é o que serviria melhor ao presente e ao futuro.

Feijão como país, região e lar

Catar feijão se limita com escrever.

João Cabral de Melo Neto

Já é quase lugar-comum que, com a globalização da economia e da cultura, exige-se uma nova abordagem territorial da alimentação, distinta do enfoque regional, como exposto no capítulo anterior. Os recortes do território nacional se tornaram insuficientes, já que o desenvolvimento local das culinárias, resultado de competição entre os diferentes espaços de produção, acabou por caracterizar e promover microespaços subnacionais — eles próprios imediatamente relacionados com mercados supranacionais — como sendo realidades mais expressivas do que as "regiões".

Esse processo é bastante visível na Europa, onde as estratégias de desenvolvimento, incentivadas pela Organização para a Cooperação e o Desenvolvimento Econômico (OCDE) a partir dos anos 1980, acabaram por promover legislações nacionais de fomento e proteção de produções locais que se mostraram bastante eficazes, especialmente em países onde a adoção dessas estratégias constituía um fato novo, como Espanha e Portugal, aproximando a produção e a comercialização de seus produtos agroalimentares do modelo tradicional francês, baseado na noção de terroir. No Brasil, por seu lado, é difícil perceber essa dinâmica de desenvolvimento em microespaços, pois a lógica do agronegócio impôs-se majoritariamente sobre todo o país e a legislação homogênea se firmou como padrão único.

Do ponto de vista do que aqui nos interessa, o predomínio do grande negócio agrícola sobre as práticas adotadas pela pequena propriedade acabou por produzir uma espécie de "silêncio construído" que encobre a dinâmica da agricultura familiar, embora esta forneça a maior parte dos componentes alimentares que chegam à mesa do brasileiro. Porém, é para esse universo de pequenos produtores familiares que se voltam iniciativas isoladas, como as do *slow food*, a fim de valorizar a diversidade do feijão que atenda a seus múltiplos usos culinários. Este ensaio, portanto, procura contribuir para apurar as formas de compreensão dessa dinâmica ocultada pelo agronegócio, especialmente os aspectos identitários que se apoiam neste alimento tão popular e de uso geral como o feijão.

A ESTRUTURA ARROZ COM FEIJÃO

O arroz com feijão é tido como o eixo da refeição brasileira, em todas as classes de renda e em todos os rincões do Brasil. É o prato mais tipicamente nacional. Por meio dele se expressa a variante brasileira do sistema alimentar ocidental, ou seja, o próprio sistema culinário do país.[1]

Sua posição na dieta é diferente do que se passa em outros sistemas alimentares, ou países, como a China, segundo o esquema interpretativo proposto por Françoise Sabban. No estudo que fez sobre o comer na China, ela mostrou que a base da alimentação é o arroz, e o que acompanha o arroz é entendido apenas como fonte de prazer. Dada essa dualidade valorativa, Sabban nos apresenta a complexa culinária chinesa como possuindo uma clara linha divisória que distingue o "comer para viver" (nutrição) do "comer para o prazer".[2]

Uma bifurcação assim é tênue no Brasil. No sistema culinário brasileiro não se atribui ao arroz importante qualidade alimentar. Ele é mais neutro, às vezes até desprezado, tanto do ponto de vista nutricional como gustativo. Pode-se mesmo dizer que sua difusão no país aconteceu tardiamente, após o século 18, embora já estivesse presente no país desde o século 16. Foi só com a chegada da corte (1808) que o arroz se difundiu mais, especialmente pela boia do exército e, depois, na refeição de toda a camada de funcionários públicos que se formou no Rio de Janeiro. Antes disso, embora presente em algumas províncias, como na Bahia (século 16), São Paulo (século 17) e Maranhão (século 18), seu único papel na alimentação era à maneira de um pirão espesso, de variante do pirão de farinha de mandioca, sendo esse mais apreciado que o primeiro.[3]

Talvez a única vertente, nos séculos anteriores, em que o arroz tenha sido bastante valorizado pelas classes populares foi na "cozinha de santo" do candomblé da Bahia, por força das tradições dos ex-escravizados islamizados que se concentravam em Salvador, em cuja culinária o cereal tinha expressão.[4] Mesmo essa dieta dos negros, de fundo inicialmente religioso, só se difundiu depois da Abolição, com a unificação dos cultos africanos e a tolerância policial com os terreiros de candomblé, embora já estivesse presente na comida de rua da cidade.

Com o feijão dá-se o inverso.[5] Ele esteve presente na dieta dos brasileiros desde os primeiros dias da colonização, trazido da Europa e da África pelos portugueses, e juntou-se a variedades nativas — embora os indígenas não o apreciassem nem consumissem de forma expressiva. Assim, contam-se às dezenas as espécies vegetais conhecidas como feijões, chegando-se às centenas de variedades quando consideramos os nomes vulgares, visto que uma mesma variedade pode receber denominações diferentes conforme a região do país. Associado ao movimento de expansão territorial, o feijão acompanhou o estabelecimento dos sitiantes nos quatro cantos do país, cultivado especialmente pela mão de obra feminina nos roçados em torno das novas moradias. Desse modo, estabeleceu-se entre o feijão e a população pobre um vínculo indissolúvel ao longo da história, embora nas últimas décadas, e no bojo da urbanização, seu uso venha caindo progressivamente de importância na alimentação dessas mesmas camadas da população.

A ligação profunda entre feijão e colonização territorial resultou no juízo popular segundo o qual "não ter um pé de feijão" é o mesmo que ser imprevidente, descuidado e preguiçoso. Corroborando essa percepção, quase todos os viajantes coloniais foram unânimes em destacar seu papel central na alimentação no país, associado com a farinha de mandioca e acompanhado por alguma coisa mais, especialmente carne-seca.[6] No caso do baião de dois, prato tido como originário do Ceará, região histórica da pecuária, a farinha e a carne-seca não comparecem: para esse prato são cozidos juntos o arroz, o feijão e o toucinho.[7] Isso se dá, talvez, por causa da praticidade do transporte no campo, enquanto o vaqueiro se dedica à lida com o gado.

É importante notar, contudo, que a história ensina que o feijão, a farinha e a carne-seca se tornaram a dieta brasileira básica nas classes populares muito antes daquela associação urbana do feijão com o arroz,[8] como já foi dito aqui. Quando essa associação ocorreu, o feijão praticamente assimilou e desfez a "neutralidade" do arroz, e a dupla passou a se relacionar com tudo o mais que integra a refeição como complemento dela, a chamada mistura.

O arroz com feijão e a mistura formam o "prato completo" doméstico, que, consumido fora de casa, nas lanchonetes das grandes cidades, assume a forma de prato feito, o famoso PF, que corresponde à forma atual mais tradicional de se comer. Vários tipos de PFs são ofertados no mercado, com variedade de misturas, conforme o estabelecimento comercial ou mesmo o dia da semana. Já os restaurantes por quilo, que se difundiram nas últimas décadas, representam outra forma alimentar popular, em desenvolvimento vertiginoso no mercado brasileiro, contribuindo para a diluição do conceito de prato feito e para a dissociação dos vínculos históricos entre o arroz, o feijão e as misturas. Nesses restaurantes por quilo, o arroz com feijão depende mais decisivamente do gosto individual do consumidor, já que constitui apenas uma combinação possível em uma oferta bem maior de alimentos.

Do ponto de vista do que se passa na roça, e segundo o sistema de classificação dos alimentos, de inspiração na milenar medicina galênica, o feijão é considerado um alimento quente e o arroz, frio. Como tal, ao se plantar no sistema de consórcio, "não se deve plantar uma planta 'quente', como o feijão, ao lado de outra também 'quente', mas apenas ao lado de uma planta percebida como 'fria', como a mandioca",[9] já que o arroz exige outro tipo de solo.

Essa classificação é importante por vários motivos, especialmente econômicos, como é a razão do consórcio de culturas agrícolas. A mandioca — base da dieta do caboclo de várias regiões — consome enormes quantidades de trabalho, tanto no plantio como na preparação das farinhas; o feijão, a ela consorciada, permite, por outro lado, o ingresso monetário ou o escambo de alimentos entre famílias aparentadas ou vizinhas, na medida em que boa parte da produção excede as necessidades do núcleo familiar e se destina ao comércio.[10] Ora, além de o feijão propiciar o equilíbrio entre a produção familiar e o mercado, ele dá sustentação ao equilíbrio pessoal por meio de uma "dieta equilibrada, uma combinação de alimentos 'quentes' e 'frios'".[11] Arroz com feijão, portanto, corresponde ao ideal de equilíbrio no sentido individual e social. Além disso, converteu-se em ideal gustativo, pois as reminiscências que incluem a dupla são obrigatórias no discurso que afirma a excelência da cozinha brasileira.

A DIVERSIDADE DOS FEIJÕES

Pelas razões históricas apontadas, os brasileiros possuem uma relação complexa com os feijões. Ele é de uso universal em nossa culinária, em preparações simples executadas a partir de enorme variedade botânica. Apesar dessa universalidade, ele não é um objeto frequente no discurso culinário; ao contrário, um silêncio grande cerca sua existência, refletido na pobreza das receitas de preparação que se constata nos livros.[12]

A análise de tema tão complexo deve começar pelo plano nominativo e classificatório, pois a palavra "feijão" designa diferentes espécies vegetais e um sem-número de variedades. A espécie *Phaseolus vulgaris*, ou feijão comum, é cultivada em todo o território nacional, sendo originária do Novo Mundo, provavelmente do norte da Argentina e Equador, onde os portugueses encontraram-no cultivado e, portanto, fazendo parte da alimentação dos indígenas. Há ainda os "feijões-de-corda", da espécie *Vigna unguiculata*, originária da Ásia; o "feijão-guando" ou "andu", da espécie *Cajanus cajan*, provavelmente da África, e encontrado nos túmulos dos reis da décima segunda dinastia do Egito, principalmente em sua variedade arbórea, também de grande difusão.[13] Algumas fontes ainda listam como "feijões" várias espécies forrageiras animais e outras utilizadas como adubos para cafezais — muitas tidas como nocivas à saúde humana —, de tal sorte que as coisas reunidas sob essa classe são as mais diversas, seja do ponto de vista estritamente botânico, seja da utilidade. Em 1929, por exemplo, a Secretaria de Agricultura e Abastecimento contabilizou no Estado de São Paulo 67 variedades de feijões.[14] Podemos acrescentar as favas a essa lista. As variedades da *Vicia faba* não raro são incluídas na grande classe dos feijões, sendo as fronteiras entre elas percebidas mais pelas diferenças de uso culinário do que por qualquer outro atributo. Mas há, contrário senso, variedades chamadas "favas" que, botanicamente, são feijões, como a *Phaseolus lunatus*, chamada de fava-belém, feijão-farinha, mangalô-amargo, feijão-de-lima. Essas falsas favas, originárias da Guatemala, não se dão bem em climas frios e são cultivadas principalmente nos Estados do Nordeste, onde apresentam grãos bem variados em forma, tamanho e padrão. As favas, na percepção popular, são "feijões que não dão caldo" ou que possuem "sabor amargo".

Do ponto de vista histórico, cinco espécies do gênero americano *Phaseolus* foram domesticadas na era pré-colombiana e possuem sementes comestíveis, conforme ensina o professor Gil Felippe: *Phaseolus vulgaris*, originária da América tropical e domesticada há 3500 anos; *Phaseolus dumosus* (e também *Phaseolus polyanthus*), originária do México e Guatemala; *Phaseolus acutifolius*, originária do México, Estados Unidos e Guatemala; *Phaseolus lunatus* (feijão-de-lima), originária da Guatemala e de outros países da América Central e da região dos Andes; *Phaseolus coccineus* (feijão-flor ou feijão-escarlate-trepador), originária da América Central.

O IBGE, em sua Pesquisa de Orçamento Familiar (POF), apura centenas de nomes populares para o feijão, registrando mesmo os diferentes nomes dados a uma variedade. No entanto, ao apresentar os dados de consumo para o grande público, ele resume essa enorme coleção de nomes a meia dúzia de tipos, reunindo a maioria deles numa categoria que nada diz — a categoria outros feijões. Ora, se uma única variedade de feijão pode receber nomes distintos, complica-se a abordagem nominativa. Na Índia, o feijão-fradinho (chamado *chowlee* ou *gubgub*) é conhecido há mais de 3 mil anos; no Brasil, o mesmo feijão-fradinho (*Vigna unguiculata*) pode ser encontrado como feijão-bongalon, feijão--caupi, feijão-miúdo, feijão-de-corda (subvariedade) e assim por diante. Ele chegou ao Nordeste vindo da África, trazido pelos portugueses. É consumido na forma de vagens verdes, sementes verdes ou maduras, sendo essas últimas secas ou frescas.[15] É com o feijão-fradinho que se prepara o acarajé, prato da culinária de influência dos negros islamizados da Bahia. Outras preparações afro-baianas com esse feijão são o ecuru, o humulucu (feijão com azeite) e o abará.[16]

Do ponto de vista da aparência, o conjunto de feijões apresenta imensa gama de tamanhos e cores, podendo-se estabelecer um gradiente que vai do branco ao preto, passando pelo amarelo, verde, marrom e vermelho, além dos rajados de várias cores e tamanhos. Já do ponto de vista quantitativo, temos que, segundo a POF do IBGE, o brasileiro consome, domesticamente, cerca de 12,86 quilos de feijão por ano, divididos entre oito principais variedades das centenas existentes no país. No meio rural, o consumo se eleva para 23,46 quilos por ano, dos quais 10,94 quilos foram adquiridos por meios não monetários (isto é, por produção própria ou por trocas entre vizinhos, sem incluir dinheiro).

Nas poucas variedades consideradas pela POF, temos, em primeiro lugar, o consumo do feijão-rajado; em segundo, do preto; em terceiro, do fradinho. Este é o mais "ruralizado" de todos, pois seu consumo rural é três vezes superior à média nacional, sendo sua forma de aquisição não monetária 2,3 vezes superior à forma monetária. O feijão-rajado é também de consumo essencialmente rural (o dobro em relação ao consumo urbano), mas, ao contrário do fradinho, sua forma de aquisição é predominantemente monetária. As variedades de feijão consideradas nas estatísticas são de uso mais geral, as comercializadas nos supermercados. As duas maiores cadeias de supermercados comercializam, no total, de oito a treze variedades, com diferenças de mix por região. Contudo, quem visita a zona cerealista no centro da cidade de São Paulo, onde se dá o abastecimento das populações de origem nordestina, poderá identificar outras tantas variedades não comercializadas em supermercados. Assim, a diversidade encontrada nos grandes centros urbanos sugere que os feijões viajam com seus consumidores, isto é, as preferências culinárias identitárias constituem um mercado próprio que transaciona quase duas dezenas de variedades ausentes das gôndolas dos supermercados. Eles serão encontrados apenas nas casas dos migrantes e nos restaurantes populares que esses frequentam — evidenciando uma cadeia que une consumidores, comerciantes, transportadores e produtores que criam, na grande cidade, um verdadeiro gueto culinário, à semelhança do que ocorre com as comunidades estrangeiras de judeus, japoneses, húngaros etc. na cidade de São Paulo.

As espécies não identificadas pelo nome nas estatísticas da POF (os outros feijões) representam cerca de 10% do consumo total de feijão. Mas ações de caráter preservacionista, lideradas pelo *slow food*, têm trazido à luz imensa riqueza de variedades, produzidas e consumidas especialmente nas comunidades rurais de todas as regiões do país — como o feijão-canapu (*Vigna unguiculata*), com mais de trezentas variedades identificadas pela Embrapa e cultivadas na microrregião do semiárido do sul do Piauí.[17]

Quando analisamos o consumo do feijão vis-à-vis a renda, nota-se que ele é ligeiramente maior nos estratos inferiores, numa distribuição que acompanha a desigualdade entre os estratos de renda. Os feijões-rajado, fradinho e preto são mais consumidos pelos estratos sociais inferiores, os superiores preferem o rajado, o preto, o jalo e, em quantidade mínima, o fradinho (3% contra 24% nos estratos inferiores). O preto e o rajado igualam as diferentes classes de renda, ao passo que o fradinho e o jalo diferenciam ricos e pobres. A que servem, porém, as variedades de feijão? O que os pratos com feijões variados nos dizem sobre o Brasil?

Como já referimos, o arroz e o feijão são considerados a base da nutrição pelos brasileiros, e o deleite de comer fica mais por conta da "mistura" ou dos temperos e acréscimos ao feijão. A mistura sempre refletiu a disponibilidade de bens em dado local, podendo incluir carnes de caça, carnes-secas, de porco, boi, galinha, peixe, ou ainda ovos, legumes e verduras cozidas. A rigidez da associação arroz com feijão é corroborada pelo fato de que não são muitas as receitas com feijão dissociadas do arroz. Tudo indica também que é pequena, salvo raras exceções, a associação direta entre uma variedade de feijão e seu uso em receita específica. São exceções conhecidas o acarajé — feito obrigatoriamente com feijão-fradinho — e a feijoada nacional. Porém, até mesmo a feijoada, usualmente associada ao feijão-preto, aparece em versões regionais com outros feijões (como no Nordeste, num prato em que compareçem, além das carnes, legumes como o maxixe — *Cucumis anguria* — e a abóbora).[18]

Grosso modo, o feijão, mesmo nas preparações simples, oferece dois tipos de associações: a) com temperos vegetais (cuja base são cebola, alho e louro), b) com pedaços de carne ou um simples pedaço de couro de porco. As associações com porco conduzem à denominação feijão gordo — gordo significando nutritivo. Sem as proteínas animais, adquire o nome de feijão magro. A vantagem do feijão gordo sobre o magro é que pode constituir uma refeição completa, quando acompanhado por arroz ou farinha de mandioca; o feijão magro, por sua vez, exige, além de arroz, a "mistura" propriamente dita. Em desenvolvimento extremado, o feijão gordo leva o nome de feijoada. O esquema a seguir mostra como se constituem progressivamente o feijão gordo e o feijão magro, segundo adições que podem ser feitas a eles, conforme hábitos alimentares bastante difundidos por todo o país. As setas indicam os acréscimos no feijão gordo e a simplificação admissível no feijão magro:

FEIJÃO GORDO E MAGRO

ENGORDANDO O FEIJÃO	CAMINHOS DO FEIJÃO MAGRO
Couro de porco fresco	Refogado em alho, cebola e louro
Toucinho defumado (bacon)	Salsinha e cebolinha picadas
Rabo e orelhas de porco salgados	Colorau (tempero de urucum)
Embutidos de porco defumados e não defumados	Cebola picada ou coentro
Carne-seca bovina e suína	
Feijoada	
Acompanhamentos: couve, laranja, arroz	

Conceitualmente, o feijão gordo (trajetória da coluna esquerda) começa a sê-lo pela simples adição de um pedaço de couro de porco, que é cozido com os grãos, acrescentando untuosidade à preparação. A partir de seu enriquecimento com outros componentes também derivados do porco, ele termina por receber o nome de feijoada, especialmente se essa adição se dá ao feijão-preto. Já o feijão magro (coluna direita do quadro), independentemente da variedade escolhida, é o temperado com vegetais, podendo-se agregar o colorau (o tempero mais popular no Brasil, feito à base de óleo de urucum, *Bixa orellana*, impregnando o fubá). A finalização, com cebolinha picada ou coentro, expressa preferências típicas regionais e familiares, sendo mais comum no Sudeste o simplesmente refogado com cebola, alho e louro, e no Nordeste, o que incorpora folhas de coentro. Um tempero muito simples e comum para o feijão magro é obtido pelo amassamento simultâneo de sal, salsinha, alho e cebola. Esse "pesto" é estocado em grande quantidade, para ser usado em pequenas porções no dia a dia, ao se temperar o feijão.

A CELEBRAÇÃO DA FEIJOADA COMO METÁFORA MODERNISTA

Vale a pena nos determos na análise da feijoada, pelo destaque que ela recebeu na literatura erudita. Conforme observa Paula Pinto e Silva,

> as preparações à base de toucinho e feijões, fossem preto, marrom ou vermelho, foram descritas à exaustão pelos viajantes, confundindo-os, inclusive, quanto ao nome que podiam designar ao prato: feijoada para alguns [...] ou simplesmente feijão cozido, feijão virado ou feijão gordo para outros viajantes. Com mais caldo ou sem caldo, os feijões amoleciam a comida e ajudavam a criar um novo paladar.[19]

A feijoada pode ser considerada a quintessência do feijão gordo enriquecido a ponto de se tornar prato único, mas que se come também associada ao arroz e outros complementos. No entanto, ela não pode ser compreendida sem o ritual que a cerca — inclusive com determinação de dias próprios da semana para seu consumo — e sua capacidade histórica de evocar a nacionalidade. É esse conjunto de determinações que transforma a modalidade avantajada de feijão gordo em feijoada, que se come às quartas-feiras ou aos sábados, acompanhada por couve e laranja picada, além do arroz e, claro, uma caipirinha de limão e cachaça. Como escreveu o jornalista e ensaísta Renato Pompeu, "a feijoada pode nos aparecer como totalidade, como unidade idêntica a si mesma; no entanto ela pode nos aparecer também como reunião casual de coisas disparatadas".[20]

A associação estrita entre feijão-preto e carnes, constituindo a feijoada, teve origem no Rio de Janeiro — onde esse tipo de feijão é o mais popular —, e não nos engenhos de açúcar, como alimento de escravizados, conforme espalhou o folclore alimentar. No final do século 18, segundo testemunhos de viajantes, como Debret, a alimentação dos escravizados urbanos no Rio de Janeiro era lastreada em feijão-preto, farinha de mandioca, laranjas e bananas; e havia negros que aplicavam o dinheiro da venda de suas hortaliças na aquisição de carne-seca ou toucinho. Mesmo o folclorista Câmara Cascudo, que não encontrou a feijoada como "prato completo" antes do século 19, reconhece que ela se difundiu como prato urbano, especialmente em hotéis e pensões cariocas. Mas foram os modernistas que, a partir dos anos 1920, fizeram da feijoada um signo de brasilidade.[21]

Foi com eles que um novo ideário racial se firmou, invertendo o sentido negativo que até então predominava na apreciação do negro. A "mestiçagem" passou a ser vista como um aspecto positivo e original da vida no Brasil, graças especialmente a livros como *Casa-grande & senzala* (1933), o clássico de Gilberto Freyre. A ideia por ele apresentada já circulava na cultura brasileira desde a Semana de Arte Moderna de 1922, capitaneada por Oswald de Andrade e Mário de Andrade.

O partido analítico de Gilberto Freyre é a região, como vimos no capítulo anterior. Nos anos 1930, a literatura brasileira também terá predominantemente esse recorte. É dessa época o surgimento do Serviço do Patrimônio Histórico Nacional, que, mais de setenta anos depois, ainda hoje se empenha em identificar e promover o "tombamento" do patrimônio imaterial da nação, no qual se inclui a culinária.

Voltando, porém, à formulação do conceito de patrimônio, vemos que essa se deve, em boa medida, às preocupações do próprio Modernismo. Talvez a feijoada seja mesmo identitária, como gostam de falar historiadores e outros cientistas sociais, mas o que há de relevante a respeito é a propriedade metonímica desse prato de reter o passado da escravidão no preto do feijão, subvertendo seu sentido dramático. A feijoada, como celebração alegórica da nacionalidade, criou uma mística duradoura na cultura alimentar brasileira. Assim, qualquer levantamento estatístico sobre os hábitos alimentares do brasileiro indica que ela não é um prato cotidiano. De modo sintético, como diz Renato Pompeu:

> Repelida no campo, onde o prato festivo é o churrasco, a feijoada se afirmou como prato nacional-popular através do triunfo do capital industrial [...] tendo sido incorporada como bandeira de afirmação nacional pelos intelectuais urbanos, porta-vozes da afirmação do Brasil como nação. Assim é que, consagrada como prato nacional-popular no triângulo Rio-São Paulo-Minas, onde se aglutinava a intelectualidade influenciada pela industrialização, a feijoada teve e ainda tem de enfrentar outros pratos simbólicos, nas outras regiões do país, de modo que a sua afirmação como prato nacional-popular tem de ser considerada ainda um processo em andamento e não um fato acabado.[22]

Compreender esse longo processo de fixação simbólica da feijoada é fundamental para quem se dedica à gastronomia no Brasil: até que ponto um prato como esse, identificado como modelo de celebração, não funciona como um biombo a esconder "outra" culinária brasileira?

O FEIJÃO COMO REGIONALISMO CULINÁRIO

A partir da análise da POF, notamos que, em relação à importância nutricional na alimentação do brasileiro, o feijão contribui diferentemente no total de calorias consumidas na dieta média de cada unidade da federação. Se na Paraíba ele responde por 11,9%; no Piauí corresponde a 8,8%; no Ceará, 10,5%; e no Amazonas, 4,3% — número próximo ao que se verifica nos Estados do Sul e em São Paulo (4%, em média). Na cidade de São Paulo, por sua vez, o montante é igual a 1%.

Além disso, registre-se que em Minas Gerais e nos Estados do Nordeste, onde a contribuição do feijão é maior, também é maior sua aquisição de forma não monetária, especialmente pelo que o IBGE chama de produção própria. Em Minas Gerais, por exemplo, a aquisição não monetária do feijão representa 31% do total — sendo 26% desse total resultado de produção própria e 4% obtido por doação. No Rio Grande do Norte, 24,6% do feijão-fradinho é adquirido de forma não monetária — 26% desse percentual resultado de produção própria e 9,7% obtido por doação. A reforçar a convicção de que o feijão exerce papel na manutenção dos laços comunitários, temos o que ocorre logo no início do período das águas no sertão pernambucano, quando é costume fazer-se o "cozinhado" com os primeiros feijões colhidos, oferecendo-o a vizinhos e amigos, que, não raro, retribuem com bolachas ou doces e mesmo com mudas de roupa para os afilhados.[23]

Em meio a essas transações diretas, podemos tomar o feijão como um recurso universal na cozinha doméstica brasileira e, ao mesmo tempo, um elemento de singularização regional das culinárias, visto que não há um só feijão, nacionalmente uniforme, que seja buscado e utilizado em todo o país. Assim, o feijão é uma categoria alimentar que afirma a unicidade da dieta nacional (todos comem feijão), mas que, em cada lugar, se materializa como um produto botânico distinto (cada um come o tipo de feijão que é particular do lugar onde vive). Nesse jogo de claro-escuro, comparando os usos de vários feijões vis-à-vis o feijão-preto da feijoada, podemos surpreender o processo contraditório que define uma nação do ponto de vista culinário.

O discurso mais geral sobre os feijões dificulta que se proceda a um recorte inteligível do território a partir de unidades menores, como o desejo moderno de observar o território como um terroir alimentar. Muitos feijões são de uso estritamente local: o feijão--mouro e o feijão-cavalo são de uso quase exclusivo do Rio Grande do Sul; o feijão "peruano", de uso comum e exclusivo no Acre. Outros configuram extensas ilhas no país, como o feijão-preto, de grande consumo no Rio Grande do Sul e também no Rio de Janeiro. Outros ainda, singularíssimos, podem mudar de status com o tempo: o feijão "manteiguinha de Santarém", variedade local e miúda do feijão-de-corda, que se tornou um ícone; quase sempre utilizado em salada, em Santarém, na Amazônia, ganha aplicações mais amplas na alta gastronomia.[24]

A TEMPERANÇA DOMÉSTICA

Se o feijão varia regionalmente, ele varia mais ainda na casa das famílias de qualquer região. Quero aqui reportar duas observações pessoais. Há anos, o caseiro de um sítio que eu frequentava apresentou-me, num fim de semana, sua nova companheira. Na semana seguinte, a mulher já não estava lá. Perguntei o que havia ocorrido e ele me explicou: "Ah, o senhor não faz ideia de como era ruim o tempero do feijão dela! Não tinha condição!". Recentemente, ouvi várias críticas a um importante restaurante de elite de São Paulo, recém-inaugurado e dedicado à culinária brasileira. Boa parte delas se dirigia à qualidade do "tempero do feijão", considerado sempre inferior ao do que os clientes consumiam domesticamente.

Como se explica que o principal atributo identificado no feijão preparado deixe de ser sua variedade botânica e se desloque para o tempero a ele acrescentado? Os dois fatos relatados, distantes no tempo e no espaço, me fazem considerar a hipótese de que o feijão tenha a função de ser um contraponto mais ou menos neutro no discurso culinário brasileiro, isto é, seu consumo é universal, mas é considerado de maneiras tão distintas no cotidiano, que nos dispensa de tecer considerações sobre ele; em outras palavras, só existe para mim o "meu feijão" e ele está ligado, pelo tempero acrescentado, a meu mundo subjetivo. Nesse plano valorativo, o discurso culinário que o envolve é sobre outro objeto — o tempero. Portanto, trata-se de um discurso adjetivo que nos remete diretamente à cozinha doméstica, e não mais à regional ou à nacional.

Cada casa possui um tempero particular de feijão, em geral construído a partir de uma variedade de ingredientes também de expressão regional (coentro, cebolinha, salsinha, colorau etc.). Mas, qualquer que seja a variedade de feijão utilizada, a cozinha de um lar será identificada, antes de tudo, por seu tempero, combinando-se assim a cozinha doméstica com a cozinha regional e nacional pela mediação que é o ato de temperar o que é de uso mais geral. É como se, nesse espaço, a necessidade fosse revestida do prazer — para lembrar a dicotomia que Sabban apontou na cozinha chinesa —, sendo o prazer o mesmo que a familiaridade, o alimento em sua roupagem doméstica. Ao puramente "nutritivo", o lar acresce o prazer.

Por essa razão é que, nos parece, não faz sentido um discurso público sobre as qualidades gustativas do feijão. Como a cultura não busca estabelecer um modo fixo de temperá-lo, aquilo que verdadeiramente conta em cada lar só faz sentido para os integrantes da família ou da vizinhança mais imediatas. A hipótese é que, com o feijão, acontece o mesmo que se observa com pratos identitários de várias tradições, como o guefilte fish dos judeus (o de nossa mãe é sempre superior ao da sogra, e assim por diante), a ponto de serem pouquíssimos os restaurantes étnicos que, nas grandes cidades, exploram o cunho identitário de algumas comunidades (judeus, húngaros etc.). Somente as cozinhas árabe, japonesa, italiana e francesa — por razões históricas muito particulares — conseguiram romper esse círculo de ferro doméstico para ganhar a cena pública.

O FEIJÃO COMO MARCADOR CULTURAL

Partindo do conjunto de considerações feitas anteriormente, pode-se construir a hipótese mais geral de que o feijão é o elemento culinário que articula o país (*patria*), a região ou a localidade (*locus*) e a família (*domus*), num sistema de aproximações e afastamentos complementares. O mito nacional da feijoada nos situa na história como povo mestiço, evocando especialmente a lembrança do negro (seja na cor do feijão, seja no relato improvável de que o prato se originou nas senzalas); as centenas de variedades regionais nos situam em comunidades singulares, segregadas *feijoalmente*, mas fronteiriças com tantas outras; finalmente, o tempero ou a habilidade no trato com o feijão nos fala sobre nossa família e as preferências idiossincráticas.

Ora, esse discurso, que esconde a enorme diversidade do *domus* e que, inversamente, se uniformiza quando nos aproximamos da *patria*, nos indica que a espécie vegetal, em sua plasticidade simbólica, fornece para os brasileiros aquilo que podemos chamar de marcador cultural. Este, por sua vez, pode ser tomado de modo análogo aos marcadores biológicos, conforme ensina Lévi-Strauss:

Uma cultura consiste numa multiplicidade de características que ela tem parcialmente em comum (aliás, em níveis diferentes) com as culturas vizinhas ou distantes, das quais, sob outros aspectos, está separada de modo mais ou menos acentuado. Esses caracteres se equilibram dentro de um sistema que deve ser duradouro [...]. Para desenvolver certas diferenças [...] as condições são [...] idênticas àquelas que favorecem a diferenciação biológica entre as populações: isolamento relativo durante um período prolongado, limitados intercâmbios de ordem cultural ou genética. Em certo sentido, as barreiras culturais são da mesma natureza que as barreiras biológicas.[25]

Não por acaso, a construção das próprias variedades, com o processo de seleção artificial, projeta, no plano biológico, as preferências das comunidades envolvidas. Como mostra um estudo realizado com agricultores dedicados a práticas melhoristas, as variedades do feijão são por eles consideradas de melhor tipo quando a linhagem apresenta grãos mais claros do que as demais — tornando-se assim um padrão desejável.[26] Critérios como produtividade — perseguidos pelos técnicos da extensão rural — não surgem como preocupação dos agricultores.

Assim, o discurso-silêncio sobre esse marcador é ele mesmo expressivo. Pode ser usado para propiciar uma cartografia culinária bem distinta daquelas a que estamos acostumados a reconhecer. Para tanto, têm igual importância as cores, os usos, as transformações e toda espécie de referências sobre o feijão. As espécies ou as variedades tomadas em si não nos dizem tudo, mas, quando preparadas segundo preferências regionais e familiares, constituem elementos da comida invisível, conforme expressão feliz de Esther Katz, referindo-se às variedades vegetais cultivadas em hortas familiares, passando de pais para filhos, sem jamais ganhar o mercado.[27] E qual é o papel do invisível em culinária senão exatamente permitir situar os que partilham uma mesma tradição diante dos demais como sendo portadores de uma identidade que absolutamente não pode ser posta em questão, como é a tradição familiar?

O feijão é a expressão mais clara do patrimônio culinário brasileiro e de sua dinâmica: uma coisa que possui uma qualidade gustativa indiscutível e indiscutida, justamente porque todos os que dele partilham matizam a uniformidade pela adoção de cores, formatos variados e modos de fazer. A rigor, só se muda de variedade de feijão ao mudar de grupo de referência ao longo de uma história de vida. Ao me urbanizar, abro mão do meu feijão local em prol daqueles oferecidos nos supermercados, mas, enquanto persistirem os laços com o meio rural, ainda terei acesso ao verdadeiro feijão enviado por familiares ou em centros comerciais para imigrantes. Nesse percurso, eis o modo como se sucedem os feijões: ao longo de uma história secular que começa com a seleção artificial das variedades, mantidas apenas localmente, e que termina com seu desaparecimento quando perdem a função simbólica anterior, substituídas por outras variedades que ajudam a escrever a nova história do indivíduo. Assim, a biografia cultural[28] do feijão — ao mesmo tempo uno e diverso — é o caminho para desvendar sua importância como substrato simbólico da alimentação da nação, da comunidade e da família.

Ora, a uniformidade culinária, assim como a discussão sobre pratos nacionais, precisa ser matizada como categoria descritiva e analítica. Uma nação, ou uma região homogênea, de modo algum pode ser tomada, em termos práticos, como uma realidade plana, em qualquer nível da cultura. O exemplo do feijão evidencia um trabalho histórico e cultural em que as famílias e as comunidades, ao mesmo tempo que se integram numa ordem econômica e social abrangente, cuidam da manutenção das particularidades que tornam o espaço e a sociedade descontínuos. A nação é, em geral, um mito unitário construído à custa de repressão e supressões, que, contudo, mantêm por longos períodos traços culturais que fazem sua reaparição assim que os controles do Estado diminuem.[29] Se amenizarmos nossos preconceitos, veremos o feijão emergir como um marcador cultural múltiplo, capaz de muito nos ensinar sobre a diversidade escondida do ser brasileiro à mesa.

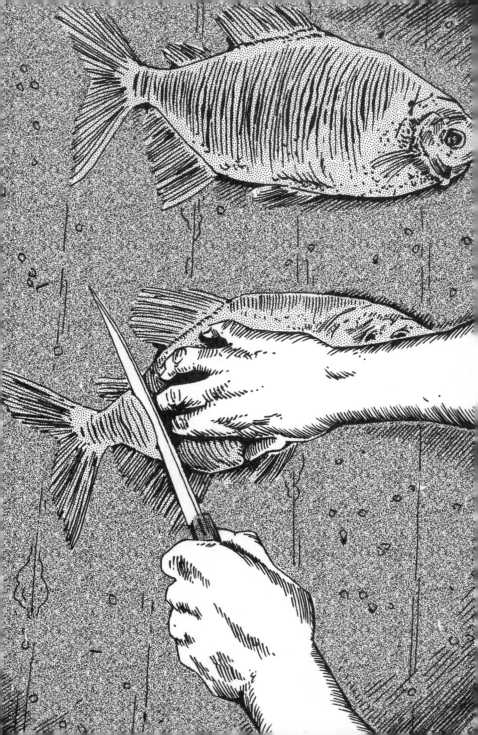

Legitimidade e legibilidade à mesa

Imaginemos por um instante a dieta original de um povo tribal brasileiro. Ela será composta necessariamente de mandioca ou milho, batata-doce, eventualmente amendoim ou feijões, além de peixes, caças e, talvez, insetos ou larvas. Haverá também formas diferentes de preparar a farinha de mandioca ou de milho. E existirá uma série de preparações culinárias a partir desses ingredientes naturais, diferenciando a tribo brasileira de outros grupos. Agora, quando observamos uma população que ocupa um território maior — como os indianos ou chineses —, a variedade de cozinhas é enorme; provavelmente, antes dos tempos modernos, os habitantes de uma região não possuíam uma noção clara do que os diferenciava culinariamente dos de outra região distante com os quais partilhavam a língua, a religião e outros costumes e tradições. Mas, apesar da globalização moderna, a culinária tradicional é daquelas esferas culturais que mais expressam diferenças relacionadas com a localização e o ecossistema. Contraditoriamente, certa uniformidade vai se expandindo sobre todos os territórios, colocando em segundo plano o que têm de singular, que, contudo, raramente desaparece por inteiro.

A questão que nos parece apropriado formular busca saber até onde é legítimo falar em culinária brasileira, quando usamos ingredientes nativos de consumo restrito e, por outro lado, até onde é legível essa brasilidade expressa por meio de ingredientes, nativos ou não. Enfim, trata-se da relação dos brasileiros com sua culinária, reconhecendo que esta é complexa e variada, segundo a posição do observador no amplo território nacional.

Legitimidade se refere a algo singularmente brasileiro, a exemplo do tucupi, ou do pequi, mesmo para quem jamais os tenha experimentado — o que ocorre com a maioria da população brasileira. Afinal, é nativo e suficientemente enraizado em parcela de nosso vasto território para que ninguém conteste sua origem. Legibilidade diz respeito àquilo que, nativo ou exótico aclimatado, é reconhecido claramente como brasileiro, a exemplo do arroz com feijão, que todo mundo conhece. O tucupi é amazônico antes de ser brasileiro e só por nacionalismo dizemos é nosso; o feijão é nacional e popular, está em quase todos os cantos do país em centenas de variedades, e dizemos que é nosso porque historicamente nos apropriamos dele, assim como outros povos o fizeram, mas não admitimos que nosso uso do arroz e feijão tenha similares.

O chef Alex Atala, há anos, tem feito um esforço hercúleo para se apropriar da amazonidade em nossa culinária de ponta. Para tanto, lança mão de tucupi, jambu, priprioca, formigas. Sabemos identificar quanto de simbólico há nisso tudo, mas o tucupi é popular na Amazônia, ao passo que a priprioca não é sequer comestível entre os caboclos. A formiga — reminiscência das culinárias indígenas de norte a sul do país — hoje ocupa papel metonímico na culinária amazônica, tanto na interpretação de Atala quanto na da chef Mara Sales. A Amazônia construída à mesa, o cerrado construído à mesa, assim como tradições que caíram em desuso, são invocados mais por licenças poéticas do que por outro motivo e, para lhes dar vitalidade, há um contínuo arrombamento de portas abertas, só possível porque essas portas estão distantes da maioria dos brasileiros e estrangeiros. Atala, por exemplo, nos dá conta de uma receita de tucupi com formiga, "descoberta" em São Gabriel da Cachoeira — preparação tradicional que dona Brazi havia apresentado em São Paulo, em 2009, mas já referida pelo conde Ermano Stradelli (fonte básica de Câmara Cascudo sobre a Amazônia) no século 19.[1]

Assim, não é exatamente a história que importa, mas a apropriação atual da história e da natureza brasileira como formas de expressão de valores modernos que de alguma maneira dialogam com a "brasilidade", pois tudo isso, é claro, vai traçando um perfil culinário único e, por isso, legitimamente brasileiro. Mas é um Brasil estranho à mesa para os próprios brasileiros. Em outras palavras, um Brasil quase ilegível, visto que pouco experimentado à mesa. Ele, de fato, só existe — e brilha — nos restaurantes exclusivos de São Paulo. A distância entre uma coisa e outra se explica por vários fatores: a imensidão do território e o isolamento em que vivem suas várias culinárias; os diferentes hábitos alimentares das classes sociais; o conceito em alta de brasilidade etc.

Por outro lado, o chef Rodrigo Oliveira não persegue ingredientes raros e se debruça sobre os mais corriqueiros, como atestam seu mocofava, seu torresmo ou seu escondidinho. A pesquisa de Rodrigo toma por base o comer popular, fazendo variações em torno dele — inclusive variações técnicas. Por isso, qualquer brasileiro reconhece a legibilidade de seus pratos, independentemente de gostar ou não deles. Aquele estranhamento buscado por alguns chefs, baseado em ingredientes distantes do dia a dia, é substituído pela admiração da perícia técnica incomum de Rodrigo Oliveira no trato desses ingredientes vulgares.

Esses dois caminhos mostram a diferença entre legibilidade e legitimidade: tudo o que é brasileiro, de uma perspectiva nacionalista que toma os ingredientes como constitutivos da nação, é legítimo; tudo o que é popular, vulgar, é legível, independentemente da origem dos ingredientes. É exatamente isso que faz da gastronomia praticada pela chef Roberta Sudbrack um caso único: os ingredientes que ela escolhe são legíveis e com boa dose de legitimidade, no sentido apontado. Isso faz com que admiremos, sobretudo, os ângulos inusitados pelos quais agarra os ingredientes mais simples, como o quiabo, o milho ou a banana. Mesmo assim, a própria Sudbrack parece temer uma espécie de violação à tradição, dadas as sucessivas referências que faz à continuidade entre sua culinária e o mundo costumeiro.

Ora, uma gastronomia nacional de ponta talvez dependa, para se afirmar aqui, mais da legibilidade do que da legitimidade. No exterior, talvez seja o inverso, uma vez que a audiência estrangeira está mais interessada em conhecer a Amazônia do que o Brasil em geral, e ela pouco sabe sobre o que é realmente popular e comum. No exterior, o estranhamento da culinária brasileira é quase geral; no interior, ele é matizado pelas distâncias entre os costumes e os produtos naturais por ela incorporados.

Se observarmos de perto outras experiências nacionais, como a da geração de Ferran Adrià na Espanha, ela nos indica a "mediterranização" da cozinha espanhola como a fase decisiva para sua gastronomia: foi quando Adrià e um grupo de jovens cozinheiros mergulharam na identificação dos sabores reconhecidos pelos espanhóis. O bacalhau pil-pil, os produtos do porco, a merluza, a cebola, o alho, a batata, os pimentões, os frutos do mar e assim por diante, forneceram o terreno sólido, popular, para os experimentos técnicos consagrados (desconstrução, reconstrução, uso da baixa temperatura etc.) que se disseminaram inicialmente no País Basco e na Catalunha. Hoje essa culinária apresenta infinitas variações pirotécnicas — fruto de um feliz envolvimento da universidade na pesquisa culinária —, sem ter se distanciado daquela base de sabores tão facilmente reconhecíveis. Os espanhóis vanguardistas nunca abriram mão da legibilidade. Então, por que se privilegia hoje entre nós, na gastronomia de ponta, a busca da legitimidade em detrimento da legibilidade? Em primeiro lugar, temos nossa história. Desde o século 19, as elites brasileiras passaram a tomar a cultura estrangeira como modelo à mesa e, portanto, muito facilmente passaram a desejar uma culinária francesa. Isso resultou em uma dualidade notável: há o comer popular e há o comer das elites, como já apontamos no capítulo anterior. As relações entre ambos se estabelecem de modo instável, descontínuo no tempo e com características regionais. Certamente a comida do interior de Minas Gerais, ou do vasto sertão nordestino, é mais "igualitária", ao passo que a comida das grandes cidades da costa é mais hierarquizada desde o século 19. No Sul e Sudeste, especialmente em São Paulo, o caráter cosmopolita da culinária deriva da forte imigração do século 20, afastando bastante as classes média e alta da comida brasileira.

No geral, o comer popular apresenta uma riqueza e diversidade que dependem mais dos ecossistemas regionais do que dos suprimentos externos, e, inversamente, a alimentação urbana das classes média e alta depende mais das modas externas e dos fluxos de importação, sendo relativamente independente em relação à riqueza dos ecossistemas brasileiros. Daí o desconhecimento das culinárias regionais e os ditos problemas de logística que deixam produtos brasileiros distantes dos grandes mercados nacionais. Mal conhecemos, no Sudeste, a riqueza das farinhas de mandioca do Norte. Simplesmente ela não nos interessa. Mas nos interessam as frutas amazônicas, que nos chegam em espécies e variedades cultivadas nos países andinos. Talvez o aspecto mais importante do processo de reconhecimento dos ingredientes e modos de fazer seja o vínculo afetivo com a comida dita da terra. Dessa perspectiva, como conciliar os Brasis comestíveis?

Uma das estratégias de nossos chefs de vanguarda é buscar comunicações com a alimentação popular, reinscrevendo-a no cardápio das elites, mas o fazem promovendo deslocamentos e misturando produtos de ecossistemas diversos com perda de legibilidade do conjunto. Assim, é pouco provável que signos da culinária popular da Amazônia possam ir além dos círculos elitizados do Sudeste. O pirarucu é um exemplo: o bacalhau ainda é mais popular do que ele no país, embora o peixe amazônico tenha, historicamente, substituído o bacalhau em largas parcelas do território nacional. Hoje, o pirarucu é um produto de luxo (no sentido moderno de luxo como coisa exclusiva, mas não necessariamente cara).

Mesmo em relação a produtos comuns, como o porco, a diferenciação das partes apreciadas é notável. Os miúdos, no Brasil, se tornaram signo de pobreza, ao passo que na Europa nunca perderam o vínculo com a culinária tradicional, de elite ou popular — ambas irmanadas na velha ruralidade de suas origens e tradições. As elites brasileiras preferem o lombo de porco, o filé-mignon. Outro exemplo curioso é a sardinha: popular, raramente se come em restaurantes de classe média ou alta, a não ser em preparações mais sofisticadas, como os modernos ceviches, o sushi, e assim por diante.

Dentro da estratégia de aproximação com o Brasil comestível, os chefs brasileiros procuram solucionar a ruptura entre o popular e o elitista apelando para uma ideia de terroir que quase se confunde com uma posição no GPS, deixando de lado a rica vivência cultural que faz parte das emoções do comer e apostando num tipo de exotismo interno. O tucupi, quando aparece nos restaurantes paulistanos estrelados, tem legibilidade mais próxima do modelo exótico da cozinha tailandesa, apesar de os chefs insistirem na insuperável legitimidade desse peixe.

A ideia de terroir foi reforçada recentemente como tendência graças à projeção internacional do restaurante dinamarquês

Noma, dedicado ao que se chama de *locavorismo*, que se projetou como modelo mundial de alta gastronomia, logo em seguida ao fechamento de El Bulli, de Ferran Adrià. O desafio é encontrar e manter a legibilidade dos inúmeros territórios brasileiros; não se perder neles, como ocorre ao fracionarmos o país em seus regionalismos fechados sobre si mesmos.

Conciliar legitimidade (enraizamento territorial) e legibilidade (enraizamento histórico no sistema culinário do qual usufruímos) é o caminho mais difícil. Exige balancear o exótico que nos é próprio com a banalidade de nós mesmos. Exige mergulhos no óbvio — feijões, farinhas de mandioca, derivados do milho, interiores de animais, frutas mais comuns etc. — com leveza, clareza, criatividade e, sobretudo, palatabilidade. A aceitação de cozinhas tão distintas, como a japonesa, e de ingredientes tão estranhos, como o jambu, bem mostra a abertura do público para as novas experiências. É tudo uma questão de tempo e de persistência. Mas talvez o momento seja único em nossa história gastronômica graças a uma maior tolerância às novidades, sendo necessário saber aproveitá-lo, como fizeram os espanhóis — tão admirados — ao mergulharem um dia na culinária popular em seu país para arrancarem modernidades até então insuspeitadas.

O caso da chamada cozinha mineira pode ser bastante elucidativo. No Sudeste e em boa parte do Centro-Oeste ela não gera qualquer estranhamento, salvo por alguns poucos ingredientes muito particulares (como ora-pro-nóbis), aproximando-se muito de uma cozinha caseira simples, mais comum no interior do que nas grandes cidades. Uma cozinha moderna, ou renovada, feita a partir dela teria grandes possibilidades de ser de enorme legibilidade. No entanto, pesquisadores gostam de desentranhar da cozinha mineira coisas muito particulares, de ocorrência restrita, como se o valor da pesquisa residisse em descobrir o insólito. Por outro lado, pratos tradicionais, como vaca atolada ou arroz de suã, bastante feios em suas concepções originais, raramente são alterados, como se isso significasse violar o que é sagrado. Dessa forma mais ou menos desastrada, em descompasso com o que requer a modernidade, a tradição mineira vai jazendo à margem do caminho que poderia levá-la a uma expressão renovada.

Se aceitarmos tais considerações como pertinentes ao cenário gastronômico brasileiro, é preciso, então, pensar como se realiza aqui a pesquisa culinária — nome genérico de vários caminhos de investigação.

Há a pesquisa etnográfica, que consiste em sair a campo, registrando como as pessoas se alimentam e preparam as refeições. É uma forma de nos encontrarmos com o aqui e agora, por vezes deparando com coisas em via de cair no esquecimento, sobrevivendo apenas na memória dos mais velhos. Há a pesquisa propriamente culinária, que se pratica dentro de uma cozinha com o objetivo de observar como os ingredientes se comportam do ponto de vista físico-químico e como os sabores se combinam, levando-os em direção àquilo que, na cabeça de cada chef, encanta as pessoas. Essa vertente teve grande impulso no período em que prevaleceu a gastronomia molecular e sua disciplina derivada, a culinária molecular. A ela está associada a pesquisa da aceitação dos produtos menos legíveis pelo público dos restaurantes.

Há ainda a pesquisa de ingredientes novos, que hoje em dia tanto se valoriza, especialmente no que tange a plantas alimentícias não convencionais, ou seja, plantas nutritivas, saborosas, que nunca foram utilizadas na culinária ou até o foram, mas cuja memória se perdeu. Por fim, há a pesquisa histórica, de natureza bibliográfica, em que as informações sobre a alimentação no passado são procuradas em livros ou escritos de vários tipos, como receitas ou em simples menções a coisas de comer.

Para encontrar essas informações, é obrigatório abandonar a internet, que só registra receitas de domínio comum, trazendo raramente uma informação nova para o cozinheiro-pesquisador. Vale dar um exemplo. Ao procurar receitas usando o nome "pintado", achamos na web dezenas delas sobre a preparação do peixe homônimo. Mas é ao ler um livro da década de 1940 sobre alimentação que deparamos com o seguinte:

Pintado: partes iguais de feijão e milho pilado, sal, pimenta-do-reino, cominho, alho e cebola esmagados, tudo cozido com toucinho em água a que se juntam charque, carne de porco e um osso de canela, convenientemente fraturado, para que todo o tutano seja aproveitado.[2]

Trata-se, segundo o autor, de uma comida antiga, de lavradores do interior da Bahia. Podemos imaginar que milhares de pessoas, por décadas ou séculos, mastigaram essas coisas juntas, só por acharem boas ou saborosas, e também podemos supor quanto se pode fazer, em pesquisa culinária, no interior de um restaurante, a partir desse simples registro histórico.

Associações históricas entre ingredientes podem perfeitamente gerar pratos modernos, equilibrados, saborosos, em mãos de cozinheiros dedicados. É mais ou menos como o jazz, que tantas vezes produz improvisações geniais a partir de um tema folclórico ou de uma música de domínio público. Esse é o caminho que se abre para um chef: orientar sua pesquisa culinária em sintonia com a pesquisa etnográfica, de ingredientes não convencionais, e com a pesquisa histórica, de modo a estabelecer variantes realmente novas, tornando presente o passado, reinterpretando o popular, buscando sempre a legibilidade mesmo quando persegue a legitimidade.

Uma diretriz muito comum na gastronomia atual é buscar produzir emoções no comensal. Como todo estado de espírito, porém, isso depende mais da vida simbólica do que das sensações fisiológicas; mais do contexto cultural em que a experiência gustativa se desenvolve do que do treinamento do paladar. A disposição das pessoas de se submeter a novidades varia conforme a pressão social, a aceitação de certos sabores em seus círculos de convivência e assim por diante; ou seja, a aceitabilidade individual está imbricada na aceitabilidade coletiva. Daí a importância da noção de brasilidade corrente na sociedade, da disposição das pessoas em experimentar o que consideram legítimo, mesmo que não seja muito legível. Afinal, modificar hábitos do paladar sempre foi, ao longo da história, fruto de insistência muitas vezes imposta pela necessidade. Por que hoje seria diferente? Há que insistir, persistir, sabendo que só o tempo constrói a aceitação que se traduz em legibilidade gustativa.

O estilo feminino de cozinhar

Os bons problemas intelectuais são aqueles que, à primeira vista, parecem improváveis. Contudo, há mais de trinta anos, Jean--François Revel (1924-2006), seguindo Lucien Febvre (1878-1956), chamava a atenção para o que este historiador designava como "relação entre sensibilidade e história": um campo de múltiplas questões que sequer se encontravam devidamente formuladas. Para Revel, uma delas era a "história da sensibilidade gastronômica", que se define a partir do estudo dos livros de cozinha e de ficção, na medida em que a "sublimação pela linguagem" escrita faz parte da festa culinária e, tanto quanto a sexualidade, "é inseparável da imaginação".[1] Do mesmo modo, vale registrar também o enfoque dado por Annie Hubert[2] ao relacionar emoção e alimentação, mostrando a riqueza de abordagens possíveis sobre os aspectos intangíveis do comer.

O que buscamos é perseguir essa sensibilidade gastronômica relacionada com as diferenças de gênero, que obviamente constituem uma dimensão invisível do comer. Empiricamente sabemos que a "mulher na cozinha" é uma categoria diferente da de "homem na cozinha" e, por trás dessa diferença, operam níveis mais profundos da cultura. A divisão sexual/social do trabalho varia conforme as culturas e as épocas, que reordenam as hierarquias de gênero. O que nos interessa, porém, é detectar onde passa a residir o "feminino" quando o cozinhar se "desfeminiliza", isto é, quando ele se projeta na sociedade como um domínio masculino.

Um momento crucial na história da humanidade foi aquele no qual se estabeleceu uma divisão sexual do trabalho, desenvolvendo-se um novo instinto social marcado pelo altruísmo e a solidariedade (fazer algo para o outro, e não para si). De um lado, a caça e a coleta, de outro, a cozinha, e, no centro, os cuidados com a cria que, por vários anos, é incapaz de prover a própria existência. Assim, durante muito tempo, e subsistindo depois em vários povos tribais, macho e fêmea dos hominídeos dividem os afazeres de modo a proteger a cria. Além disso, e muito mais tarde, como nos sugere Annie Hubert,[3] especialmente nas sociedades onde as representações coletivas passam por livros religiosos (os judeus, os cristãos e os muçulmanos), o ato de comer aparece ligado ao amor materno, e recusar a comida é o mesmo que recusar essa modalidade fundante de afeto, um ato que exprime grande emoção.

Na Europa medieval e moderna, novos arranjos do mundo do trabalho foram se impondo, definindo de outra maneira sua divisão. Na tradição francesa — e ela é o paradigma da culinária ocidental —, historiadores indicam vários momentos nos quais se dá uma mudança de rumo, promovendo a substituição da mulher pelo homem no domínio culinário. Tanto na França como na Inglaterra, as guildas cuidaram de agrupar os "ofícios de alimentação" em algumas categorias, como *boulangers*, *rotisseurs*, *charcutiers*, *pâtisseurs de pain d'épice*. No reinado de Henrique IV, as guildas eram para *maître queux*, *cusiniers*, *portechappes* e *traiteurs*, sendo os *maître queux* os cozinheiros das grandes casas aristocráticas. No século 19, essa expressão é gradualmente substituída por *chef* e *chef de cuisine*.

Pelas regulamentações que vigoraram até a Revolução Francesa, esses profissionais podiam ter, no máximo, dois aprendizes, que, por sua vez, necessitavam de sete anos para se tornar profissionais plenos. Já em meados do século 18 começa a surgir na França uma literatura culinária assinada por homens: chefs de cozinha, em geral do interior, publicam livros que ensinam seu ofício, tornando-se conhecidos fora das casas aristocráticas onde atuavam. Observe-se ainda que, mesmo superado esse período, os homens se impuseram como os grandes chefs da história da gastronomia. De Antonin Carême (1784-1833) a Ferran Adrià (1962), estamos diante de uma longa dinastia do trabalho masculino.

Deixando de lado uma exaustiva reconstrução histórica, que extravasaria os limites deste texto, a culinária é tomada como exercício retórico para podermos nos perguntar sobre uma sensibilidade especificamente feminina, expressa no texto, nas intenções do cozinhar, no modo de fazer um prato. Dessa forma, a cozinha pode ser vista como um desses "lugares" associados à mulher em que "se marcam as diferenças e as descontinuidades, e onde ela [a mulher] propicia as ligações [...] e é requerida lá onde estão as fronteiras e se dão as passagens; da natureza à cultura, da reprodução à produção, da sociedade ao que lhe é exterior, da igualdade à desigualdade, das coisas aos signos e símbolos".[4] Na sociedade moderna, a ruptura do "estado instrumental" a que a mulher é submetida é uma grande subversão, embora não de sentido duradouro para o gênero, visto que a mulher é sempre circunscrita pela solidão, confinada a um espaço doméstico que impede um "viver feminino em comum".[5] A esfera pública é invariavelmente tomada como masculina. Porém, ainda hoje, expressões como "cozinhar com amor" costumam ser associadas à figura feminina, como se a maternidade também se objetivasse de modo específico na autoria material do alimento. Contudo, como existe, em alguns domínios da cultura (música, literatura), um eu narrativo feminino claramente identificável, nada mais natural do que nos dedicarmos a vislumbrar seu destino também através do conhecimento das nuances de gênero no fazer culinário moderno.

Consequência disso é que os saberes culinários evoluíram como uma herança que se transmite matrilinearmente — e os cadernos de receitas das avós são uma sobrevivência persistente dessa diretriz — até toparem com a sociedade industrial, quando a mulher é arrancada do lar e atirada no proletariado, em que as distinções de gênero não contam. Assim, em certo momento na história, a divisão de trabalho primordial em torno do cozinhar sofreu uma reversão. Como sugerimos antes, provavelmente isso começou a se dar quando os ofícios passaram a ser organizados e delimitados, e então houve um avanço do trabalho masculino sobre o que, antes, era afazer exclusivo feminino.

Mas não há dúvidas de que, ainda hoje, a cozinha feminina é um dos pilares do poder da mulher e o lugar onde ela segue administrando a tradição alimentar: na cultura árabe, judaica e em tantas outras de feição étnica tradicional, a figura da mulher-cozinheira permanece central. Mesmo com a Revolução Industrial, parte do discurso alimentar continuou voltado para a mulher. Em seu famoso *A Plain Cookery Book for the Working Class* (1852), Charles Elmé Francatelli,[6] ex-cozinheiro da rainha Vitória, apresenta um discurso de caráter nutricionista, voltado para a ilustração da mulher proletária, que continua sendo o esteio culinário da família, responsável pela nutrição da força de trabalho.

O FEMININO NA LITERATURA DE JORGE AMADO

Na literatura não é muito diferente, sendo vários os autores que seguem as distinções convencionais de gênero ao tratar da culinária.

Exemplo marcante, próximo a nós, são os romances de Jorge Amado, através dos quais o autor projeta a "cozinha de azeite" da Bahia como um território feminino que, de modo indireto, governaria o mundo dos homens. No conjunto de sua obra, a versão profana da "comida de santo" é presidida, seja em casa, seja no terreiro de candomblé, pelo fazer feminino, cujo presença vai se agrandando ao longo do tempo, à medida que os romances vão surgindo. Presente já em *O país do carnaval* (1930), torna-se elemento de peso a partir de *Gabriela, cravo e canela* (1958), crescendo em *Dona Flor e seus dois maridos* (1966), *Tenda dos milagres* (1969) e mesmo *Teresa Batista cansada de guerra* (1972). Assim, podemos dizer que um dos caminhos evolutivos de Jorge Amado se dá pela construção da cozinha como mundo intermediário em que o imenso matriarcado baiano se articula com o mundo dos homens e com a sociedade em geral.

Ora, a ideia de saciedade relacionada indistintamente ao sexo ou à comida já fora objeto de análise na virada do século 18 para o 19. Brillat-Savarin, em *A fisiologia do gosto*, sugere que principiemos o estudo do gosto pelo "sentido genésico", o mesmo que orienta o amor físico e impele os sexos um para o outro. A reprodução da espécie, pelo sexo, e a do indivíduo, pela alimentação, são, para ele, uma coisa só. Em comum, possuem o fato de que o prazer nos move em direção ao sexo e à comida. Assim ele dirá que o que denomina sentido genésico, o "lugar sensual", corresponde à busca do que é agradável através do tato, do olhar e do paladar, responsável tanto pela gastronomia quanto pelo coqueterismo.

Brillat-Savarin afirma que a gastronomia está vinculada à produção, à escolha e ao preparo de tudo o que serve de alimento, enquanto o coqueterismo diz respeito a tudo o que pode preparar e embelezar a reunião dos sexos — o amor romanesco, a moda. Um e outro se completam na criação do prazer que facilita ao homem cumprir sua finalidade de reprodução. A gastronomia, portanto, está ligada a uma finalidade supra-humana, ao plano do Criador. Essa digressão serve para iluminar como, na obra de Jorge Amado, o feminino e o alimentar encontram-se reunidos num mesmo polo de prazer — aspecto que foi visto como coisificação da mulher a partir dos anos 1970, ao ser analisado sob o ângulo das ideias feministas. A comida — mas não só ela — expande o espaço das mulheres para além dos terreiros e das mães de santo, criando um mundo onírico, sensual, em que a mulher, a serviço dos homens, reveste-se de um poder extraordinário que deriva justamente da capacidade de cozinhar aquelas coisas encantadoras pertencentes à tradição da "cozinha de azeite".

Paloma Jorge Amado, filha do escritor, se debruçou sobre a obra do pai para pesquisar tudo o que se come e se bebe nas páginas de seus romances, revelando a natureza ambígua dos termos "comida" e "bebida" em toda a extensão dos escritos.[7] Produziu um livro de receitas típicas da cozinha baiana que, através do pai, nutre-se, afinal, em Manuel Querino.[8]

O que se vê nesse apanhado dos romances de Jorge Amado é que a mulher se confunde com a própria comida, como na passagem de *Dona Flor* em que ela ensina a fazer vatapá metaforizando a própria viuvez, comparando-a ao bagaço do coco do qual se extraiu o leite. Também estabelece equivalências entre a cama e a mesa:

> Se o vatapá, forte de gengibre, pimenta, amendoim, não age sobre a gente dando calor aos sonhos, devassos condimentos? Que sei eu de tais necessidades? Jamais necessitei de gengibre e amendoim: eram a mão, a língua, a palavra, o lábio, seu perfil, sua graça, era ele quem me despia do lençol e do pudor.[9]

Ou, ainda, em *A morte e a morte de Quincas Berro d'Água* (1959), onde um personagem conhece uma mulher cujo beijo tem gosto de moqueca de camarão.[10]

A noção de que o mundo comestível é dominado pelas mulheres pertence às sociedades e às práticas tradicionais, como no universo retratado por Jorge Amado, mas não só a ele. O grande chef Auguste Escoffier (1846-1935) — o mais importante sistematizador da cozinha ocidental moderna, que, como veremos adiante, marcou a mudança do estilo do cozinhar "feminino" para o "masculino" — tinha bastante consciência sobre a cozinha como centro de poder e, consequentemente, sobre o conflito de gêneros que se desenhava à sua sombra. Discorrendo sobre madame de Montespan, a favorita de Luís XIV, Escoffier escreveu: "Uma mulher com tal conhecimento de comida e vinho é capaz de escravizar os mais poderosos reis do mundo".[11]

Sem dúvida, um poder que se baseia no sexo e na comida é um poder estupendo. É suficiente para converter a mulher naquilo que o antropólogo Georges Balandier denominou a "metade perigosa" da sociedade,[12] incorporando as representações sobre a mulher ao "outro" próximo, mas, como o estrangeiro (o "outro" distante), capaz de arrastar conflitos e criar perturbações no poderoso e ordenado mundo masculino. Especialmente nas sociedades regidas pela noção de honra, a mulher pode, por meio de seus jogos amorosos, trazer grande instabilidade para a família, colocando em risco o marido ou os irmãos. A expressão ibérica *cabrón* ou *cornudo* se aplica ao homem cuja mulher o "desonra", colocando-o sob o domínio do demoníaco, representado pelos cornos ou a "coroa da desonra", como analisou o antropólogo Julian Pitt-Rivers.[13] Em Jorge Amado, também o poder da sedução pela comida corresponde à possibilidade de a mulher dispor sobre a honra dos homens e, portanto, traz ameaça à ordem estabelecida.

A INVERSÃO DE GÊNERO NA MODERNA COZINHA OCIDENTAL

Feito o registro em relação à obra do autor baiano e apontada a ambiguidade do status da mulher nessa literatura, convém nos determos sobre como a condução ideológica da culinária ocidental se torna plenamente masculina, quando se passou a recrutar cozinheiros para as cortes ou a se propagar os restaurantes nas grandes cidades. Nesse momento se aprofunda o que já prenunciavam os livros de difusão da cultura culinária, em geral de autoria masculina. Eles, de fato, antecipavam uma inversão do controle da sedução, subtraindo-a da esfera feminina. Quando surge o *Libro de cozina* (1525), de Ruperto de Nola, primeira obra do gênero em castelhano, torna-se claro esse ponto de vista masculino que se erige fora do espaço da cozinha, pretendendo, no entanto, governá-lo. A literatura culinária masculina liberta a cozinha das amarras da nobiliarquia dos castelos, tirando do anonimato seus autores e apresentando a cozinha como um verdadeiro sistema.

Talvez o nome mais expressivo dessa extensa fornada seja, já na passagem do século 18 para o 19, Antonin Carême, primeiro grande sistematizador e difusor da cozinha francesa moderna, que atuou em estreita colaboração com a diplomacia napoleônica. Desde então, fica evidente que a chamada alta cozinha francesa é um saber que pode viajar e se disseminar como signo de refinamento para as aristocracias europeias, enquanto a cozinha burguesa, doméstica, controlada pelas mulheres, enraizada na vida cotidiana, não viaja.[14] Mais do que o simples cozinhar, que é um ofício doméstico, é a alta cozinha que se masculiniza na história da gastronomia.

O ponto mais claro de inflexão nessa trajetória encontra-se na vida e obra de Auguste Escoffier. Ele foi o primeiro chef da alta cozinha francesa a não trabalhar em casas de nobres, tendo se dedicado durante toda a vida ao ofício público dos restaurantes, clubes e hotéis. É significativo ainda que, sendo quem sistematizou a culinária de modo a transformá-la em atividade seriada e lucrativa, capaz de dar grande impulso à nascente indústria hoteleira de feitio burguês, ele tenha se ocupado, já na fase final de sua carreira, a estabelecer o que as donas de casa francesas deveriam fazer em suas cozinhas, escrevendo para elas o *Ma cuisine*, em 1934,[15] preocupado como o já citado Charles Elmé Francatelli, cozinheiro da rainha Vitória, com a nutrição, isto é, "a alimentação que deve servir para repor o gasto de nossas forças físicas".[16]

Quarenta anos mais cedo, Escoffier estava ocupado em definir um ofício do qual as mulheres não participariam e, por isso, ele deveria definir também o "lugar" delas na sociedade, reforçando a ideia de que à mulher estava reservada a família, não a indústria hoteleira. Em síntese, não era por tradicionalmente "saber cozinhar" que ela deveria alçar novos voos. Sua ocupação deveria ser a "nutrição" dos homens. Na esfera da vida pública, Escoffier se ocupou de afastar as mulheres da cozinha, dizendo isso de modo muito claro, como num discurso feito nos Estados Unidos em 1890, reproduzido no *Annual Report of the Universal Food and Cookery Association*, publicação londrina de 1895, sob o título sugestivo de "Why Men Make The Best Cooks" [Por que os homens são os melhores cozinheiros]:

> Cozinhar é, indubitavelmente, uma arte superior, e um chef competente é tão artista em seu ramo de trabalho quanto um pintor ou escultor. Há tantas diferenças entre bons e maus cozinheiros quantas há entre uma sinfonia executada por um grande mestre instrumentista e uma melodia tocada num realejo [...]. Nas tarefas domésticas é muito difícil encontrarmos um homem se igualando ou excedendo uma mulher; mas cozinhar transcende um mero afazer

doméstico, trata-se, como eu disse antes, de uma arte superior. A razão pela qual na culinária os louros são "apenas masculinos" não é difícil de encontrar. Não é porque o homem seja mais epicurista do que a mulher [...]. O que acontece é que o homem é mais rigoroso no seu trabalho, e o rigor está na raiz de tudo o que é bom, como em tudo o mais. Um homem é mais atento sobre os vários detalhes que são necessários para produzir um prato verdadeiramente perfeito... Para ele, nenhum detalhe é mais importante do que outro.

Uma mulher, por outro lado, irá trabalhar com o que tem à mão. Isso é muito agradável e generoso de sua parte, sem dúvida, mas eventualmente estraga a sua comida, e o prato não será um sucesso. Uma das principais faltas de uma mulher é sua ausência de atenção aos menores detalhes — a quantidade exata de especiarias, o condimento mais adequado a cada prato; e essa é uma das principais razões pelas quais seus pratos parecem pálidos diante daqueles dos homens, que fazem os pratos mais adequados a cada ocasião.

Para um chef, seu trabalho é uma eterna alegria, e ele inventa novos pratos com tanto orgulho e carinho quanto um modista ou um chapeleiro criam novos vestidos ou chapéus; ele estuda cuidadosamente cada detalhe insignificante de cada sabor em separado antes de enviar sua obra-prima culinária para seus clientes. Quando as mulheres aprenderem que nenhuma insignificância é demasiadamente pequena para ser desprezada, então iremos encontrá-las à frente das cozinhas dos clubes gourmets e dos hotéis; mas, até então, esses serão lugares nos quais, certamente, o homem reinará absoluto.[17]

A longa citação vale por sua clareza. Segundo Trubek, o alvo de Escoffier é a *femme nouvelle* que surgia na França do final do século 19, e o esforço dele é mostrar que essa mulher, agora educada e com novas aspirações profissionais, continua a ter um lugar reservado na cozinha doméstica, e não no mercado de trabalho masculino.[18] Mas o que nos interessa aqui é constatar que o argumento, de cunho machista, brandido por Escoffier, ataca um ponto preciso: um "estilo culinário" de sentido prático, oposto ao que considera "artístico".

Ao contrário das manhas culinárias femininas que empoderam a mulher-personagem de Jorge Amado, a mulher que Auguste Escoffier vê na cozinha é de insensibilidade notória para aquelas coisas que, afinal de contas, expressam a sedução. Além de considerá-las inaptas para o trabalho da cozinha-indústria, ele precisou roubar delas o "espírito". E, se nos ativermos a sua obra como um todo, veremos que o autor se esforçou por desenhar, dentro da cozinha, a linha de montagem de uma fábrica de alimentos — toda ela apoiada no trabalho masculino. Por outro lado, Escoffier exerceu a própria sedução através da culinária como uma artimanha masculina. Em sua autobiografia, ele cita várias ocasiões em que utilizou suas criações como expedientes desse tipo.

É conhecida sua grande admiração e amizade por Sarah Bernhardt, para quem criou um menu completo em Londres.[19] George Sand também foi agraciada com suas homenagens à mesa. Nada, porém, se compara em projeção a sua criação para a diva Nellie Melba, em 1896. Inspirando-se no cisne mítico do primeiro ato da ópera *Lohengrin*, Escoffier concebeu um pêssego sem pele, acompanhado por sorvete de baunilha e calda de framboesa, coberto por um rendilhado de algodão-doce e disposto numa vasilha de prata entre as asas de um cisne esculpido em bloco de gelo.[20] Em outras palavras, sua "arte culinária" visa seduzir as mulheres; nada mais natural, portanto, que seu discurso subtraia do impreciso terreno dessa arte tudo aquilo que a mulher fez ao longo da história, a que atribui mero caráter de afazer doméstico, mantenedor da família, mas sem o propósito de seduzir, papel que confere à alta gastronomia.

Essa abordagem mostra-se, com o tempo, bastante falha ou limitada. Registre-se, por exemplo, a percepção de Santi Santamaria (1957-2011), importante chef catalão, para quem a decadência do hábito/prazer da cozinha doméstica abriu o flanco para o que ele denominava "desordem gastronômica", isto é, a desnaturação extremada da cozinha, tal como cultuada pelos expoentes da "cozinha molecular". E cabe notar que, mesmo um cientista como Hervé This, dedicado à explicação dos fenômenos físico-químicos na cozinha, pai da "gastronomia molecular", volta-se, num de seus livros mais recentes, para o estudo do "amor" no ato de cozinhar, isto é, para as relações afetivas vinculantes que a cozinha cria.[21]

A CORPOREIDADE E SUA ABSTRAÇÃO NO TRABALHO CULINÁRIO

Quando nossa questão é a sensibilidade gastronômica e a atribuição de um valor singular à dimensão feminina do cozinhar, é pouco dizer que, ao longo da história e à medida que o cozinhar se objetivou como um ofício público, rompendo com os limites domésticos, o que se deu foi apenas uma nova divisão social do trabalho. Algo se perdeu nesse processo, e certamente esse algo foi a clareza da distribuição das técnicas de uso do corpo entre os sexos, e não apenas a divisão do trabalho entre eles. Segundo Marcel Mauss — o primeiro a formular uma teoria sobre as técnicas do corpo, isto é, sobre as maneiras que os indivíduos dispõem do próprio corpo para se relacionar com os outros e com a natureza —, elas são variáveis de cultura para cultura, por gênero e faixa etária dentro de cada cultura. As maneiras de andar, nadar, fazer sexo, cozinhar são os objetos do estudo das chamadas técnicas do corpo. Através de sua investigação, é possível detectar aquilo que, se não desapareceu por completo, tendo apenas sido expulso da cozinha profissional, ficou escondido em algum lugar da vida social. Como diz Lévi-Strauss, valorizando esse insight de Mauss, "gestos aparentemente insignificantes, transmitidos de geração em geração, e protegidos por sua insignificância mesma, são testemunhos geralmente melhores do que jazidas arqueológicas ou monumentos figurados".[22]

As mulheres cozinham bastante. Dona Benta é uma personagem de ficção feminina, portadora de uma mensagem de tradição culinária familiar; Ofélia, uma pedagoga e organizadora de receitas, e assim por diante. O cinema também soube construir boas personagens femininas ligadas à sedução da cozinha. E a vida tradicional, especialmente a rural, mostra um sem-número de técnicas do corpo ligadas à culinária. Por outro lado, a dinastia gastronômica, desde Carême, é patrilinear, mas é possível especular sobre a linha divisória capaz de expressar diferenças entre gestos masculinos e femininos nos frutos do trabalho culinário. Não é absurdo. Não se abusa hoje da palavra identidade? Por que não se discursa sobre as identidades de gênero na gastronomia? Por que não se formula a hipótese de que a cozinha, por ser historicamente tão feminina, absorveu tanto os homens que são eles que não conseguem ter um estilo "masculino", após terem usurpado para si um "feminino absoluto"?

É verdade que o saber feminino ainda é celebrado numa vasta literatura culinária, mas não se pode dizer que a cozinha continue um universo fechado sobre a feminilidade. A urbanização acabou com o monopólio feminino sobre o cozinhar, e isso se deu de algumas maneiras: pela externalização dos processos culinários, com a diminuição da importância da casa, pela serialização da produção e também pela cristalização dos gestos culinários em ferramentas, isto é, incorporando-os às coisas, deslocando-os para fora do corpo.

O processo de produção seriada, como foi a cozinha a partir de Escoffier, gerou uma nova codificação do cozinhar, que surgiu a par da profissionalização encerrando cada gesto num novo casulo técnico que se organiza como sistema complexo e exige iniciação metódica. No "sistema" de Escoffier, uma série de ordens e verbos imperativos fundamenta o novo saber culinário: *barder, blanchir, chemiser, ciseler, ebarber, emincer, escaloper, etouffer, farcir, glacer, larder, mariner, mouiller, napper, revenir, sauter, tourner* etc.[23] Tais palavras, lidas por cozinheiros treinados, são como notas musicais nas partituras, comandos obrigatórios sobre o cozinhar. Delas está abstraída a intenção do "cozinhar para o outro", a intenção de seduzir, de aproximar subjetividades, o que só pode ser inscrito no produto desse conjunto de ações pelo comando finalista e subjetivo do chef, que rege a orquestra das panelas e que apresentará esse conjunto de esforços como obra "sua".

Por outro lado, o corpo é tradicionalmente o principal instrumento do fazer culinário. As ferramentas, da faca ao mais sofisticado equipamento utilizado na culinária molecular, são, em geral, expedientes que visam economizar gestos ou conferir-lhes maior precisão, mas o empenho físico com destreza é o primeiro responsável pelos resultados alcançados, e não raro será também o paradigma do desenvolvimento tecnológico que toma a cozinha tradicional como primeiro modelo. Quando observamos, no começo do século 20, o surgimento dos primeiros equipamentos elétricos, isso fica bem claro. O bater claras à mão não será muito diferente de batê-las na batedeira elétrica, pois nesse novo equipamento conservou-se a forma do movimento manual que percorre um "8" (oito), ao qual se atribuía tradicionalmente o bom resultado do processo, o que — sabemos hoje — é improcedente.

Como ensina Marcel Mauss, normalmente confundimos instrumentos ou ferramentas com técnica, quando, na verdade, só há técnica quando há um ato tradicional eficaz.[24] A ferramenta culinária é construída para uma finalidade — a faca, para cortar; a colher, para mexer; e assim por diante —; ela cristaliza a finalidade e transcende as circunstâncias particulares de uso, acumulando em si os usos futuros. Opera como um símbolo numa linguagem que é muda. O modo como empenhamos o corpo no uso de uma ferramenta é também uma técnica. Ora, a culinária é um terreno onde muito frequentemente as técnicas do corpo se combinam com o uso de múltiplas ferramentas, resultando em algo bastante complexo, tanto mais porque variam entre sociedades e épocas e, por não desaparecerem, se mesclam no presente. Assim, técnicas femininas se transferem para um universo masculino, técnicas orientais, para uma cozinha em tudo ocidental etc. Foi em meio a essa babel técnica que se fez necessário, para Escoffier, formalizar todos os gestos e criar um vocabulário controlado. Esse seu trabalho de sistematização parecia a invenção da cozinha masculina num mundo em que os homens nada sabiam previamente sobre o cozinhar e do qual, por exigir iniciação e treinamento profissional, as mulheres detentoras da cozinha doméstica ficariam apartadas.

Hoje, a dificuldade de análise reside no fato de o discurso sobre a excelência, o estilo culinário, a criatividade estar centrado na figura do chef, que é, invariavelmente, masculina e esconde os múltiplos caminhos que historicamente se trilharam para se chegar a um resultado. E o contradiscurso opressor nesse domínio é também muito claro: trabalho de cozinha é coisa árdua, não é para mulheres. Exceções: a "banqueteira", a "cozinheira étnica" e, não raro, a confeiteira. Mesmo assim, podem-se ainda ouvir preconceitos fortes e ativos, como o que diz que mulher menstruada não pode fazer maionese, sob o risco de que esta desandaria.

Hervé This tem se dedicado ao estudo desse tipo de enunciado preconceituoso (que ele engloba na categoria *precisions*), separando, nas receitas, aquilo que se refere a processos materiais de natureza físico-química daquilo cujo sentido é meramente simbólico. Com isso, permite-nos acompanhar a evolução dos valores associados ao cozinhar, que formam, em boa medida, um discurso de exclusão. Seu trabalho, porém, se resume a enunciados discursivos, deixando de lado a etnografia e o inventário dos gestos não codificados na literatura culinária, que, muitas vezes, são fragmentos que sobreviveram de um momento culinário quando a presença da mulher ainda marcava diferenças.

Basta observar numa comunidade tradicional a maneira como os homens e as mulheres descascam a mandioca para fazer farinha. Os homens ficam de pé e a descascam com a lâmina em movimentos de dentro para fora, aparentemente erráticos, ou então o fazem sentados, com as pernas cruzadas. As mulheres, sempre sentadas, com as pernas abertas e o vestido metido entre elas, parecem invariavelmente descascar a mandioca como se apontassem um lápis de fora para dentro, cuidando também da supervisão dos gestos das crianças, para que não se machuquem.

Poderíamos acrescentar o domínio e o uso do fogo. Tomemos um exemplo do livro de receitas de Maria de Lourdes Modesto sobre cozinha tradicional portuguesa. Trata-se de uma receita de pão de ló, na qual se lê: "Ainda hoje é costume, nas aldeias de Beira Baixa, ser batido por quatro mulheres, que, junto ao forno da aldeia e à volta do alguidar, vão passando o batedor de mão em mão, ajudando-se nessa tarefa".[25] É fácil compreender o conjunto de relações interpessoais que desmorona quando se passa a bater o pão de ló numa batedeira doméstica. Ou observemos, ainda, a confecção brasileira da bala de coco. Da escolha do coco ao ralar, passando pelo espremer e coar, ao "dar o ponto" ao fogo e, posteriormente, ao exaustivo trabalho de "puxar", em todo esse processo é bem provável que quase não se encontrem homens, fazendo da produção da bala de coco uma técnica tipicamente dominada por mulheres. Além disso, é difícil que se chegue a uma boa bala de coco a partir de uma receita escrita. Isso tem uma razão objetiva: o saber culinário tradicional, em grande medida, se transmite por imitação e esta é mais acessível à comunicação visual do que à escrita.[26] Esses são exemplos do farto terreno que guarda uma arqueologia culinária quase que totalmente inexplorada em nossa sociedade.

Marcel Mauss, que definiu as técnicas corporais como "as maneiras pelas quais os homens, de sociedade a sociedade, de uma forma tradicional, sabem servir-se de seu corpo", imaginou poder construir uma teoria sobre tais maneiras "procedendo do concreto ao abstrato, não inversamente".[27] Ao nadar, marchar, fazer sexo, comer, nosso corpo é mobilizado de diferentes maneiras, por meio de "montagens fisiopsicossociológicas de séries de atos [que] são mais ou menos habituais e mais ou menos antigos na vida do indivíduo e na história da sociedade".[28] Ele lamentava a ausência de estudos sistemáticos sobre tais técnicas, do mesmo modo como, ainda hoje, podemos lamentar que essa dimensão esteja excluída dos estudos sobre o fazer culinário. Mas é claro que as técnicas podem ser analisadas também em função de seu rendimento ou de sua destreza, e acabamos gerando normas de adestramento humano, assim como fazemos com os animais. A transmissão da técnica com vistas a seu resultado ou sua capacitação inclui uma série de detalhes não observados e, por isso, seria necessário nos debruçarmos sobre eles, desde a educação da criança. O fundamental é esse longo processo de se empenhar o corpo, como se fosse um simples instrumento ou uma sofisticada ferramenta, na realização de uma ideia ou um projeto.

Muitas técnicas adstritas ao mundo feminino perdem-se com o tempo. Por exemplo, como abater um frango, depená-lo e sapecá-lo ao fogo antes de iniciar a execução de uma receita qualquer. Os frigoríficos acabaram com isso, e, diante de um frango vivo, a maioria esmagadora dos cozinheiros não sabe o que fazer — a não ser imaginar como deverá ser preparado depois que estiver morto e limpo. Um conjunto de gestos ou técnicas se perde quando a sociedade redefine o modo de produzir determinado bem comestível. A serialização que a cozinha industrial pratica pressupõe a igualdade tanto de produtores quanto de consumidores. Ela produz uma cozinha abstrata, que não retém as particularidades, afinidades ou preferências de qualquer executor. Ao contrário, a cozinha feminina, doméstica, é a cozinha das idiossincrasias, das especificidades, pois se cozinha "para o outro", que é sempre um outro concreto, conhecido em sua subjetividade e, portanto, singular. A cozinha das mães e avós é de valor singular incontestável. Mas, fora de casa, poucas são as circunstâncias em que, hoje, reconhecemos esses gestos culinários domésticos como estritamente "femininos".

A pós-modernidade traz outros elementos que embaralham os contornos do masculino e do feminino, vistos em seus produtos. A arquitetura burguesa já projeta o lar composto por duas cozinhas: uma de trabalho, a outra como espaço de convívio social. Nesta última, é inegável o primado masculino. Além disso, na sociedade brasileira atual — seguindo uma tendência internacional —, mais de 50% dos gastos com alimentação nas classes abastadas são feitos fora de casa, isto é, num ambiente de produção tipicamente masculino (os restaurantes). Então, a cozinha feminina — como das avós ou mães — passa à condição de ideal, de coisa a ser ressignificada.

Porém, cozinhar — especialmente "cozinhar bem" como fazem as mães e avós — é muito mais saber empenhar o corpo no trabalho culinário, cujo resultado é esperado num círculo pequeno de comensais, do que "seguir" qualquer receita, pois esta jamais substituirá sua destreza particular ao buscar um resultado específico e do agrado para quem cozinha. E esse empenho é tão mais reconhecido e gratificante quando se faz como uma ode à subjetividade dos comensais! Por isso, não raro surpreendemos os chefs-homens elogiando nostalgicamente o que chamamos de "cozinha das mães e avós" como modelo de excelência. As mães aprenderam o gosto de cada filho para o ponto do bife, do ovo frito; o tempero do feijão; a cocção do arroz; as preferências de sobremesas etc. — coisas que aqueles que cozinham em restaurantes não sabem. Desse modo, a clivagem entre a cozinha doméstica e a gastronomia — considerando-se que esta última é, essencialmente, fruto da comparação entre vários trabalhos culinários na esfera pública — esconde outra oposição, entre as cozinhas feminina e masculina, como aqui analisadas. A cozinha doméstica, feminina, não gera a "gastronomia" no sentido usual do termo; mas fornece as métricas pelas quais somos levados a julgar o trabalho masculino dos restaurantes. Assim, "fazer para o outro" — essa doação através de um intermediário ao mesmo tempo material e simbólico, como é a comida — permanece a marca feminina do cozinhar desde os primeiros tempos da humanidade. Recuperar a "história do fazer para o outro", suas formas e motivações, parece ser o único caminho para restaurar os contornos do feminino na cozinha. Não apenas aquele que foi subsumido na cultura masculina como técnica; mas na singularidade de seu estilo que chamamos aqui "sensibilidade gastronômica".

Propostas para a renovação culinária brasileira

Existe, hoje, grande entusiasmo no cenário gastronômico brasileiro, principalmente entre chefs e na imprensa especializada de São Paulo e Rio de Janeiro, por causa de prêmios obtidos por alguns cozinheiros em eventos internacionais[1] e pela aceitação crescente do que se convencionou chamar "nova cozinha brasileira". O Brasil é visto como a bola da vez da gastronomia internacional, e os restaurantes com referências às tradições brasileiras são cada dia mais numerosos.

É inegável certo chauvinismo nessas manifestações. Rafael Garcia Santos, prestigioso crítico internacional, considera tal pretensão uma quimera, pois para ele ainda há um longo percurso até que nos firmemos no território da inovação gastronômica — estima, inclusive, que levaremos um quarto de século.[2] Além disso, a gastronomia de vanguarda, como seus "menus degustação", tem provocado certa exaustão do público, pois, desde o fechamento do El Bulli, a "inovação" se estabilizou, repetindo-se por todo canto fórmulas que vão se tornando velhas ou desgastadas, o que provoca o desencantamento.

Assim, entre fatores favoráveis e contrários, vê-se que o caminho a percorrer é extenso, e a velocidade nessa trajetória depende muito da adoção de diretrizes corretas para o dia a dia dos cozinheiros. Renovar a cozinha brasileira depende da capacidade de colocá-la, através de múltiplos expedientes, no centro das atenções e esperanças daqueles que buscam no ato de comer uma atividade lúdica. Esse é um traço importante da cultura moderna que, não raro, age como uma força centrípeta sobre o conjunto do lazer urbano.

Para sustentar esse destaque, não basta olhar para trás. Vivemos o anseio difuso de projetar a cozinha brasileira num cenário futuro em que ela possa seguir a trajetória virtuosa de suas congêneres espanhola ou peruana, que, em poucas décadas, se transformaram de modo vigoroso, a ponto de galvanizar a atenção do mundo todo. Por isso, o ideal de renovação da culinária brasileira nos obriga a olhar além do simples apelo do mercado por novidades, considerando o esgotamento das categorias históricas através das quais pensamos nossa tradição alimentar. Ora, esta é uma questão teórica mas também prática, e nos remete a uma percepção difusa do problema, que vale a pena observar mais de perto.

O mito modernista da cultura brasileira como fusão racial (tal como analisamos no primeiro ensaio deste livro) permanece um referencial para chefs em várias partes do país. Raros são os que conseguem se diferenciar, buscando um caminho diverso para a culinária brasileira. Outra dificuldade é que a inovação enfrenta oposição da parte do gosto do público, forçando os cozinheiros a buscar a legibilidade tradicional da culinária. Para quem trabalha sozinho, esses dilemas parecem insolúveis, porém, como não ocorrem apenas no Brasil, convém observar como o dilema foi resolvido fora do país.

O premiado chef espanhol Francis Paniego, do restaurante Echaurren, em Ezcaray, na Rioja, resolveu o dilema mantendo, lado a lado, dois restaurantes anexos a seu "hotel de charme": um, tradicional, comandado por sua mãe, e outro, "gastronômico", de acordo com os cânones da moderna cozinha, comandado por ele mesmo. A mesma solução foi dada de maneira mais discreta no restaurante de Massimo Bottura, a Osteria Francescana, em Modena, na Itália. Esse premiadíssimo cozinheiro simplesmente oferece três menus degustação: *tradizione in evoluzione* (tradição em evolução), *classici* (clássicos), *sensazioni* (sensações). O cardápio *sensazioni* traz sua cozinha de vanguarda, o trabalho que lhe garante destaque internacional, permitindo-lhe galgar posições sempre mais elevadas no ranking dos melhores restaurantes do mundo. O *tradizione in evoluzione* reúne os pratos da tradição da Emília-Romanha, procurando revelar o melhor deles sem perder a legibilidade da origem. E o *classici* reúne os pratos consagrados pela clientela da Osteria Francescana, independentemente de serem eles da tradição ou da "sensação" vanguardista.

Portanto, parece que a primeira questão é reconhecer a diversidade do público, oferecendo-lhe opções capazes de satisfazer suas diferentes expectativas, mas sem restringir a liberdade do chef. Entre nós, alguns exemplos são notáveis. Rodrigo Oliveira, em São Paulo, ao inaugurar o Esquina Mocotó, parece seguir o mesmo modelo de Paniego. Tereza Corção, no restaurante O Navegador, no Rio de Janeiro, apresenta um cardápio de "cozinha brasileira" e outro, da preferência de seu público, de "cozinha internacional".

Fora esses casos, vários chefs realizam experiências interessantes, mais modestas, mesmo quando estas não conquistam o coração de seus cardápios.[3] Seria muito difícil fazer um levantamento exaustivo dessas experiências de transição entre a tradição e a modernidade por todo o país. Há chefs inovadores por todo canto — de Belém a Curitiba, passando por Belo Horizonte e Vitória — e cada vez surgem novos. Mas, ao mesmo tempo, lamentavelmente, alguns são obrigados a fechar seus restaurantes ou abandonar a rota que desembocará na renovação da culinária brasileira. Por isso, um lugar bastante próprio para se estudar as tendências modernas da culinária brasileira é a capital paulista, visto que sintetiza, numa dinâmica acelerada de transformação, muitos dos problemas que se podem observar aqui e ali.

Por toda parte, a culinária brasileira sofre o assédio do fast food, e é mais fácil constatar o surgimento de uma creperia no sertão do Piauí do que de um restaurante de moderna cozinha brasileira bem-sucedido em São Paulo ou no Rio de Janeiro. Porém, São Paulo é singular em seu cosmopolitismo e na dimensão que sua culinária acabou por adquirir, por obra e graça do gigantismo metropolitano, que levou a cidade a perder os vínculos com qualquer cozinha regional própria (caipira ou caiçara) e deu livre curso a vários estilos de comer entre seus habitantes. Houve, de maneira involuntária, a perda dos enraizamentos étnicos na culinária brasileira, à medida que a cidade passou a oferecer várias outras opções já distantes dos sentimentos que ancoravam os "genuínos" pratos nacionais. Acresce que, não raro, quando um paulistano olha para trás, para a cozinha das avós, ele vê a tradição japonesa, italiana, árabe, espanhola e assim por diante. Por isso, essas cozinhas ganharam a esfera pública, e come-se à italiana, à francesa, à maneira japonesa, chinesa etc.

Observando o panorama atual, constatamos, no entanto, que boa parte dessa cozinha multiétnica, que avançou pela cidade especialmente após a Segunda Guerra Mundial, encontra-se agora exaurida, tornou-se caricata, tendo perdido brilho e capacidade de sedução (com exceção daquela de origem oriental, que ainda revela uma dinâmica típica de expansão). Sobre esse ambiente desolado é que avançaram as redes de fast food, hoje responsáveis pela maioria dos empreendimentos inovadores que surgem na cidade, trazendo marcas (ditas "bandeiras") consagradas no exterior, especialmente nos Estados Unidos, quase sempre como uma iniciativa de fundos de investimento ligados a grandes grupos financeiros.

A exaustão das cozinhas de inspiração europeia, aliada à banalidade do fast food e à racionalidade cada vez maior do processo produtivo, é que fornecem a moldura do desencantamento do mundo — isto é, da perda da transcendência e do encanto inerente às coisas. Portanto, além de precisarem saber o que fazer com a tradição e a inovação, os chefs que buscam renovar a culinária brasileira têm outro desafio: encontrar o caminho para o reencantamento do mundo. É nesse contexto que as experiências que partem de uma tradição culinária "nossa", agora com interpretações variadas, surgem para ocupar a cena.

Os que se empenham em dar nova feição à culinária brasileira não querem que ela fique lá atrás, como retratos antigos na parede. Trabalham para que uma "ideia de Brasil" viaje através dos pratos. Ao conferirem marca pessoal a esse esforço, vão desenhando estratégias de renovação. A característica desse esforço é a diversidade de soluções adotadas: escolha de matérias-primas, técnicas utilizadas, soluções estéticas no prato e também na ambientação do restaurante. Essas diferenças configuram estilizações na maneira de apresentação da comida que deriva da culinária tradicional, mas mantendo sempre um vínculo que permite a legibilidade "brasileira" do que é proposto.

Assim, o que chamamos "estilização" coincide com algum tipo de tratamento intencional que parte da tradição, transforma-a em alguma direção e propõe uma nova maneira de considerar alguns produtos que já conhecemos ou que, se não conhecemos por experiência pessoal, sabemos que existe. São veredas que alguns chefs vão abrindo em meio ao cipoal da tradição, fazendo-o de uma maneira que parece mesmo criar um "estilo". O importante é que os chefs, ao construírem seus caminhos, conferem às formas históricas um conceito, elaborado segundo um novo entendimento da cozinha brasileira, renovada e passível de encantar os comensais.

Sabemos, porém, que as formas de reapresentação moderna da culinária brasileira não serão infinitas. Em seu guia de restaurantes de 2014, Josimar Melo lista, em São Paulo, 46 de cozinha brasileira, dos quais considera 15 "estrelados".[4] Já é um número bastante razoável para uma cidade tão eclética no gosto; e nesse conjunto — especialmente entre os "estrelados" — é possível identificar alguns estilos mais amadurecidos que parecem propor uma linguagem de tratamento de nossa cozinha para o presente e o futuro. Consigo distinguir ao menos 5 diferentes estilizações dentre esses 46 restaurantes, todas voltadas para promover o reencantamento da culinária brasileira.

Estilo naïf
Maior destaque merece, ainda, a retomada da cozinha brasileira sem grandes inovações, que denomino estilo naïf ou ingênuo. Consiste na concepção espontânea da alimentação, sob a diretriz de que "sempre foi assim" que se comeu no Brasil. É de grande importância, nessa vertente, a seleção do cardápio conforme as preferências consagradas pelo público: uma moqueca sempre será uma moqueca, assim como uma feijoada, um vatapá, um baião de dois ou um mocotó sempre serão idênticos ao que se tem como estabelecido, não oferecendo dificuldades de identificação a quem quer que seja.

Há vários restaurantes desse tipo na cidade, predominando aqueles de inspiração nordestina, mineira, ou do Recôncavo baiano. São mais presentes em bairros populares, embora comecem a se multiplicar também em outros bairros de classe média, como bem exemplificam o Dona Lucinha, de comida mineira, ou a rede de restaurantes Suruí, de comida variada brasileira, que apresenta os pratos típicos ou icônicos em dias preestabelecidos. É uma tendência que se baseia na busca da saturação dos elementos identitários de nossa culinária, submetendo o comensal a uma carga forte de informações gustativas e visuais (décor) que o remetem a um mundo tradicional já praticamente inexistente.

Estilo etnográfico

Trata-se de uma tendência que visa atender a um olhar ao mesmo tempo erudito e tradicional sobre a culinária do país. Seu pressuposto é que a modernidade tem destruído formas de comer que tradicionalmente responderam pela identidade da cozinha brasileira. Na base dessa culinária está, portanto, a pesquisa etnográfica de receitas, ingredientes e técnicas tradicionais — eruditamente justificada como trabalho de "resgate cultural" —, procurando destacar a origem dos ingredientes, assim como uma certa "maneira de fazer" coletada em trabalho de campo — e presente ainda na memória de algum informante —, que possa ser útil para melhorar as preparações.

Nesse sentido, as interferências dos chefs em nada ameaçam a legibilidade dos pratos. Eles, porém, não titubeiam ao modernizar aspectos que caíram em desuso no gosto do público — como suprimir o excesso de gorduras e o uso amplo da banha de porco. Além disso, investem numa nova estética de apresentação dos pratos. Lembram um moderno museu da alimentação e, também, um laboratório de inovação. Tordesilhas, Mocotó e Jiquitaia são expoentes dessa corrente, e a solidez desses restaurantes comprova o interesse do público paulistano pelas soluções propostas.

Estilo alegórico

Para os que seguem essa vertente, o cozinhar é uma atividade figurativa estilizada. O intuito é apresentar, de modo exemplificativo, uma realidade brasileira que não é aquela vivenciada cotidianamente pela clientela. Através da alegorização, a cozinha é colocada em pé de igualdade com outras paisagens culturais do país — como a religiosidade popular, o artesanato etc. — e como testemunho da riqueza do que existe "para além" de nossas janelas de classe média. Para conseguir esse efeito, parte dos pratos fixados como "típicos" pela indústria do turismo, mas não se volta apenas para a clientela de turistas, pois convida os próprios brasileiros a "visitarem o Brasil" através das papilas gustativas, mostrando o "gosto" como a sedução tangível que o país oferece. É o partido do restaurante Brasil a Gosto, que também merece destaque pelo décor e a ambientação, calcados na cultura folclórica brasileira, esta também estilizada e reinterpretada de maneira moderna.

Estilo experimental
É apresentado como uma ruptura com os modos tradicionais de tratamento dos ingredientes brasileiros, hipervalorizando-os e combinando-os de maneira livre, mesmo com produtos que visivelmente não fazem parte da tradição nacional (como o foie gras). Não raro, os adeptos desse estilo exibem técnicas modernas e se reportam a experiências internacionais que se tornaram referência, a fim de mostrar que também podemos ser "universais". Por incluir os chefs mais importantes da cena gastronômica paulista, tende a ser adotado de modo crescente.

Nessa categoria encontram-se o Maní, o DOM, o Épice, o Esquina Mocotó e alguns outros que vão firmando seu prestígio. A diferença entre eles é um fator decisivo nas preferências da clientela, que promove disputas "conceituais" para decidir qual deles é "o melhor". Essas querelas revelam o quanto é instável o cenário da renovação gastronômica.

Estilo "juscelinista"
Desponta como uma modalidade recente, ao optar por um cardápio brasileiro "tradicional" mas não "popular", enraizado no gosto das elites nacionais, como aquele que remete a uma cozinha generosa "de fazenda" ou dominical, de grande legibilidade à mesa burguesa. Sua "mensagem" é mostrar o grau de aceitação social daquela comida que parecia "distante", pois presente apenas no cotidiano doméstico das elites. Talvez o Dalva & Dito seja, ainda, o principal exemplar dessa classe em São Paulo.

Esses cinco estilos, que se destacam no universo dos 45 restaurantes considerados em São Paulo, mostram como os chefs colocam em causa técnicas, receitas e ingredientes para definir um caminho de exploração da tradição. E isso é mais fácil e possível em São Paulo porque, como vimos, os paulistanos já não participam intensamente de nenhuma grande tradição nacional que possa ser chamada "brasileira", não defendem o "passado" e possuem uma curiosidade mais voltada para o presente e o futuro. O que parece ser uma desvantagem é, portanto, uma vantagem, pois admite a flexibilidade de interpretações. As associações entre jabuticaba e wasabi (DOM) e entre chocolate e pequi (Maní) expressam liberdades que ocorrem com maior facilidade na capital paulista, dificilmente em outras plagas. No entanto, a culinária brasileira renovada não sairá apenas de São Paulo, nem ficará limitada a meia dúzia de estilizações, e, por isso, é útil pensar quais as condições gerais que deve cumprir para melhor se expressar.

SEIS PROPOSTAS PARA O FUTURO

Italo Calvino, preparando-se para uma série de conferências que seriam realizadas na Universidade de Harvard, apontou, em 1984, seis qualidades que a literatura deveria almejar no milênio que se avizinhava: leveza, rapidez, exatidão, visibilidade, multiplicidade e consistência.⁵ Parece-nos que a gastronomia brasileira, neste século 21, deva perseguir propostas com o mesmo sentido, ou seja, buscar os valores que mais a aproximem do ideal de cozinha renovada, capaz de reencantar o mundo. Mas, assim como Calvino propõe para a literatura, as diretrizes de ação da culinária para os próximos anos deverão levar em conta o que é específico desse campo. São elas:

1. *Renunciar aos ditames da tradição, que impregnou a comida popular de valores político-culturais ligados ao nacionalismo e ao regionalismo, detendo-se apenas sobre o conjunto de pratos como um conjunto de desafios estritamente culinários.*
Estando claro para o cozinheiro o quanto o nacionalismo e o regionalismo culinários foram expedientes políticos e culturais necessários na formação do Estado brasileiro, para a expressão das elites regionais na primeira metade do século 20 ou, posteriormente, para o desenvolvimento da indústria turística, será possível entender a culinária do país de um novo modo. Ela poderá ser tomada como um vasto terreno de encontro com o gosto, notadamente popular, conforme se formou na longa história, destacando preferências por certos produtos naturais, autóctones ou transplantados; modos de fazer pratos segundo técnicas universais, como no caso dos cozidos; combinações originais (como o simples arroz com feijão); e usos sociais da alimentação que constituem o repertório presente sobre o qual trabalhar de maneira livre.

    A busca de continuidades, assim como a promoção de rupturas com a tradição, não deve ser orientada pelos valores do nacionalismo e do regionalismo, porque vivemos um momento de internacionalização da economia e da cultura e é nesse terreno que precisamos construir o que vai expressar nossa identidade futura, na qual o peso do passado terá menor valor simbólico. Ser competitivo não é se aferrar a identidades passadas, mas construir novas convergências, como fizeram os espanhóis no início do processo de modernização culinária, buscando criar pontes claras com a tradição mediterrânea, de modo a garantir a legibilidade de seus experimentos de vanguarda na fase posterior.

2. *Transformar o cozinheiro num personagem culto da cena urbana, especialmente no que tange ao conhecimento da cultura culinária.*

O percurso dos novos cozinheiros brasileiros para adquirirem conhecimento é baseado na formação acadêmica de caráter técnico universal e medido pelo domínio da "cozinha clássica". Seguem-se os sucessivos estágios em inúmeros restaurantes brasileiros famosos ou, para os que têm mais recursos, em estabelecimentos europeus – especialmente espanhóis. A estrutura de ensino visa formar legiões de cozinheiros-padrão, capazes de responder aos reclamos de uma cozinha de qualidade qualquer e sem personalidade. A "especialização" buscada através de estágios tem se mostrado insuficiente para diferenciar esses profissionais. De modo que não haverá outro caminho para os jovens cozinheiros senão dedicarem-se ao estudo sistemático, ao longo de vários anos e quase por conta própria, sobre o que identificam como sendo a "cozinha brasileira".

A primeira questão, portanto, deverá ser: como estudar a culinária brasileira? Além do perfeito domínio de obras clássicas de caráter geral — como a *História da alimentação no Brasil*, de Câmara Cascudo —, é necessário viajar sistematicamente pelo país, conhecendo mercados e feiras, comendo da comida de moradores locais, descobrindo a pesca, a agricultura e o extrativismo local e assim por diante. Viver o país, sob todos os pontos de vista, há de ser a principal escola dos estudantes que se dedicarão à construção da nova culinária nacional.

Quando os grandes chefs internacionais — como Ferran Adrià, Massimo Bottura etc. — falam sobre os ditames da nova cozinha, o que nos impressiona sobretudo é serem eles homens de cultura ampla e sólida, mais do que profissionais que inventaram ou detêm o domínio de uma técnica específica. É a visão de mundo que se desenvolve olhando ao redor de modo interessado o que efetivamente diferenciará os chefs que se destacarão em meio a uma geração que partilha por igual uma formação "clássica".

3. Trabalhar sobre o inventário de ingredientes da cozinha brasileira e dedicar-se ao tratamento laboratorial destes.

O Brasil é um país ainda em formação, tanto assim que grande parte de seu território não se presta até então a usos econômicos. Por isso, há sempre coisas "novas" aparecendo, enquanto outras vão desaparecendo antes mesmo de serem conhecidas. Nisso somos muito diferentes da Europa, Japão e China, onde a otimização dos espaços produtivos e a estabilização do repertório alimentar são notáveis.

É sabido que os jovens com acesso às modernas tecnologias culinárias (Thermomix, Roner, Pacojet etc.) tendem a abandonar as técnicas tradicionais, disso resultando que poucos sabem hoje, por exemplo, como se faz uma *sauce béarnaise* de qualidade. Essa alienação é grave quando recai sobre técnicas brasileiras que não tiveram a felicidade de serem codificadas e transformadas em ferramentas culinárias. É preciso saber fazer uma bala de coco, encontrar seu ponto, tanto quanto ser capaz de diminuir o açúcar excessivo na baba de moça sem perder o ponto, e assim por diante.

"Pesquisa" é nome genérico de vários caminhos de investigação. A pesquisa histórica, de natureza bibliográfica, revela a alimentação no passado. A etnográfica, que consiste em sair a campo, registrando o que as pessoas comem e como preparam os alimentos, é a forma de nos encontrarmos com o "aqui e agora", mesmo que sejam coisas que estejam à beira do esquecimento, sobrevivendo apenas na memória dos mais velhos. Por fim, há a pesquisa culinária, que se pratica dentro de uma cozinha visando observar como os ingredientes se comportam do ponto de vista físico-químico.

As grandes descobertas — capazes de renovar um prato identificado pela pesquisa historiográfica ou etnográfica — se fazem a partir de pequenos experimentos na cozinha, entre tentativas e erros, e com base em conhecimento técnico sólido. Para isso, entretanto, é necessário levar os elementos da culinária brasileira para dentro dos laboratórios, para o campo experimental.

O fundamental na inovação é o conceito que se persegue e se quer materializar, e o caminho para tanto é cheio de surpresas e revelações sobre o comportamento físico-químico das matérias-primas utilizadas. A combinação da "tradição" com a técnica moderna pode ser sempre surpreendente — e um exemplo positivo foi a descoberta feita por Rodrigo Oliveira e Julien Mercier, no laboratório Engenho Mocotó, de que é possível fazer "pipocar" a farinha de tapioca granulada simplesmente submetendo-a ao micro-ondas.

Coisas assim nos ensinam que só há vantagens em aproximar o fazer culinário dos saberes científicos, especialmente a física, a química e a biologia. Um conhecimento mais apurado da natureza e das leis que a regem auxilia a inscrever a cozinha na dinâmica da vida, evitando representá-la, de forma preconceituosa, como um mundo à parte, regido apenas por aqueles que trabalham nela.

4. Entender que a culinária, ainda que centrada na cozinha, é uma experiência abrangente, que se reflete na comensalidade e na hospitalidade.

A cultura brasileira é muito rica em formas de sociabilidade: centenas de diferentes povos tribais, comunidades tradicionais adaptadas a diversas situações de vida, a herança da escravidão e os hábitos herdados de enorme gama de imigrantes — tudo isso define modos diversos de nos relacionarmos em torno da mesa e com a comida, embora não tenhamos muita consciência dessa variedade.

Talvez um só exemplo baste. Desde os anos 1970, propagou--se pelo mundo a moda criada pela nouvelle cuisine de servir a comida já empratada. Embora isso tenha se tornado regra na cozinha moderna de feição mais "gourmet", está longe de ser um hábito generalizado. Entre nós, além da invenção do rodízio, e mais recentemente do quilo, ainda subsistem formas antigas de comer cuja marca é uma comensalidade menos individualista. Pratos para compartir à mesa, profusão de acompanhamentos numa mesma refeição, entre outras práticas, indicam caminhos que merecem ser estudados, são hábitos que precisam ter seus gestos decompostos, recuperando assim, quiçá, dimensões calorosas da hospitalidade. As cozinhas japonesa e chinesa, tão presentes em São Paulo, também dão exemplos sugestivos de modelos de serviços que favorecem a vivência mais amigável entre comensais.

Como adotamos de modo geral, e ao longo da história, os "serviço à francesa", "à russa" ou "à inglesa", desdenhamos do estudo dos modos brasileiros de apresentar os alimentos à mesa. Esse aspecto se torna especialmente importante quando sofremos o assédio do fast food, e as demais formas de servir vão sendo consideradas pedantes por parcela do grande público. Trata-se, pois, de um terreno a explorar que poderá nos ajudar a encontrar a "cozinha brasileira renovada".

5. *Ter presente no espírito que o comensal precisa encontrar, acima de tudo, legibilidade nos pratos que lhe são oferecidos, de modo a poder apreciá-los conscientemente.*
Quando abandonamos os pratos que são ícones da cozinha brasileira — como a feijoada, o vatapá etc. —, parece não existir outro

caminho para nos aproximarmos da cozinha nacional senão o de enfatizar seus ingredientes. Nesse domínio, e ao contrário da tendência atual de elaboração de cardápios excessivamente discursivos, explicando detalhes insignificantes das preparações dos pratos, é preciso praticar novo exercício de linguagem.

Tratando-se de uma experiência nova — já que não faz sentido "explicar" o que todos conhecem —, o mais importante é que o comensal possa compreender o que foi proposto segundo sua própria chave de intelecção. Sendo assim, a "brasilidade" fica mais por conta da legibilidade (reconhecimento) dos ingredientes, e é possível dividi-los em classes, segundo a origem: nativos, presentes nos nossos biomas ou ecossistemas; exóticos aclimatados; e ainda hoje importados. Essas três categorias formam a percepção dos comensais, e sua combinação é que parece ser a experiência "nova" proposta.

O prato mais complexo ou elaborado será, portanto, fruto da combinação de ingredientes dessas três grandes origens. Desse ponto de vista, o "nacional" presente neles será uma questão de ênfase comunicacional — favorecendo ou dificultando a legibilidade. Desse modo, tão importante como cozinhar é saber o repertório de conhecimento das matérias-primas de que o comensal é portador.

Haverá mesmo pouca legibilidade de produtos locais nativos, como a carne de jacaré ou de paca, peixes amazônicos, caranguejos nordestinos etc. São itens que parecem exóticos, por exemplo, em São Paulo. O aumento da legibilidade desses produtos nacionais depende sobretudo do hábito de consumo que se forme em torno deles, como é o caso recente do açaí. Portanto, o problema do chef inovador será criar uma ponte entre o hábito e a inovação, confrontando-se com o costume de consumir produtos importados que adquiriram plena cidadania culinária entre nós. Trata-se de um caminho difícil e tortuoso, situado especialmente no terreno comunicacional.

Por exemplo, quando os cardápios oferecem cuscuz, trata-se, quase invariavelmente, do marroquino, de sêmola de trigo, não do cuscuz brasileiro, de farinha de milho. A questão, portanto, é como recuperar o sentido da palavra que interessa para a reformulação do hábito do comensal. Além de argumentos discursivos, o chef precisa colocar o comensal diante de experiências mais gratificantes do ponto de vista gustativo, isto é, incluir as estratégias culinárias em seu esforço de convencimento.

6. *A excelência da cozinha não depende de aspectos extraculinários, como o exercício da cidadania ou da consciência ética do cozinheiro.*

Desde que Gastón Acurio começou a ganhar projeção mundial, firmou-se uma onda internacional que destaca o engajamento político-social dos chefs de cozinha. Estes, por sua vez, passaram a almejar a condição de líderes políticos, e muitos se dedicam, hoje, a causas relacionadas com a chamada "sustentabilidade ambiental", ou seja, à crítica da indústria da alimentação e à defesa de práticas artesanais, especialmente agrícolas. O efeito mais nítido que essa moda ensejou para a cozinha foi o "desenvolvimento de fornecedores", isto é, os insumos para os restaurantes passaram a ser comprados, preferencialmente, de produtores que trabalham a agricultura familiar ou de artesãos tradicionais. Certamente isso tem impacto sobre a qualidade do produto, mas guarda também uma clara dimensão utópica: a sociedade injusta, poluente, não se modificará apenas com as microescolhas feitas nas portas de restaurantes. A melhoria das condições de produção e consumo é um objetivo social amplo e não se decidirá apenas pelo engajamento dos cozinheiros. Em outras vertentes, há chefs que decidiram apoiar e incentivar a formação de jovens cozinheiros dos estratos sociais de menor renda, aportando uma nova perspectiva profissional para os pobres. E, por fim, não raro, há os que patrocinam eventos culinários beneficentes, contribuindo para causas sociais que julgam meritórias. Estejamos ou não conscientes delas, todos nós temos responsabilidades sociais. Elas decorrem do moderno conceito de cidadania: somos corresponsáveis pelos destinos de todos em nossa sociedade, independentemente de nossas profissões. No entanto — e até mesmo pelo acolhimento midiático que adquiriram —, muitos chefs tendem a associar suas opções políticas à culinária que praticam, numa interpretação bastante própria da projeção alcançada por Gastón Acurio.

Assim como as pessoas participam de igrejas, clubes, confrarias, torcidas de futebol, elas também fazem escolhas políticas, participando de partidos ou iniciativas que afetam a sociedade. De modo algum isso pode ser visto como um pretexto para ocupar espaço na mídia, promovendo-se e a seu restaurante. Tal atitude teria um nome feio: oportunismo.

Se o chef quer ser um modelo ético para a sociedade — e isso é meritório —, deve se afastar das condutas oportunistas. E quando já angariou prestígio como profissional, é louvável que ajude causas sociais nas quais acredita. Desse modo, eventualmente pode contribuir para uma sociedade melhor. No entanto, esse não é um caminho que garanta uma cozinha melhor, ou o reencantamento do mundo à mesa.

As seis propostas anteriores, se adotadas em conjunto, certamente, resultariam numa dinâmica original para a culinária brasileira em busca de renovação. Em boa medida, essas propostas reagem contra o atual estado de coisas, cujo efeito mais negativo é provocar uma notável dispersão de energia de uma juventude inquieta, que está à procura de expressão por meio da culinária. Está nas mãos dessa juventude a criação da nova culinária brasileira, e isso significa ter clareza de conceitos e de estratégias para materializá-los à mesa.

Quando falamos de uma "gastronomia de conceitos" — e essa percepção é a que justifica o presente livro —, estamos nos referindo à necessidade de aclarar o entendimento de uma culinária que se apresenta como um imenso repertório de possibilidades alimentares, organizadas segundo princípios que já não correspondem, por um lado, aos desejos modernos referentes ao gosto e, por outro, às "novidades" nem sempre evidentes que desafiam a compreensão dos cozinheiros, como: o que é "natural", o que é "nacional", "étnico", "vegetariano", "ético" e assim por diante.

Se o cozinheiro não dominar esse universo de categorias em meio às quais se move e exerce seu ofício, dificilmente conseguirá plantar as sementes de sua cozinha brasileira renovada, pois, a todo momento, parecerá faltar-lhe um terreno sólido. É sua preparação intelectual a responsável, em última instância, pela qualidade e inovação gastronômica.

A exigência de maior "intelectualização" de quem lida com gastronomia — caso não queira ficar para trás, tomar gato por lebre, falar bobagem pontificando — já foi anunciada pelo chef Santi Santamaria em vários de seus escritos, bem como é repisada frequentemente por Ferran Adrià. Em outras palavras, é uma percepção que faz parte do discurso gastronômico moderno. Considerando como a enologia tornou-se ridícula na boca dos "enochatos", a gastronomia só se salvará se seu discurso for, ao mesmo tempo, culto e consistente; inovador no plano prático, porque afinado com conceitos que sejam claros e apontem para uma culinária leve, rápida, exata, visível, múltipla e consistente — as qualidades que Italo Calvino elegeu como desejáveis para o milênio em curso.

Notas

APRESENTAÇÃO | O DISCURSO DAS COISAS DE COMER [PP. 13-9]

1. Barbosa, Lívia; Wilk, Richard (orgs.). *Rice and Beans. A Unique Dish in a Hundred Places.*
2. Dória, C. A. "Flexionando o gênero". *Cadernos Pagu*, n. 39, jul./dez. 2012, pp. 251-71.

FORMAÇÃO DA CULINÁRIA BRASILEIRA [PP. 21-109]

1. Lívia Barbosa, "Feijão com arroz e arroz com feijão: o Brasil no prato dos brasileiros".
2. Michael Pollan, *Em defesa da comida*, p. 39.
3. Ernest Renan, "Qu'est-ce qu'une Nation?".
4. Bartolomeo Stefani, *L'arte di ben cucinare, et instruire i men periti in questa lodevole professione* (1662).
5. Julia Csergo, *Pot-au-Feu: convivial, familial — histoires d'un mythe.*
6. Teresa Yturbide Castelló, *Presencia de la comida prehispanica.*
7. Jean-Baptiste Debret, citado por Frederico de Oliveira Toscano, *À francesa: sociabilidades e práticas alimentares no Recife (1900-1930)*, p. 29.
8. Rafaela Basso, *A cultura alimentar paulista: uma civilização do milho? (1650-1750).*
9. "Correntes estranhas de pensamento, nocivas, desviaram o espírito brasileiro do achamento de sua expressão, de seus ritmos, de suas verdades [...] As primeiras tentativas de expressão nacional foram, assim, todas elas falsas pelo exagero." Jorge de Lima, "Todos cantam sua terra". In: *Poesia Completa*, v. 2, p. 370.
10. Joaquim Nabuco, *Minha formação*, p. 35.

11. Gilberto Freyre, "O manifesto regionalista de 1926: vinte e cinco anos depois".

12. Francisco de Assis Guedes de Vasconcelos, "Fome, eugenia e constituição do campo da nutrição em Pernambuco: uma análise de Gilberto Freyre, Josué de Castro e Nelson Chaves", p. 319.

13. Conforme Julie A. Cavignac; Luiz A. de Oliveira. In: Jean-Pierre Poulain (Org.), *Dictionnaire des cultures alimentaires*, pp. 226-32.

14. Anônimo, *Cozinheiro nacional*, op. cit., p. 13.

15. Monteiro Lobato, citado por Sachetta, Vladimir, *À mesa com Monteiro Lobato*, p. 16.

16. Ver a respeito: Kalina Vanderlei Silva, *Nas solidões vastas e assustadoras: a conquista do sertão de Pernambuco pelas vilas açucareiras nos séculos 17 e 18*.

17. Claude G. Papavero, "Dos feijões à feijoada: a transformação de um gênero comestível pouco apreciado em mantimento básico brasileiro".

18. Idem, ibidem.

19. Raimundo Nina Rodrigues, *Os africanos no Brasil* (1932), p. 291.

20. Sílvio Romero, *História da literatura brasileira* (1888), p. 104.

21. Celina Márcia de Souza Abbade. "Notícia sobre o léxico relativo a três campos lexicais do primeiro manuscrito da cozinha portuguesa: *Livro de cozinha da infanta d. Maria*".

22. Interessante notar que, no último quartel do século 19, num quadro intitulado *Cozinha caipira* (1895), Almeida Júnior apresenta o forno romano já plenamente instituído como equipamento dessa cozinha simples dos nossos caipiras. Em Minas Gerais, ainda hoje é possível encontrar fornos romanos construídos de modo tosco, com o barro retirado dos cupinzeiros.

23. Para uma análise erudita da dualidade trigo/mandioca no Brasil Colônia, ver: Evaldo Cabral de Mello, "Nas fronteiras do paladar".

24. Paula Pinto e Silva, "Introdução". In: Paula Pinto e Silva (Org.), *Arte de cozinha de Domingos Rodrigues (1680)*, p. 23.

25. Idem, ibidem.

26. Lídia Besouchet, *Pedro II e o século 19*, p. 50.

27. Paula Pinto e Silva, *Papagaio cozido com arroz*, p. 86.

28. Darcy Ribeiro, *Os índios e a civilização: a integração das populações indígenas no Brasil moderno*.

29. Marcos Pivetta, "A luz que o homem branco apagou". Ver também: Carlos Fausto, *Os índios antes do Brasil*.

30. Para uma discussão básica sobre essa diversidade e riqueza cuja consciência perdemos, ver: Carlos Fausto, op. cit.

31. Warwick Kerr; Charles R. Clement, "Práticas agrícolas de consequências genéticas que possibilitaram aos índios da Amazônia uma melhor adaptação às condições ecológicas da região".

32. João Daniel (padre). *Tesouro descoberto no máximo rio Amazonas*.

33. Couto de Magalhães, citado por Dante Martins Teixeira; Nelson Papavero;

Miguel Angel Monné. "Insetos em presépios e as 'formigas vestidas' de Jules Martin (1832-1906): uma curiosa manufatura paulistana do final do século 19", nota 12.

34. Pero Vaz de Caminha, citado por Felipe Ferreira Vander Velden, "As galinhas incontáveis: tupis, europeus e aves domésticas na conquista no Brasil".

35. Jean de Léry, citado por Felipe Ferreira Vander Velden, op. cit.

36. Marta Amoroso, *Conquista do paladar: os índios, o Império e as promessas de vida eterna*.

37. Citado por Marta Amoroso, op. cit.

38. Levantamentos recentes indicam mais de 170 espécies comestíveis só da Amazônia.

39. Conforme se lê em Ermano Stradelli, "Vocabulário da língua geral portuguesa-nhengatú e nhengatú-portuguesa, precedido de um esboço de Gramática nhengatú-sauá mirim e seguido de contos em língua geral nhengatú poramduba, pelo conde...".

40. Raimundo Nina Rodrigues, op. cit.

41. Sílvio Romero, *História da literatura brasileira*.

42. Idem. *Estudos sobre a poesia popular do Brasil*, p. 11.

43. Stuart B. Schwartz, *Segredos internos: engenhos e escravos na sociedade colonial*, p. 214.

44. Thales de Azevedo, *Cultura e situação racial no Brasil*, p. 79.

45. Para uma análise dessa obra, ver: Carlos Alberto Dória, *Estrelas no céu da boca*.

46. Gilberto Freyre, *Casa-grande & senzala* (1933), p. 32.

47. Josué de Castro, *Geografia da fome* (1946), p. 75.

48. L.-F. de Tollenare, *Notas dominicais*, p. 85.

49. Claude Meillassoux, *The Anthropology of Slavery: The Womb of Iron and Gold*, pp. 224 e 278.

50. Stuart B. Schwartz, op. cit., p. 353.

51. Luís dos Santos Vilhena, *A Bahia no século 18*, v. 1, p. 130.

52. Postura n. 59, de 27/2/1857, da cidade de Salvador.

53. Jeferson Bacelar, "A comida dos baianos no sabor amargo de Vilhena".

54. Essa distinção classificatória deve-se a Hildegardes Vianna, *A cozinha baiana: seu folclore e suas receitas*; e é retomada por Vivaldo da Costa Lima, *A anatomia do acarajé e outros escritos*.

55. Fernando Ortiz, *Contrapunteo cubano del tabaco y el azucar*.

56. O IBGE recém-publicou (2006), em dois volumes, um *Atlas das representações literárias das regiões brasileiras*, cuja utilidade, para os pesquisadores, é mostrar a formação diversificada desses espaços interiores chamados sertões ao longo da história, coisa que foi obscurecida pelas formas posteriores de se representar o espaço por sua homogeneidade, e não por sua diversidade, conforme o próprio IBGE desenhou o território brasileiro a partir dos anos 1930.

57. Anônimo, "Roteiro do Maranhão a Goiás pela Capitania do Piauí", p. 145.

58. Idem, p. 80.

59. João Capistrano de Abreu, *Capítulos da história colonial* & *Os caminhos antigos e o povoamento do Brasil*, p. 147.
60. Idem, p. 211.
61. José Alípio Goulart, *Brasil do boi e do couro*, v. 1, p. 151.
62. Gonçalves Chaves, citado por Carlos Alberto Dória, *Ensaios enveredados*, pp. 48-9.
63. Idem, pp. 144-7.
64. Gilberto Freyre, *Manifesto regionalista*, op. cit.
65. Para um simples inventário de parte da flora (frutas comestíveis), consulte--se: Paulo B. Cavalcante, op. cit.; e, ainda, Huascar Pereira, *Pequena contribuição para um diccionário das plantas úteis do Estado de São Paulo (indígenas e aclimatadas)*.
66. Ver, especialmente, Neide Rigo. Disponível em: http://come-se.blogpot.com. Acesso em: 9/3/2014.
67. Valdely Ferreira Kinupp, "Plantas Alimentícias Não Convencionais (Pancs): uma riqueza negligenciada". Disponível em: http://www.sbpcnet.org.br/livro/61ra/mesas_redondas/MR_ValdelyKinupp.pdf. Acesso em: 27/6/2013.
68. A reflexão que segue foi desenvolvida junto com Ima Vieira em artigo que publicamos na revista *Ciência Hoje*, conforme consta da bibliografia ao final deste livro.
69. Koichi Mori, "As condições de aceitação da culinária japonesa na cidade de São Paulo: por que os brasileiros começaram a apreciar a culinária japonesa?".
70. Roberta Sudbrack, *Eu sou do camarão ensopadinho com chuchu*.

ENTRE SECOS E MOLHADOS [PP. 111-33]

1. Ver: Emile Durkheim e Marcel Mauss, "Algumas formas primitivas de classificação" (1902). In: Marcel Mauss, *Ensaios de sociologia*; e Claude Lévi-Strauss, *O pensamento selvagem* (1962) e *O totemismo hoje* (1963).
2. Analisei esses aspectos do livro no prefácio de *Cozinheiro nacional*.
3. Claude Lévi-Strauss, "Lo asado y lo hervido". In: Jessica Kuper (Org.). *La cocina de los antropólogos*, p. 270.
4. Idem, p. 271.
5. Francis Mallmann, *Sete fogos: churrasco ao estilo argentino*.
6. Hilário Franco Jr., *Cocanha: A história de um país imaginário*, p. 68.
7. Julia Csergo, op. cit.
8. Auguste Escoffier, *Le guide culinaire* (1903), p. 104.
9. Idem, *Ma cuisine* (1934), p. 46.
10. Consultar: Françoise Sabban e Silvano Serventi, *Pasta: The Story of a Universal Food*. Nesse livro, os autores discorrem sobre os pães com e sem fermento — este, segundo a tradição religiosa judaica —, numa oposição que

acabou dividindo a guilda dos padeiros. Os judeus, expulsos da Península Ibérica, foram para o Norte da África, onde desenvolveram a sêmola de trigo duro e os macarrões que, posteriormente, ganharam o Sul da Itália.

11. A análise revisionista do chocolate, empreendida pela historiadora Marcy Norton, fornece uma nova interpretação de como os europeus desenvolveram o gosto pelo produto. Estudos anteriores sugeriam que os europeus transformaram o chocolate, material e ideologicamente, a fim de encaixá-lo em seus gostos e preconceitos. Norton demonstrou que, ao contrário, os europeus, na condição de minoria na América colonial, aprenderam o gosto pelo chocolate com os indígenas e nos mesmos termos destes (Marcy Norton, *Sacred Gifts, Profane Pleasures: A History of Tobacco and Chocolate in the Atlantic World*). Ver também, da mesma autora: "Chocolate para el imperio: la interiorización europea de la estetica mesoamericana". *Revista de Estudios Sociales*, pp. 42-69.

12. Especialmente a farinha muito alva, denominada *carimã*, derivada da farinha *puba*, que é feita da mandioca que fermenta na água.

13. Além dessa razão, acreditamos que o contato mais estreito do colonizador — e dos cronistas coloniais — foi com os indígenas do litoral, que usavam a mandioca; só a partir da Capitania de São Vicente, pelo maior contato com os guaranis, o milho foi se fazendo, com o tempo, igualmente importante.

14. Nessa descrição utilizamos o verbete "mandioca" de Antonio Geraldo da Cunha, *Dicionário histórico das palavras portuguesas de origem tupi*, pp. 197-200.

15. Citado por Antonio Geraldo da Cunha, op. cit., p. 198.

16. Evaldo Cabral de Mello, "Nas fronteiras do paladar", *Folha de S.Paulo*, 28/5/2000.

17. Idem, ibidem.

18. Câmara Cascudo era de opinião que "moquém era o único processo utilizado pelo indígena para conservar os alimentos azotados. Não era forma culinária" (Luís da Câmara Cascudo, *Dicionário do folclore brasileiro* (1954), v. 2, p. 571). Ora, o moquém, que se assemelha ao processo que conhecemos como defumação, consistia em deixar a carne cozer e secar lentamente, longe do fogo. Parece-nos que a discussão de se era um prato ou um processo de conservação é irrelevante, visto que podia ter esta dupla finalidade: consumo imediato ou conserva.

19. Ver o verbete "moquém" em Antonio Geraldo da Cunha, op. cit., p. 212.

20. Luiza Garnelo (Org.), *Comidas tradicionais indígenas do Alto Rio Negro*, pp. 86-7.

21. Idem, p. 77.

22. Luís da Câmara Cascudo, *Dicionário do folclore brasileiro*, v. II, p. 578.

23. Idem, p. 449.

24. Ver o verbete "mingau" em Antonio Geraldo da Cunha, op. cit., p. 210.

25. João Daniel (padre). *Tesouro descoberto no máximo rio Amazonas*, v. 1, p. 417.

26. Luiza Garnelo, op. cit., pp. 57-9.

27. Luís da Câmara Cascudo, op. cit., p. 735.

28. Idem, p. 120.

29. Idem, p. 119.
30. Ver o verbete "pirão" em Luís da Câmara Cascudo, op. cit., p. 703.
31. Escreveu Teodoro Sampaio: "É alimento preparado com carne assada e farinha, piladas conjuntamente, constituindo isso uma espécie de conserva, mui própria para as viagens do sertão". Citado por Luís da Câmara Cascudo, op. cit., p. 638 (verbete "paçoca").
32. Paula Pinto e Silva, *Papagaio cozido com arroz: livros de cozinha e receitas culinárias do Rio de Janeiro do século 19*, p. 86.
33. Idem, pp. 12-3.

A EMERGÊNCIA DOS SABORES REGIONAIS [PP. 135-61]

1. Claude Lévi-Strauss, *Antropologia estrutural II*, pp. 300 ss.
2. Jean-Pierre Poulain, "Gastronomization des cuisines de terroir". In: *Dictionnaire des cultures alimentaires*, pp. 622 ss.
3. Karin Becker, "'On ne dîne pas aussi luxueusement en province qu'a Paris, mais on y dîne mieux'. L'éloge ambivalent des cuisines régionales dans le roman français du XIXᵉ siècle". In: Françoise Hache-Bissette e Denis Saillard, *Gastronomie et identité culturelle française*.
4. Ver, a respeito: Paula Pinto e Silva, *Papagaio cozido com arroz: livros de cozinha e receitas culinárias no Rio de Janeiro do século 19*.
5. Jean-Pierre Poulain, op. cit., p. 624.
6. Curnonsky. "Introdução". In: *Cuisine et vins de France*.
7. Ver, a respeito: Claire Delfosse, *La France fromagère (1850-1990)*.
8. Francisco de (conde) Sert Welsch, *El goloso: una historia europea de la buena mesa*, pp. 13-4.
9. Manuel Vázquez Montalbán, *Contra los gourmets*, p. 111.
10. Alexandre Marcondes Filho, *A nutrição do operário brasileiro*.
11. Consultar: Fábio de Macedo Soares Guimarães, "Divisão regional do Brasil".
12. Gilberto Freyre, "O manifesto regionalista de 1926: vinte e cinco anos depois". In: *Manifesto regionalista de 1926*.
13. José Luiz Ferreira, *Gilberto Freyre e Câmara Cascudo: entre a tradição, o moderno e o regional*, p. 63. Nos parágrafos seguintes, seguimos bem de perto esse excelente trabalho no confronto entre os dois autores.
14. Idem, p. 150.
15. Cf. Maria Lecticia Monteiro Cavalcanti, *Gilberto Freyre e as aventuras do paladar*, p. 294.
16. José Luiz Ferreira, op. cit., p. 65.
17. Idem, p. 93.
18. Idem, p. 95.

19. Idem, p. 152.

20. A referência à "geografia da fome" é feita, obviamente, em contraposição ao livro de seu conterrâneo, Josué de Castro, que ostenta esse nome.

21. Citado por Maria Lecticia Monteiro Cavalcanti, op. cit., p. 298.

22. Em 1986, por exemplo, o Pará perderá o primeiro lugar na lista, caindo para a oitava posição, enquanto a Bahia passará a ocupar a primeira.

23. Rogéria Campos de Almeida Dutra, "Nação, região, cidadania: a construção das cozinhas regionais no projeto nacional brasileiro". Campos. Revista de Antropologia Social, p. 103.

24. Monica Chaves Abdala, "Sabores da tradição". Revista do Arquivo Público Mineiro, p. 120. Ver também, da mesma autora: Receita de mineiridade: a cozinha e a construção da imagem do mineiro.

25. Idem, p. 129.

26. Tião Rocha, "O sabor de Minas Gerais". Revista Textos do Brasil.

27. Ver, a respeito: Rosa Beluzzo e Marina Heck, Cozinha dos imigrantes: memórias e receitas.

28. Luciana Patrícia de Moraes, Cada comida no seu tacho: ascensão das culinárias típicas regionais como produto turístico — o Guia Quatro Rodas Brasil e os casos de Minas Gerais e Paraná (1966-2000).

29. Idem, p. 131.

30. Jane Fajans, Brazilian food: Race, Class and Identity in Regional Cuisines, p. 77.

31. Carlos Fausto, Os índios antes do Brasil.

FEIJÃO COMO PAÍS, REGIÃO E LAR [PP. 163-83]

1. Para a distinção entre sistema alimentar e sistema culinário, ver: Carlos Alberto Dória, A culinária materialista.

2. Françoise Sabban, "Manger et cuisiner en Chine".

3. Luís da Câmara Cascudo, História da alimentação no Brasil (1967), pp. 516-7.

4. O arroz de aussá teve especial destaque nessa linhagem, bem como a massa — uma preparação de arroz cozido que se fritava em azeite de cheiro ou cozinhava em mel, ou, ainda, com a qual se preparava um refrigerante, dissolvendo-a em água e açúcar. Conforme: Manuel Querino, A arte culinária na Bahia (1928), p. 8.

5. "O feijão era a refeição, o sustento, a forma promotora da energia humana. Devia ser comido devagar, disposto o círculo de participantes, como para um cerimonial. Para o povo, uma refeição sem feijão é simples ato de enganar a fome. Não de alimentar-se. Não há refeição sem feijão, só o feijão mata a fome", dizia-se no começo do século 19 no Rio de Janeiro. Cf. Luís da Câmara Cascudo, op. cit., p. 498.

6. Idem, p. 496.

7. Idem. Dicionário do folclore brasileiro (1954), v. I, p. 111.

8. Paula Pinto e Silva, *Farinha, feijão e carne-seca: um tripé culinário no Brasil colonial*.

9. Klaas Woortmann, "Quente, frio e reimoso: alimentos, corpo humano e pessoas". *Caderno Espaço Feminino*, p. 19.

10. Informação colhida pelo autor entre produtores de mandioca da localidade Carvão, município de Mazagão (AP), em julho de 2009.

11. Klaas Woortmann, op. cit., p. 22.

12. O clássico *Dona Benta*, na edição de 1950, apresenta apenas dez receitas de feijões e oito de favas.

13. Consultar "Feijoeiros". In: José Mendes Ferrão, *A aventura das plantas e os descobrimentos portugueses*, pp. 120 ss.

14. Huascar Pereira, *Pequena contribuição para um diccionário das plantas úteis do Estado de São Paulo (indígenas e aclimatadas)* (1929), pp. 349-52.

15. Idem, p. 258.

16. Conforme Manuel Querino, op. cit., pp. 9-11.

17. Consultar, a respeito, o Slow Food Brasil. Disponível em: http://www.slowfoodbrasil.com/content/view/107/70/. Acesso em: 4/7/2013.

18. Ver a receita específica em: Quentin Greenen de Saint Maur, *Muito prazer, Brasil: variações contemporâneas da cozinha regional brasileira*, p. 60.

19. Paula Pinto e Silva, *Papagaio cozido com arroz: livros de cozinha e receitas culinárias no Rio de Janeiro do século 19*, p. 14.

20. Renato Pompeu, *A dialética da feijoada*, p. 18.

21. Luís da Câmara Cascudo, *História da alimentação no Brasil* (1967), op. cit., p. 225.

22. Renato Pompeu, op. cit., p. 42.

23. Ana Rita Dantas Suassuna, *Gastronomia sertaneja*, p. 63.

24. Esse feijão está, para o conjunto dos feijões, como a famosa *lentille verte du Puy* (primeiro vegetal a se tornar A.O.C. na França, em 1996) está para o conjunto das lentilhas.

25. Claude Lévi-Strauss, *A cor da pele influencia as ideias?*, p. 19.

26. Marcus Reis Sena et alii. "Envolvimento de agricultores no processo seletivo de novas linhagens de feijoeiro".

27. Esther Katz, "Alimentação indígena na América Latina: comida invisível, comida de pobres ou patrimônio culinário?".

28. Igor Kopytof, "The Cultural Biography of Things: Commoditization as Process". In: Arjun Appadurai (Org.), *The Social Life of Things*.

29. Charles Tilly, *Coerción, capital y Estados europeos, 990-1990*.

LEGITIMIDADE E LEGIBILIDADE À MESA [PP. 185-94]

1. Stradelli, Ermano. "Vocabulário da língua geral portuguesa-nhengatú e nhengatú-portuguesa, precedido de um esboço de Gramática nhengatú-sauá

mirim e seguido de contos em língua geral nhengatú poramduba, pelo conde....".
Revista do Instituto Histórico e Geographico Brasileiro.
2. A. J. de Sampaio, *A alimentação sertaneja e do interior da Amazônia*, p. 74.

O ESTILO FEMININO DE COZINHAR [PP. 197-215]

1. Jean-François Revel, *Um banquete de palavras*, pp. 25-6.
2. Annie Hubert, "Nourritures du corps, nourritures de l'âme: Emotions, représentations, exploitations".
3. Idem, p. 3.
4. Georges Balandier, *Antropológicas*, p. 65.
5. Idem, ibidem.
6. Charles Elmé Francatelli, *Um simples livro de culinária para as classes trabalhadoras* (1852).
7. Paloma Jorge Amado, *A comida baiana de Jorge Amado ou o livro de cozinha de Pedro Archanjo com as merendas de Dona Flor*.
8. Manuel Querino, *A arte culinária na Bahia* (1928).
9. Paloma Jorge Amado, op. cit., pp. 62-3.
10. Idem, p. 97.
11. Auguste Escoffier, *Memories of my life*, p. 8.
12. Georges Balandier, op. cit., p. 64.
13. Ver, especialmente: Julian Pitt-Rivers e J. G. Peristiany (Orgs.). *Honor y gracia*.
14. Amy B. Trubek, *Haute cuisine: How the French Invented the Culinary Profession*, p. 29.
15. Auguste Escoffier, *Ma cuisine* (1934).
16. Idem, p. 5.
17. Reproduzido por Amy B. Trubek, op. cit., pp. 125-6, tradução minha.
18. Idem, p. 127.
19. Auguste Escoffier, *Memories of my life*, op. cit., pp. 138-44.
20. Idem, p. 115.
21. Hervé This e Pierre Gagnaire, *La cuisine c'est de l'amour, de l'art, de la technique*, p. 33.
22. Claude Lévi-Strauss, "Introdução". In: Mauss, Marcel. *Sociologia e antropologia*, p. 15.
23. Para um levantamento exaustivo do léxico culinário sistematizado por Escoffier, consultar a obra de seus discípulos: Théodore Gringoire e Louis Saulnier, *Le répertoire de la cuisine* (1923).
24. Marcel Mauss, "As técnicas do corpo". In: *Sociologia e antropologia*, op. cit., p. 407.
25. Maria de Lourdes Modesto, *Cozinha tradicional portuguesa*, p. 131.

26. Pessoalmente, só compreendi elaborações complexas, como o cuscuz paulista ao vapor e o bolo de rolo pernambucano depois de observar como eram executados por cozinheiras exímias. Nunca encontrei receitas escritas capazes de dar conta dos tantos detalhes imprecisos que aparecem no processo de feitura.

27. Marcel Mauss, op. cit., p. 401.

28. Idem, p. 420.

PROPOSTAS PARA A RENOVAÇÃO CULINÁRIA BRASILEIRA
[PP. 217-34]

1. Em "O pior inimigo da cozinha brasileira chama-se Alex Atala", o chef declarou: "A minha reputação foi toda construída fora do Brasil para depois ser reconhecida cá dentro. Se eu dependesse desse reconhecimento do Brasil, talvez nunca tivesse chegado aonde cheguei". Disponível em: http://www.publico.pt/mundo/noticia/o-pior-inimigo-da-cozinha-brasileira-chamase-alex-atala-1626319. Acesso em: 3/3/2014.

2. Rafael Garcia Santos, "Un presente incierto...". Disponível em: http://www.lomejordelagastronomia.com/editorial/un-presente-incierto-un-futuro-limitado-y-primero-o-despues-superiorsin-dudarlo-5. Acesso em: 28/2/2014.

3. Roberto Smeraldi, *Alquimistas na floresta*.

4. Josimar Melo, *Guia Josimar 2014*.

5. Italo Calvino, *Seis propostas para o próximo milênio*.

Bibliografia

ABBADE, Celina Márcia de Souza. "Notícia sobre o léxico relativo a três campos lexicais do primeiro manuscrito da cozinha portuguesa: *Livro de cozinha da infanta d. Maria*". Disponível em: http://www.filologia.org.br. Acesso em: 8/12/2011.

ABDALA, Monica Chaves. *Receita de mineiridade: a cozinha e a construção da imagem do mineiro*. Uberlândia: Edufu, 1997.

_____. "Sabores da tradição". *Revista do Arquivo Público Mineiro*, Belo Horizonte, n. 1, jul./dez. 2006, pp. 118-29.

AMADO, Paloma Jorge. *A comida baiana de Jorge Amado ou o livro de cozinha de Pedro Archanjo com as merendas de Dona Flor*. Rio de Janeiro: Record, 2003.

AMOROSO, Marta. *Conquista do paladar: os índios, o Império e as promessas da vida eterna*. Caxambu/MG, 19 a 23/10/1999. Trabalho apresentado no XXIII Encontro Anual da ANPOCS.

ANÔNIMO. "Roteiro do Maranhão a Goiás pela Capitania do Piauí". *Revista do Instituto Histórico e Geográfico Brasileiro*. Rio de Janeiro, Imprensa Nacional, v. 62, p. I, 1900, pp. 60-161.

ANÔNIMO. *Cozinheiro nacional: coleção das melhores receitas das cozinhas brasileira e europeias*. São Paulo: Ateliê Editorial/Senac, 2008.

AZEVEDO, Thales de. *Cultura e situação racial no Brasil*. Rio de Janeiro: Civilização Brasileira, 1966.

BACELAR, Jeferson. *Galegos no paraíso racial*. Salvador: Ianamá/CEAO/CED, 1994.

_____. "A comida dos baianos no sabor amargo de Vilhena". Manuscrito cedido ao autor e depois publicado em: *Afro-Ásia*, Salvador, Universidade Federal da Bahia/Centro de Estudos Afro-Orientais, n. 48, 2013, pp. 273-310.

_____. "Alimentando a cidade da Bahia". *Afro-Ásia*, Salvador, Universidade Federal da Bahia/Centro de Estudos Afro-Orientais, n. 42, 2010, pp. 253-8.

Disponível em: http://viverascidades.blogspot.com.br/2011/09/graham-bacelar-alimentando-cidade-da.html. Acesso em: 17/3/2014.

BACELAR, Jeferson; MOTT, Luiz. *A comida na Bahia: a alimentação "aristocrática" de um prisioneiro na Bahia no século 18*. Manuscrito, 2014.

BALANDIER, Georges. *Antropológicas*. São Paulo: Cultrix, 1976.

BALÉE, William. "Indigenous History and Amazonian Biodiversity: An Example from Maranhão, Brazil". In: STEEN, Harold K.; TUCKER, Richard P. (orgs.). *Changing Tropical Forest: Historical Perspectives on Today's Challenges in Central and South America*. Durham: Forest History Society, 1992.

BARBOSA, Lívia. "Feijão com arroz e arroz com feijão: o Brasil no prato dos brasileiros". *Horizontes Antropológicos*, Porto Alegre, ano 13, n. 28, jul./dez. de 2007, pp. 87-116.

BARBOSA, Lívia; GOMES, Laura Graziela. "Culinária de papel". *Estudos Históricos: Alimentação*. Rio de Janeiro, Fundação Getulio Vargas, v. 1, n. 33, jan./jun. 2004, pp. 3-23.

BARBOSA, Lívia; WILK, Richard. *Rice and Beans: A Unique Dish in a Hundred Places*. Nova York: Berg, 2012.

BASSO, Rafaela. *A cultura alimentar paulista: uma civilização do milho? (1650--1750)*. Campinas, 2012. Dissertação (Mestrado em História) — Instituto de Filosofia e Ciências Humanas, Unicamp.

BECKER, Karin. "'On ne dîne pas aussi luxueusement en province qu'a Paris, mais on y dîne mieux'. L'éloge ambivalent des cuisines régionales dans le roman français du XIXe siècle". In: HACHE-BISSETTE, Françoise; SAILLARD, Denis. *Gastronomie et identité culturelle française: Discours et représentations (XIXe-XXIe siècles)*. Paris: Nouveau Monde, 2009.

BELLUZZO, Rosa; ARROYO, Leonardo. *Arte da cozinha brasileira*. São Paulo: Unesp, 2013.

BELLUZZO, Rosa; HECK, Marina. *Cozinha dos imigrantes: memórias e receitas*. São Paulo: DBA, 1998.

BESOUCHET, Lídia. *Pedro II e o século 19*. Rio de Janeiro: Nova Fronteira, 1993.

BIOLCHINI, Ana Elisa; CHAUVEL, Marie Agnes. "Tribu gourmet: El marketing posmoderno y el significado del consumo". *Estud. Perspect. Tur.*, Buenos Aires, v. 19, n. 6, 2010, pp. 1.053-107.

BRILLATT-SAVARIN, Jean-Anthelme. *A fisiologia do gosto*. São Paulo: Companhia das Letras, 1995.

CALVINO, Italo. *Seis propostas para o próximo milênio*. São Paulo: Companhia das Letras, 2009.

CÂMARA CASCUDO, Luís da. *Dicionário do folclore brasileiro* (1954). Rio de Janeiro: Instituto Nacional do Livro, 1972.

_____. *História da alimentação no Brasil* (1967). Belo Horizonte/São Paulo: Itatiaia/Edusp, 1983.

CAPATTI, Alberto. *Il boccone immaginario: saggi di storia e letteratura gastronomica*. Bra: Slow Food, 2010.

CAPISTRANO DE ABREU, João. *Capítulos de história colonial (1500-1800) & Os caminhos antigos e o povoamento do Brasil*. Brasília: Editora Universidade de Brasília, 1963.

CASTELLÓ, Teresa Yturbide. *Presencia de la comida prehispanica*. México: Fomento Cultural Banamex, 1986.

CASTRO, Josué de. *Geografia da fome (o dilema brasileiro: pão ou aço)* (1946). Rio de Janeiro: Achiamé, 1980.

CAVALCANTE, Paulo B. *Frutas comestíveis da Amazônia*. Belém: Museu Paraense Emílio Goeldi, 1996.

CAVALCANTI, Maria Lecticia Monteiro. *Gilberto Freyre e as aventuras do paladar*. Recife: Fundação Gilberto Freyre, 2013.

CHRISTO, Maria Stella Libanio. *Fogão de lenha*. São Paulo: Vozes, 1977.

CSERGO, Julia. *Pot-au-Feu: convivial, familial — histoires d'un mythe*. Paris: Autrement, 1999.

CUNHA, Antonio Geraldo da. *Dicionário histórico das palavras portuguesas de origem tupi*. São Paulo: Melhoramentos, 1989.

CURNONSKY. *Cuisine et vins de France*. Paris: Larousse, 1953.

DELFOSSE, Claire. *La France fromagère (1850-1990)*. Paris: La boutique de l'Histoire, 2007.

DÓRIA, Carlos Alberto. *A culinária materialista: a construção racional do alimento e do prazer gastronômico*. São Paulo: Senac, 2009.

_____. *Ensaios enveredados*. São Paulo: Siciliano, 1991.

_____. *Estrelas no céu da boca*. São Paulo: Senac, 2006.

DÓRIA, Carlos Alberto; VIEIRA, Ima Célia Guimarães. "Iguarias da floresta". *Ciência Hoje*, v. 52, n. 310, dez. 2013, pp. 34-7.

DURKHEIM, Emile; MAUSS, Marcel. "Algumas formas primitivas de classificação" (1902). In: MAUSS, Marcel. *Ensaios de sociologia*. 2. ed. São Paulo: Perspectiva, 2013, pp. 399-455.

DUTRA, Rogéria Campos de Almeida. "Nação, região, cidadania: a construção das cozinhas regionais no projeto nacional brasileiro". *Campos. Revista de Antropologia Social*, Curitiba, v. 5, n. 1, 2004, pp. 93-110.

EMBRAPA. *Animais do Descobrimento*. Brasília: Embrapa, 2006.

_____. *Mandioca: o pão do Brasil*. Brasília: Embrapa, 2005.

ESCOFFIER, Auguste. *L'aide-mémoire culinaire*. Paris: Flammarion, 2006 (fac-símile).

_____. *Le guide culinaire* (1903). Paris: Flammarion, 1993.

_____. *Ma cuisine* (1934). Paris: Flammarion, 1997 (fac-símile).

_____. *Memories of my life*. Nova York: Van Nostrand Reinhold, 1997.

FAJANS, Jane. *Brazilian Food: Race, Class and Identity in Regional Cuisines.* Nova York: Berg, 2012.

FAUSTO, Carlos. *Os índios antes do Brasil.* Rio de Janeiro: Zahar, 2005.

FELIPPE, Gil. *Grãos e sementes.* São Paulo: Senac, 2007.

FERRÃO, José Mendes. *A aventura das plantas e os descobrimentos portugueses.* Lisboa: Fundação Berardo/ Fundação para a Ciência e a Tecnologia, 2005.

FERREIRA, José Luiz. *Gilberto Freyre e Câmara Cascudo: entre a tradição, o moderno e o regional.* Natal, 2008. Dissertação (Doutorado em Estudos da Linguagem) — Departamento de Letras, Centro de Ciências Humanas, Letras e Artes, Universidade Federal do Rio Grande do Norte.

FERREIRA, Marina Vianna; JANKOWSKY, Mayra. *Cozinha caiçara.* São Paulo: Terceiro Nome, 2009.

FRANCATELLI, Charles Elmé. *Um simples livro de culinária para as classes trabalhadoras* (1852). São Paulo: Angra, 2001.

FRANCO JR., Hilário. *Cocanha: A história de um país imaginário.* São Paulo: Companhia das Letras, 1998.

FREYRE, Gilberto. "O manifesto regionalista de 1926: vinte e cinco anos depois". In: *Manifesto regionalista de 1926.* Recife: Região, 1952.

_____. *Casa-grande & senzala* (1933). Rio de Janeiro: Record, 1998.

GAGNAIRE, Pierre; THIS, Hervé. *Cozinha: uma questão de amor, arte e técnica.* São Paulo: Senac, 2010.

GARNELO, Luiza (org.). *Comidas tradicionais indígenas do Alto Rio Negro.* Manaus: Fiocruz, 2009.

GOULART, José Alípio. *Brasil do boi e do couro.* Rio de Janeiro: Edições GRD, 1965, v. 1.

GRINGOIRE, Théodore; SAULNIER, Louis. *Le répertoire de la cuisine* (1923). Paris: Flammarion, 1986.

GUIMARÃES, Fábio de Macedo Soares. "Divisão regional do Brasil". Rio de Janeiro: IBGE, 1942. Disponível em: http://biblioteca.ibge.gov.br/visualizacao/ monografias/GEBIS%20-%20RJ/divisaoregionalbrasil.pdf. Acesso em: 3/7/2013.

HACHE-BISSETTE, Françoise; SAILLARD, Denis. *Gastronomie et identité culturelle française: Discours et représentations (XIXe-XXIe siècles).* Paris: Nouveau Monde, 2009.

HUBERT, Annie. "Nourritures du corps, nourritures de l'âme: Emotions, représentations, exploitations". 2006. Disponível em: http://www. lemangeur-ocha.com/wp-content/uploads/2012/05/ANNIE_HUBERT_ Nourriture_et__motions_0106.pdf. Acesso em: 25/2/2014.

IBGE. Pesquisas de Orçamentos Familiares (POF 2002-2003). Disponível em: http://www.ibge.gov.br/home/estatistica/populacao/condicaodevida/ pof/2002aquisicao/default.shtm. Acesso em: 13/3/2014.

_____. *Atlas das representações literárias de regiões brasileiras*. Rio de Janeiro: IBGE, 2006, 2 v.

JOÃO DANIEL (padre). *Tesouro descoberto no máximo rio Amazonas*. Rio de Janeiro: Contraponto, 2004, 2 v.

KATZ, Esther. "Alimentação indígena na América Latina: comida invisível, comida de pobres ou patrimônio culinário?". *Espaço Ameríndio*, Porto Alegre, v. 3, n. 1, 2009.

KERR, Warwick; CLEMENT, Charles R. "Práticas agrícolas de consequências genéticas que possibilitaram aos índios da Amazônia uma melhor adaptação às condições ecológicas da região". *Acta Amazônica*, Manaus, v. 10, n. 2, 1980, pp. 251-61.

KOPYTOF, Igor. "The Cultural Biography of Things: Commoditization as Process". In: APPADURAI, Arjun (org.). *The Social Life of Things*. Nova York: New School University, 1988.

LÉVI-STRAUSS, Claude. *A cor da pele influencia as ideias?*. São Paulo: Escola de Comunicação e Artes/USP, 1971 (apostila).

_____. *Antropologia estrutural II*. São Paulo: Cosac Naify, 2013.

_____. *O pensamento selvagem* (1962). 12. ed. São Paulo: Papirus, 2013.

_____. *O totemismo hoje* (1963). Lisboa: Edições 70, 1986.

_____. "Introdução". In: MAUSS, Marcel. *Sociologia e antropologia*. São Paulo: Cosac Naify, 2003.

_____. "Lo asado y lo hervido". In: KUPER, Jessica (org.). *La cocina de los antropólogos*. Barcelona: Tusquets, 1984.

LIMA, Jorge de. "Todos cantam sua terra". In: *Poesia completa*. Rio de Janeiro: Nova Fronteira, 1980, v. 2.

LIMA, Vivaldo da Costa. *A anatomia do acarajé e outros escritos*. Salvador: Corrupio, 2010.

MACHADO, Tais de Sant'Anna. *De dendê e baianidade: o mercado de restaurantes de comida baiana em Salvador*. Brasília, 2012. Tese (Mestrado em Sociologia) — SOL, UnB.

MAGALHÃES, Marcos Pereira. "Evolução e seleção cultural na Amazônia neotropical". *Amazônia: Ciência & Desenvolvimento*, Belém, v. 3, n. 5, jun./dez. 2007, pp. 93-112.

MALLMANN, Francis. *Sete fogos: churrasco ao estilo argentino*. São Paulo: Vergara & Riba, 2011.

MARCHESI, Gualtiero; VERCELLONI, Luca. *A mesa posta: história estética da cozinha*. São Paulo: Senac, 2001.

MARCONDES FILHO, Alexandre. *A nutrição do operário brasileiro*. Rio de Janeiro: Ridendo Castigat Moraes, 1943.

MARIANTE, Arthur da Silva. *Animais do descobrimento: raças domésticas da história do Brasil.* Brasília: Embrapa, 2006.

MARTINS, Uiara Maria Oliveira; TEIXEIRA BAPTISTA, Maria Manuel Rocha. "La herencia de la gastronomía portuguesa en Brasil como un producto del turismo cultural". *Estud. Perspect. Tur.*, Buenos Aires, v. 20, n. 2, 2011, pp. 404-24. Disponível em: http://www.scielo.org.ar/pdf/eypt/v20n2/v20n2a08.pdf. Acesso em: 17/3/2014.

MAUSS, Marcel. "As técnicas do corpo". In: *Sociologia e antropologia.* São Paulo: Cosac Naify, 2003.

MEILLASSOUX, Claude. *The Anthropology of Slavery: The Womb of Iron and Gold.* Londres: The Athalone Press, 1991.

MELLO, Evaldo Cabral de. "Nas fronteiras do paladar". *Folha de S.Paulo,* 28/5/2000, Mais!, pp. 5-10.

MELO, Josimar. *Guia Josimar 2014.* São Paulo: DBA, 2013.

MODESTO, Maria de Lourdes. *Cozinha tradicional portuguesa.* Lisboa/São Paulo: Verbo, 1986.

MONTALBÁN, Manuel Vázquez. *Contra los gourmets.* Barcelona: Mondadori, 2001.

MONTANARI, Massimo; PITTE, Jean-Robert. *Les frontières alimentaires.* Paris: CNRS Éditions, 2009.

MORAES, Luciana Patrícia de. *Cada comida no seu tacho: ascensão das culinárias típicas regionais como produto turístico — o Guia Quatro Rodas Brasil e os casos de Minas Gerais e Paraná (1966-2000).* Curitiba, 2011. Tese (Doutorado em História) — Setor de Ciências Humanas, Letras e Artes, Universidade Federal do Paraná.

MORI, Koichi. "As condições de aceitação da culinária japonesa na cidade de São Paulo: por que os brasileiros começaram a apreciar a culinária japonesa?". *Estudos Japoneses,* Centro de Estudos Japoneses, USP, n. 23, 2003, pp. 7-22.

NABUCO, Joaquim. *Minha formação.* São Paulo: Instituto Progresso Editorial, 1949.

NINA RODRIGUES, Raimundo. *Os africanos no Brasil* (1932). Disponível em: http://www.capoeiravadiacao.org/attachments/382_Os%20africanos%20no%20Brasil%20-%20Raymundo%20Nina%20Rodrigues.pdf. Acesso em: 2/3/2014.

NOLA, Ruperto de. *Libro de cozina* (1525). Burriana: Ediciones Historico--Artisticas, 1989 (fac-símile).

NORTON, Marcy. *Sacred Gifts, Profane Pleasures: A History of Tobacco and Chocolate in the Atlantic World.* Ithaca: Cornell University Press, 2008.

_____. "Chocolate para el imperio: la interiorización europea de la estetica mesoamericana". *Revista de Estudios Sociales,* Bogotá, n. 29, abr. 2008, pp. 42-69.

ORTIZ, Fernando. *Contrapunteo cubano del tabaco y el azucar.* Barcelona: Editorial Ariel, 1973.

PAPAVERO, Claude G. "Dos feijões à feijoada: a transformação de um gênero comestível pouco apreciado em mantimento básico brasileiro". Trabalho apresentado na 26ª Reunião Brasileira de Antropologia realizada entre 1º e 4/6/2008 em Porto Seguro, Bahia, Brasil. Disponível em: http://www.abant. org.br/conteudo/ANAIS/CD_ Virtual_26_RBA/grupos_de_trabalho/trabalhos/GT%2027/claude%20 papavero.pdf. Acesso em: 15/8/2013.

PEREIRA, Huascar. *Pequena contribuição para um diccionário das plantas úteis do Estado de São Paulo (indígenas e aclimatadas)*. São Paulo: Typographia Brasil de Rothschild & Co., 1929.

PINTO E SILVA, Paula (org.). *Arte de cozinha de Domingos Rodrigues (1680)*. Rio de Janeiro: Senac, 2008.

_____. *Farinha, feijão e carne-seca: um tripé culinário no Brasil colonial*. São Paulo: Senac, 2005.

_____ *Papagaio cozido com arroz: livros de cozinha e receitas culinárias no Rio de Janeiro do século 19*. São Paulo, 2007. Tese (Doutorado em Antropologia), Faculdade de Filosofia, Letras e Ciências Humanas, USP.

PITT-RIVERS, Julian; PERISTIANY, J. G. (orgs.). *Honor y gracia*. Madri: Alianza Editorial, 1992.

PIVETTA, Marcos. "A luz que o homem branco apagou". *Pesquisa FAPESP*. São Paulo, ed. 92, out. 2003, pp. 82-7.

POLLAN, Michael. *Em defesa da comida*. Tradução de Adalgisa Campos da Silva. Rio de Janeiro: Intrínseca, 2008.

POMPEU, Renato. *A dialética da feijoada*. São Paulo: Vértice, 1986.

POULAIN, Jean-Pierre (org.). *Dictionnaire des cultures alimentaires*. Paris: PUF, 2012.

QUERINO, Manuel. *A arte culinária na Bahia*. Salvador: Papelaria Brasil, 1928.

REIS SENA, Marcus et alii. "Envolvimento de agricultores no processo seletivo de novas linhagens de feijoeiro". *Ciência Agrotécnica*, Lavras, v. 32, n. 2, mar./ abr. 2008, pp. 407-12.

RENAN, Ernest. "Qu'est-ce qu'une Nation?". In: *Qu'est-ce qu'une Nation? et autres écrits politiques* (1882). Paris: Imprimerie Nationale, 1996.

REVEL, Jean-François. *Um banquete de palavras: uma história da sensibilidade gastronômica*. São Paulo: Companhia das Letras, 1996.

RIBEIRO, Darcy. *Os índios e a civilização: a integração das populações indígenas no Brasil moderno*. São Paulo: Companhia das Letras, 1996.

ROCHA, Tião. "O sabor de Minas Gerais". *Revista Textos do Brasil*, Brasília, MRE, n. 13, pp. 78-93. Disponível em: http://dc.itamaraty.gov.br/imagens-e-textos/ revista-textos-do-brasil/portugues/revista13-mat12.pdf. Acesso em: 30/4/2013.

ROMERO, Sílvio. *Estudos sobre a poesia popular do Brasil*. Rio de Janeiro: Laemmert & Cia., 1888.

_____. *História da literatura brasileira* (1888). Rio de Janeiro: Livraria José Olympio Editora, 1943, tomo I.

SABBAN, Françoise. "Manger et cuisiner en Chine". Disponível em: http://www.clio.fr/BIBLIOTHEQUE/Manger_et_cuisiner_en_Chine.asp. Acesso em: 29/12/2013.

SABBAN, Françoise; SERVENTI, Silvano. *Pasta: The Story of a Universal Food*. Nova York: Columbia University Press, 2002.

SACCHETA, Vladimir. *À mesa com Monteiro Lobato*. São Paulo: Senac, 2008.

SAINT MAUR, Quentin Greenen de. *Muito prazer, Brasil: variações contemporâneas da cozinha regional brasileira*. São Paulo: A & A Comunicação, 2002.

SALOMÃO, Rafael de Paiva; ROSA, Nélson Araújo. "Pau-cravo: droga do sertão em risco de extinção". *Ciência Hoje*, v. 49, n. 289, jan. 2012, pp. 46-50.

SAMPAIO, Alberto José de. *A alimentação sertaneja e do interior da Amazônia*. Rio de Janeiro: Companhia Editora Nacional, 1944.

SCHWARTZ, Stuart B. *Segredos internos: engenhos e escravos na sociedade colonial*. São Paulo: Companhia das Letras, 2005.

SERT WELSCH, Francisco de (conde). *El goloso: una historia europea de la buena mesa*. Madri: Alianza Editorial, 2009.

SILVA, Kalina Vanderlei. *Nas solidões vastas e assustadoras: a conquista do sertão de Pernambuco pelas vilas açucareiras nos séculos 17 e 18*. Recife: Companhia Editora de Pernambuco, 2010.

SMERALDI, Roberto. *Alquimistas na floresta*. São Paulo: Amigos da Terra, 2005.

STEFANI, Bartolomeo. *L'arte di ben cucinare, et instruire i men periti in questa lodevole professione* (1662). Mântua: Cassa Rurale ed Artigiana di Castel Goffredo, 1991.

STRADELLI, Ermano. "Vocabulário da língua geral portuguesa-nhengatú e nhengatú-portuguesa, precedido de um esboço de Gramática nhengatú-sauá mirim e seguido de contos em língua geral nhengatú poramduba, pelo conde...". *Revista do Instituto Histórico e Geographico Brasileiro*, Rio de Janeiro, t. 104, v. 159, 1929.

SUASSUNA, Ana Rita Dantas. *Gastronomia sertaneja: receitas que contam histórias*. São Paulo: Melhoramentos, 2010.

SUDBRACK, Roberta. *Eu sou do camarão ensopadinho com chuchu*. São Paulo: Tapioca, 2013.

TEIXEIRA, Dante Martins; PAPAVERO, Nelson; MONNÉ, Miguel Angel. "Insetos em presépios e as 'formigas vestidas' de Jules Martin (1832-1906): uma curiosa manufatura paulistana do final do século 19". *Anais do Museu Paulista*, São Paulo, v. 16, n. 2, jul./dez 2008, pp. 101-23.

THIS, Hervé; GAGNAIRE, Pierre. *La cuisine c'est de l'amour, de l'art, de la technique*. Paris: Odile Jacob, 2006. [ed. bras. *Cozinha: uma questão de amor, arte e técnica*. São Paulo: Senac, 2010].

TILLY, Charles. *Coerción, capital y Estados europeus, 990-1990*. Madri: Alianza Editorial, 1992.

TOLLENARE, L.-F. de. *Notas dominicais*. Salvador: Livraria Progresso, 1956.

TOSCANO, Frederico de Oliveira. *À francesa: sociabilidades e práticas alimentares no Recife (1900-1930)*. Recife, 2013. Dissertação (Mestrado em História) — Departamento de História, Centro de Filosofia e Ciências Humanas, Universidade Federal de Pernambuco.

TRUBEK, Amy B. *Haute Cuisine: How the French Invented the Culinary Profession*. Filadélfia: University of Pennsylvania Press, 2000.

VASCONCELOS, Francisco de Assis Guedes de. "Fome, eugenia e constituição do campo da nutrição em Pernambuco: uma análise de Gilberto Freyre, Josué de Castro e Nelson Chaves". *História, Ciências, Saúde*, Manguinhos, v. VIII, n. 2, jul./ago. 2001, pp. 315-9.

VELDEN, Felipe Ferreira Vander. "As galinhas incontáveis: tupis, europeus e aves domésticas na conquista no Brasil". Departamento de Antropologia, Instituto de Filosofia e Ciências Humanas, Unicamp. Disponível em: http://www.ifch.unicamp.br/ihb/HS18-11textos/FelipeVV.pdf. Acesso em: 4/3/2014.

VIANA, Fabiana Paixão. *Menus dos trabalhadores urbanos: estudo de caso do Calabar da Ezequiel Pondé*. Salvador, 2012. Tese (Mestrado em Estudos Étnicos e Africanos), Centro de Estudos Afro-Orientais, Universidade Federal da Bahia.

VIANNA, Hildegardes. *A cozinha baiana: seu folclore e suas receitas*. Salvador: Fundação Gonçalo Muniz, 1955.

VIGNE, Jean-Denis. *Les débuts de l' élevage*. Paris: Le Pommier/Cité des sciences et de l'industrie, 2004.

VILHENA, Luís dos Santos. *A Bahia no século 18*. Salvador: Itapuã, 1969.

WOORTMANN, Klaas. "Quente, frio e reimoso: alimentos, corpo humano e pessoas". *Caderno Espaço Feminino*, v. 19, n. 1, jan./jul. 2008, pp. 17-30.

Índice remissivo

abacate, 35
abacaxi, 58, 63, 101, 127
abará, 72, 74, 170
Abdala, Monica, 156, 241
abio, 63
abóbora, 105, 127, 172: doce de, 105
Abolição, 44, 50, 71-2, 74, 78, 165
abricó-do-pará, 53, 96
acaçá, 72, 74
açafrão, 54
açaí, 36, 39, 160, 231
acarajé, 72, 74, 92, 156, 160, 170, 172
acompanhamentos, 111, 128-9, 230
açordas, 56, 125, 128
açúcar, 23, 35, 39, 41, 47, 52, 54-5, 58, 65-6, 70, 73, 77, 84, 115, 121, 123, 126, 147-8, 151, 153, 175, 228, 241
Acurio, Gastón, 232-3
Adrià, Ferran, 89, 101, 141-2, 188, 191, 199, 228, 234
agraço, 54
água de cheiro, 54-5
água de flor, 55, 123
aguardente, 65, 66
aipim, 132
álcool, 55
Alexandre Herculano, 58
alfenim, 84
alho, 52, 54, 127, 172, 174, 188, 193
Almeida Júnior, José Ferraz de, 236
almíscar, 55
alta cozinha, 31, 104, 112, 204-5
aluá, 74, 84
Amado, Jorge, 18, 200-3, 207

Amado, Paloma Jorge, 202
Amaral, Tarsila do, 38
amêndoas, 55
amendoim, 22, 61, 67-8, 87, 95-6, 185, 202
amidos, 61, 76, 119-20, 127, 133
Amoroso, Marta, 65
ananás, 67
Andrade, Mário de, 37, 47, 150, 175
Andrade, Oswald de, 37, 175
angu, 128, 131-2, 157
Anna Kariênina (Tolstói), 138
Annual Report of the Universal Food and Cookery Association, 205
Antonina, barão de, 65-6
antropologia, 15, 42, 59, 159
aperitivos, 111
"Aquarela do Brasil" (Barroso), 16, 24
araçapeba, 63
araruta, 95
ariá, 63
Aristóteles, 112, 115
arroz, 53, 74, 76-7, 86-7, 123, 157, 165, 167, 172, 174, 215: com feijão, 17, 25, 105, 164-8, 172, 186, 226; com pequi, 156, 161; de aussá, 241; de coco, 74; de suã, 191-2; pão de ló de, 74; pó de, 77, 125, 156
Arte de cozinha (Rodrigues), 56
arte di ben cucinare, L' (Stefani), 30
artesanato, 224
asador, 117
assados, 45, 55, 58, 112, 115, 120-2, 124, 132, 157-8
Atala, Alex, 186, 244

254

aves, 43, 63-4, 66, 85, 112, 132: silvestres, 64, 112
azeite, 55, 155, 170: cozinha de, 76, 78, 113, 201-2
baba de moça, 228
babaçu, 95
bacalhau, 125, 190: pil-pil, 188
Bacelar, Jeferson, 16, 76
baião de dois, 25, 129, 133, 156, 166, 222
Balandier, Georges, 203
Balzac, Honoré de, 138
banana, 53, 58, 127: pacovã, 127, 175, 188
bananeira, 63: folhas de, 56, 122, 124, 129
banha, 106, 127, 223
Barbosa, Lívia, 25
Barros Lima, Rubens de, 44
Barroso, Ary, 16, 24
baru, 108
batata, 22, 83, 85, 116, 188: -doce, 25, 61, 63, 67-8, 77, 185
batiputá, 96
bazófias cozidas à brasileira, 58-9
beiju, 84, 122-5, 129, 132
Bernhardt, Sarah, 207
Besouchet, Lídia, 58
"Beyond Rice Neutrality: Beans as Patria, Locus and Domus in the Brazilian Culinary Sistem" (Dória), 17
bife, 215: acebolado, 105; "alla parmegiana", 89
biribá, 63
biscoitos, 87, 122
Bixa orellana, 173
Blumenthal, Heston, 89
Boas, Franz, 149
bobó, 72, 125
Bocuse, Paul, 139
bode, 85-6, 145
bolachas, 177
bolo, 23, 87, 90, 122: assado, 129; de rolo, 244
"bomba de neve à brasileira", 57
borregos, 55
Bottura, Massimo, 219, 228
bouillon (caldo), 31
Brasil a Gosto (restaurante), 224
brasilidade, 16, 96, 106-7, 175, 186-7, 194, 231
Brazilian Food: Race, Class and Identity in Regional Cuisines (Fajans), 159
brigadeiro, 15

Brillat-Savarin, Jean Anthelme, 9, 31, 201
buchada, 86
buillies, 119
caboclo, alimentação do, 73, 97, 167, 175, 177, 186
cabra, 85
Cabral de Mello, Evaldo, 123-4
Cabral, Pedro Álvares, 64
cabrito, 86, 145
caça, 39, 52, 84, 87, 97, 112, 124, 172, 185, 198
cacau, 63, 101
cachaça, 126, 174
Cadernos Pagu (revista), 18
café, 22, 34, 79, 81, 87, 158
caju, 10, 58, 63, 67, 96, 101
caldeirão, 117
caldos, 56, 59, 119-20, 126, 128, 132-3
Calvino, Italo, 225, 234
Câmara Cascudo, Luís da, 17, 22, 41-3, 48, 55, 113, 126-9, 148, 150-4, 161, 175, 187, 227, 239-41
camboeiro, 84
Caminha, Pero Vaz de, 37, 64, 237
cana-de-açúcar, 73-4, 79, 84: roletes de, 74
candomblé, 74-6, 78, 165, 201
canela, 54, 58, 96, 101, 193, 201
canjica, 74, 84, 131-2
capão, 132
Capistrano de Abreu, 79
Capitania de São Vicente, 81, 129, 239
cará, 10, 63, 77
carambola, 53
caranguejos, 231
carboidratos, 62, 76
Carême, Antonin, 31, 57, 109, 112, 119, 199, 204, 209
carnaúba, 101
carne, 39, 43, 49, 54, 58, 72, 83-4, 94, 97, 100, 112-3, 119-20, 124-5, 127, 175: bovina, 50, 66, 88; de baleia, 74; de bode, 85; de cabrito, 55; de carneiro, 55, 86, 112; de jacaré, 231; de paca, 231; de porco, 36, 50, 55, 66, 86, 112, 157, 193; moqueada, 125; nobre, 145; paçoca de, 84; -seca, 49, 74, 87, 129, 157, 166, 172, 175
carurus, 74
Casa-grande & senzala (Freyre), 37, 71, 175

castanhas, 67: -do-pará, 96, 101;
   portuguesas, 58
Castro, Josué de, 71, 241
Castro, Júlio Amando de, 64
cebola, 52, 54, 127, 172, 174, 188, 193
cebolinha, 173, 179
Centro de Cultura Culinária Câmara
   Cascudo, 18
cerveja, 35
ceviche, 116
charque, 193
chefs, 16, 25, 90-2, 104, 106-9, 112, 139-40,
   187, 190, 199, 214, 217-9, 221, 223-5, 228,
   232-3
chibé, 126, 131
chocolate, 121, 239: e pequi, 225; musse
   de, 114
chope, 35
Christo, Maria Stella Libanio, 87
chuchu, 53
churrascarias, 105
churrasco, 48, 56, 113, 176: gaúcho, 24, 156
churrasqueira, 117
cidrão, 58
Ciência Hoje (revista), 238
cigarros, 65
coalhada, 85, 87
coco, 53, 74, 84, 93, 145, 202, 212, 228: bala
   de, 212, 228
coentro, 52-4, 145, 173, 179
colorau, 173, 179
comensalidade, 229-30
comida de santo, 201
cominho, 54, 193
"Como morrem os mitos" (Lévi-Strauss), 135
compotas, 23, 55, 112
confrarias religiosas, 74
Conseil National des Arts Culinaires —
   CNAC, 140, 160
conserva, 54, 125, 240: de frutas, 55
consommé, 119
Corção, Tereza, 219
couve, 53, 157, 158, 174
cozidos, 48, 55, 56, 58, 118-22, 142, 166, 226
cozinha: açoriana, 40; afrancesamento da,
   22, 57, 59, 143; africana, 22, 27, 39-41, 72,
   74-5, 77, 152; alemã, 32; amazônica, 93,
   186; árabe, 104, 158, 180, 220; baiana, 39,
   76, 135, 170, 202; brasileira, 9, 11, 13, 15-9,
   21-3, 25, 27, 30, 32, 36, 39-43, 46, 48, 51,
   55, 58-9, 63, 68-9, 71-2, 78, 84, 87-9, 94,
96, 102-3, 105-7, 109, 111, 113-4, 120-1,
131, 133, 136, 139, 152, 164, 166, 168, 177-8,
186, 188-9, 217-23, 226-7, 229-30, 233-4;
burguesa, 31, 33, 214; caipira, 64, 88,
94, 98, 100, 159, 220; caseira, 160, 191;
chinesa, 164, 179, 220, 230; coreana,
34; da costa, 93; das avós, 214, 220;
de azeite, 76, 78, 113, 201-2; de
ingredientes, 19, 27, 67, 88, 90, 92, 186,
191, 228; de potaria, 22, 118-9; de santos,
93, 165, 201; do açúcar, 153; espanhola,
10, 51, 105, 142, 188; feminina, 18, 200,
207-9, 214-5; francesa, 15, 16, 30-1, 34,
104, 112-4, 133, 136, 138-40, 180, 189,
198, 204-5, 220; indiana, 32; indígena,
27, 39, 40-1, 52, 56, 59, 63, 66, 68, 91,
114, 118, 121-3, 125, 152, 168, 186, 239;
internacional, 30, 32-4, 104-5, 107, 217,
219; inzoneira, 16, 24, 45; italiana, 15,
104, 116, 180, 220; japonesa, 104-5, 180,
191, 220, 230; livros de, 22-3, 113, 197;
marroquina, 32; mexicana, 33; mineira,
39, 87-8, 113, 133, 156-7, 160, 191, 222;
moderna, 18, 19, 23, 30, 41, 52, 100, 108-9,
191, 203-4, 219-20, 230; "nacional", 23,
25, 27, 33, 37, 41, 48, 78, 100, 106, 138,
148, 227, 231, 234; negra, 40, 71, 78;
nordestina, 39, 84, 93, 145, 171, 222;
popular, 15, 35, 46, 77-8, 84, 89, 97, 104,
128, 141-3, 187-91, 226; portuguesa, 22,
23, 27, 40, 56, 57, 94, 104, 118, 124, 152,
212; reapresentação moderna da,
222; regional, 17, 136, 138-40, 159, 161,
179, 220; renovada, 225-6, 230, 233;
sertaneja, 84; tailandesa, 34, 190;
. tendências modernas da, 220
Cozinheiro nacional (anônimo), 30, 43, 44,
112-3, 133
cravo-da-índia, 101
creme chantili, 114
creperia, 105, 220
Croze, Austin de, 139
crustáceos, 112
Cruz, Oswaldo, 44
Cruzeiro, O (revista), 153
Csergo, Julia, 119
cubanos, 35
Cuisine et vins de France (Curnonsky), 139
cuisinier moderne, Le (La Chapelle), 56
cumaru, 96
Cunha, Euclides da, 79

cupuaçu, 63, 101
curaçao holandês, 58
curau, 122, 129, 133
Curnonsky, ver Sailland, Maurice Edmond
cuscuz, 25, 67, 87, 122: africano, 129;
    brasileiro, 232; de milho, 84, 86, 94, 129,
    232; marroquino, 35, 232; paulista, 129,
    133, 244

D'Azeglio, Massimo, 29
Daguin, André, 139
Dalva & Dito (restaurante), 225
Darroze, Hélène, 139
Darwin, Charles, 69, 115
Debret, Jean-Baptiste, 33, 175
defumação, 114, 239
dendê, 53-4, 77, 92-3, 97, 155
Denominações de Origem Controlada —
    DOCs, 136, 140-1
Descent of Man, The (Darwin), 69
doce/doçaria, 55, 70, 74, 77, 87, 112-3, 150,
    177, 207: conventual, 23, 55
DOM (restaurante), 224-5
Dona Benta: comer bem, 44, 242
Dona Flor e seus dois maridos (Amado),
    201-2, 243
Dona Lucinha (restaurante), 222
Duarte, Dom, 54

Echaurren (restaurante), 218
ecuru, 170
El Bulli (restaurante), 191, 217
empadas/empadões, 56, 120
empanados, 55, 120
Engenho Mocotó (laboratório), 229
enologia, 234
"Enraizamentos da cozinha brasileira"
    (Dória), 15
ensopados, 22, 56, 86, 127
entradas, 111
Épice (restaurante), 224
erva: de cheiro, 54; -mate, 24, 94-5, 145
Escoffier, Auguste, 18, 57, 104, 112, 119,
    203-7, 209, 211, 243
escondidinho, 187
Esquina Mocotó (restaurante), 219, 224

Fajans, Jane, 159
farinha, 49, 58, 67, 72-3, 77, 83-5, 87, 90,
    122-3, 126-9, 131, 166, 169, 212, 232,
    240: carimã, 123, 126-7, 131, 239; de

mandioca, 124-7, 130-1, 133, 165-6,
    172-3, 175, 185, 189, 191, 212, 239; de
    milho, 35, 52, 56, 66, 83, 111, 120, 122,
    126-9, 131, 133, 185, 191; de tapioca, 229;
    de trigo, 56, 122, 124; puba, 126, 239;
    seca (ou de pau), 117, 123, 127, 129, 133
Farnésio, Alexandre [duque de Parma], 54
farofa, 10, 63, 87, 111, 113, 129, 132, 157
fast food, 104-6, 220-1, 230
favas, 169, 242
Febvre, Lucien, 197
feijão, 17, 25, 49, 51, 66, 74, 77, 84, 87, 95,
    105, 128-9, 157, 163-75, 177-82, 186,
    193, 215, 226, 241-2, 251: -bongalon,
    170; -canapu, 171; -caupi, 170; -cavalo,
    178; -de-corda, 168, 170, 178; -de-lima,
    169; -escarlate-trepador, 169; -flor,
    169; -fradinho, 170-2, 177; -gordo, 172-4;
    -guando (andu), 168; -magro, 172-4;
    -"manteiguinha de Santarém", 178;
    -miúdo, 170; -mouro, 178; -preto, 170-8;
    -rajado, 170-2; -tropeiro, 49, 129, 157
feijoada, 45, 48, 50-1, 105, 113, 172-6, 178,
    180, 222, 230
Felippe, Gil, 169
Ferreira, José Luiz, 149-51, 237
fervido, 119, 121
Festival Ver-o-Peso da Culinária Paraense,
    102
figo, 53
filé-mignon, 190
Filipe II, 137
fin des paysans, La (Mendras), 140
fisiologia do gosto, A (Savarin), 9, 201
Flaubert, Gustave, 138
Fogão de lenha (Christo), 87
foie gras, 224
Fonseca, Hermes da, 147
formigas, 63, 186
forno, 22, 58, 212: de barro, 117; romano,
    55-6, 236
Francatelli, Charles Elmé, 200, 205
Franco, Francisco, 141
frango, 86, 94, 98, 157-8, 213
Freyre, Gilberto, 17, 37-41, 47, 55, 71-2, 87-8,
    146-55, 161, 175, 253
fruta, 52, 55, 58, 63, 67, 83, 93, 96, 122,
    126-7, 131, 189, 191, 238: -do-conde, 53;
    -pão, 52, 53, 96, 125
Frutas comestíveis da Amazônia
    (Cavalcante), 53

frutos do mar, 93, 188
fubá, 87, 131, 133, 157, 173
fumo, 66

Gabriela, cravo e canela (Amado), 201
gado, 66, 83, 84, 121-2, 129, 166
galinha, 37, 64, 86-7, 132, 158, 172: ao molho pardo, 158; -d'angola, 85-6
galinhada com pequi, 161
Gandavo, Pero de Magalhães, 123
garapa, 84
Garcia d'Ávila, família, 80-1
Garcia d'Orta, família, 52
garrafadas, 115
gengibre, 54, 202
Geografia da fome (Castro), 71
gergelim, 53
goiaba, 95
Gonçalves Dias, Antônio, 58
Gonzaga, Ottavio [marquês de Mântua], 30
gordura, 49, 50, 87, 100, 119, 223
Grand Hotel du Matta, 57
graviola, 53
guaraná, 95-6, 101
guarnições, 112
Guedes de Brito, família, 80-1
Guia Josimar Melo, 15, 222
Guia Michelin, 139, 154
Guia Quatro Rodas, 154, 158-9, 272
Guimarães Rosa, João, 79
guisados, 22, 56, 150

Henrique IV, 137, 198
História da alimentação no Brasil (Câmara Cascudo), 41, 53, 152, 227
hors-d'oeuvres, 112
hortelã, 54
hospitalidade, 55, 229-30
Hotel João da Matta, 57
Hubert, Annie, 197-8
humulucu, 170

indaiá-açu ou catulé, 96
indígenas, 21-2, 27, 32, 35, 46-8, 60-8, 75, 81, 92, 102, 108, 113, 123, 127, 155, 158-9
índios e a civilização, Os (Ribeiro), 60
infernillo, 117
inhame, 25, 53, 74, 77
insetos, 63, 67, 185
integradores culinários, 52

iquiriba ou embiriba, 96
Isabel, Princesa, 57
Itanhaém, visconde de, 58

jabuticaba, 95-6, 225
jaca, 52, 58, 96
jacaré, 231
jacuba, 126-7, 131
jambo, 58
jambu, 36, 186, 191
jatobá, 53
jenipapo, 95
jerimum, 85
jiló, 95, 105
Jiquitaia (restaurante), 223
João III, dom, 54
João V, dom, 56
juçara, 95

Katz, Esther, 181
Kerr, Warwick, 62

La Chapelle, Vincent, 56
laranja, 54, 58, 123, 174
larvas, 185
Le Goff, Jacques, 42
legumes, 84-7, 94, 112, 119, 120, 126, 157, 172
leite, 54, 83, 85, 87, 90, 123, 127, 133, 202: de coco, 93
leitoa pururuca, 157
Léry, Jean de, 64
Leuchtenberg, Amélia de, 33
Lévi-Strauss, Claude, 116, 135, 180, 209
Libro de cozina (Nola), 204
Lima, Jorge de, 38
limão, 54, 126, 174
Lineu, 112, 115
linguiça, 156, 158
literatura culinária, 87, 199, 204, 209, 212
Livro de cozinha da infanta d. Maria, 54, 118, 120, 236
locavorismo, 90, 191
louro, 172, 174
Luís XIV, 137, 203

Ma cuisine (Escoffier), 205
macadâmia, 53
macarronada, 47-8
macaxeira, 25
Macunaíma (Andrade), 47
maionese, 114, 211

maisena, 127, 131
Mallmann, Francis, 117
mamão, 95
mamíferos, 43, 63, 98
mandioca, 52, 56, 61-3, 66-8, 72-3, 76, 83-4, 86, 91, 93, 96, 101, 108, 111, 113-4, 120, 122-7, 129-30, 132-3, 160, 165-7, 173, 175, 185, 212, 236, 239, 242
manga, 52-3, 53
mangaba, 95
mangarito, 108
Maní (restaurante), 11, 224-5
Manifesto regionalista (Freyre), 39, 41, 87, 147, 151, 154
manteiga, 55
Manuel, dom, 54
mãos-de-vaca, 74
mapati, 63
Marcondes Filho, Alexandre, 144
marmelos, 55
marmita, 119, 121
marrasquino de Zara, 58
massa folhada, 57
mate, ver erva-mate
matérias-primas, 23, 31, 35, 54, 60, 63, 68, 85, 91, 137, 156, 221, 229, 231
Matta, João da, 57, 58
Maupassant, Guy de, 138
Maurras, Charles, 149
Mauss, Marcel, 208-10, 213
maxixe, 95, 172
mel, 55, 74, 83-4, 87, 126, 241
melancia, 53
melão, 58
Melba, Nellie, 207
Melo Neto, João Cabral de, 163
Melo, Josimar, 15, 222
Mendras, Henri, 140
meninico, 87
"menus degustação", 217, 219
Mercier, Julien, 229
merluza, 188
micro-ondas, 229
migas, 56
milho, 11, 22, 35, 49, 56, 62, 65-8, 74, 76, 83-4, 86-7, 93-4, 122, 129-30, 132-3, 156, 158, 185, 188, 193, 232: verde, 45, 83, 84, 133, 157, 239,
mingau, 74, 87, 111, 126-8, 131-2: de milho, 74, 77, 133
miúdos, 86, 87, 190

mocotó, 74, 86, 222
Mocotó (restaurante), 11, 223
Modesto, Maria de Lourdes, 212
molhos, 56, 112, 114, 119
Montalbán, Manuel Vázquez, 141-3
Montefalco, Pacífico de, 66
Monteiro Lobato, José Bento, 44-5, 159
Montespan, madame de, 203
moqueca, 45, 56, 92, 113, 115, 122, 125, 145, 202, 222
moquém, 56, 67, 114, 124, 129, 239
Moraes, Luciana Patrícia de, 159
morte e a morte de Quincas Berro d'Água, A (Amado), 202
mostarda, 54
mujica, 125

nabo, 77, 132
Nabuco, Joaquim, 38
Navegador, O (restaurante), 219
Nina Rodrigues, Raimundo, 69, 77, 156
Noma (restaurante), 191
Norton, Marcy, 121, 239
nouvelle cuisine, 104, 109, 139-40, 142, 230
noz, 55
nutricionismo, 26

Ofélia, 209
Oliveira, Rodrigo, 11, 187, 219, 229
ora-pro-nóbis, 191
orégano, 54
Organização para a Cooperação do Desenvolvimento Econômico — OCDE, 141, 163
Ortiz, Fernando, 77
Osteria Francescana, 219
ouricuri, 87
ovelha, 86, 145
ovinos, 52, 85, 99-100
ovo, 54-5, 64, 113, 116, 132, 172, 215

paca, 97, 231
paçoca, 84, 122, 127, 129, 132-3, 157, 240
Pacojet, 228
Padre Cícero, 147
paio, 50
país do carnaval, O (Amado), 201
pamonha, 45, 74, 84, 122, 129
Pancs, ver Plantas alimentícias não convencionais
panelada, 86-7

259

Paniego, Francis, 218-9
pão, 56, 74, 77, 118-20, 122, 124-5, 132-3,
   156: da terra, 56, 67, 120, 124, 129; de
   ló, 212; de queijo mineiro, 91; pudim
   à brasileira, 58
*Papagaio cozido com arroz: livros de
   cozinha e receitas culinárias no Rio
   de Janeiro do século 19* (Pinto e Silva),
   236, 240, 242
papas, 74, 87, 126, 128
Papavero, Claude, 49-50
Papavero, Nelson, 236
passas, 58
pastelões, 55-6
patês, 112
pau-cravo, 101
Pedro I, dom, 33
Pedro II, dom, 57, 149
peixe, 39, 43, 49, 87, 93, 112, 123-4, 128, 172,
   185, 190, 193, 231: moqueado, 125
*Pequena contribuição para um diccionário
   das plantas úteis do Estado de São
   Paulo* (Pereira), 238, 242
pequi, 62, 92, 94, 156, 161, 186, 225
perdiz, 97, 132
Pereira, Huascar, 238
peru, 112
pesca, 52, 124, 227
pêssego, 58, 207
PF (prato feito), 166
picadinho, 45, 122
pimenta, 54, 58, 74, 77, 86, 145, 160, 202:
   -do-reino, 127, 193
pimentões, 188
pinhão, 55, 94
Pinto e Silva, Paula, 56, 59, 131-2, 174
piquiá, 92, 161
pirão, 58, 86, 123-4, 126, 128-9, 132, 165, 240
pirarucu, 190
pitanga, 95
Pitt-Rivers, Julian, 203
pizza, 48
*Plain Cookery Book for the Working Class,
   A* (Francatelli), 200
Plantas Alimentícias Não Convencionais —
   Pancs, 19, 100, 192
polenta, 25, 128, 131
Pompeu, Renato, 174, 176
porco, 36, 52, 55, 86, 94, 100, 106, 112-3, 157,
   172-3, 188, 190, 193, 223: -do-mato, 97;
   lombo de, 158, 190

potaria, 22, 118-9
pot-au-feu, 31, 119
Poulain, Jean-Pierre, 137, 139-40, 160
poule au pot ou *Première cause du bonheur
   public, La* (anônimo), 31
práticas artesanais, defesa das, 232
pratos típicos, 104, 154-5, 157, 222
Prazeres da Mesa (evento), 15
priprioca, 96, 186
puba, 122, 126
pupunha, 63, 67, 95-6
purê, 127
purumã, 63

queijo, 58, 85, 91: de coalho, 25; de leite
   cru, 108
Querino, Manuel, 71, 77, 156, 202
quiabo, 53-4, 77, 105, 158, 188
quibebe, 87, 127-8, 133
quinhapira, 124-5
quirera, 131

receitas, cadernos de, 44-5, 54, 200
rapadura, 65-6, 84-5, 87, 126, 131
refogados, 55, 86, 120
religiosidade, 36-7, 47, 224
Renan, Ernest, 28
répertoire de la cuisine, Le (Gringoire-
   -Saunier), 243
repolho, 77
répteis, 63
requeijão, 87
resgate cultural, 223
responsabilidades sociais, 233
restaurantes, 9-11, 13-5, 22, 25-6, 34, 90,
   104-6, 108, 138-9, 144, 158, 167, 171, 178,
   180, 187, 190, 192-3, 204-5, 214-5, 217-9,
   222-5, 227, 232-3: "estrelados", 15,
   190, 222, por "quilos", 105-6, 167, 230;
   rodízio, 230
Revel, Jean-François, 197
Revista do Brasil, 44
Revolução de 1848, 31
Revolução Mexicana de 1910, 33
Rhéal, Sébastien, 31
Ribeiro, Darcy, 60
Rivera, Diego, 32
Romero, Sílvio, 39, 42, 51, 69
Roner, 228
Rosa, Nelson, 101
rum da Jamaica, 58

Sabban, Françoise, 164, 179
Sailland, Maurice Edmond [Curnonsky], 139
sal, 55, 65-6, 86, 115, 127, 131, 174, 193
salada, 112, 178
Sales, Mara, 186
Salomão, Rafael, 101
Salon des Arts Ménagers (Paris), 139
salsa, 54, 77, 127
Sampaio, Teodoro, 240
Sand, George, 207
sangue, 86
Santamaria, Santi, 207, 234
sapota, 63
sapucaia, 96
sarabulho, 86
sarapatel, 86
sardinha, 190
sauce béarnaise, 114, 228
Semana de Arte Moderna de 1922, 37, 175
Senac, 15, 104
Sert, conde de, 141
sertões, Os (Cunha), 79
Serviço do Patrimônio Histórico Nacional, 175
Serviço Nacional de Aprendizagem Comercial, ver Senac
Sete fogos: churrasco ao estilo argentino (Mallmann), 117
sistema culinário nacional, 17, 27, 164-5
sobremesa, 39, 111-2, 115, 215
soja, 53
sopas, 39, 59, 112, 118-9, 120, 132-3
Stefani, Bartolomeo, 30
Stradelli, Ermano, conde, 187, 237
Suassuna, Ana Rita, 87
Sudbrack, Roberta, 108, 188
suínos, 52, 85, 99
Suruí (rede de restaurantes), 222
sushi, 190
sustentabilidade ambiental, 232

tacacá, 156
Taillevent [Guillaume Tirel], 31
taioba, 108
tanajura, 64
tapioca, 25, 59, 74, 84, 87, 105, 123, 127:
    pastelinhos de, 59
tartaruga, 39, 40, 62
tempero, 55, 63, 125, 129, 172-4, 178-80, 215
Tempo de aprendiz (Freyre), 149
Tenda dos milagres (Amado), 201

Teresa Batista cansada de guerra (Amado), 201
terrines, 112
terroir, 10, 109, 136-7, 139-40, 155, 160, 163, 178, 190
Thermomix, 228
This, Hervé, 114, 208, 211
tiquara, 126
tiquira, 131
Tollenare, Louis-François de, 72
Tolstói, Leon, 138
tomate, 22, 35
Tordesilhas (restaurante), 223
torresmo, 50, 77, 157-8, 187
tortas, 55, 120
Toscano, Frederico de Oliveira, 235
toucinho, 49, 86, 166, 174-5, 193
Travassos, Simão, 124
trigo, 53, 56, 67, 76-7, 120, 122, 124, 232, 236, 239: sêmola de, 67, 232, 239
tripas, 86-7
Trubek, Amy B., 206
tucupi, 36, 63, 66, 93, 156, 186-7, 190
tutu, 156-8

umbuzada, 87
umiri-do-pará, 96
urucum, óleo de, 173

vaca atolada, 191
vatapá, 26, 56, 74, 77, 125, 156, 202, 222, 230
Velden, Felipe Ferreira Vander, 64, 237, 253
verduras, 87, 172
vermes, 63
Vianna, Hildegardes, 237
Vieira, Ima, 238
Villa-Lobos, Heitor, 27-8
vinagre, 55
vinho, 34, 112, 131, 133, 155, 203
virado, 128, 174
vísceras, 36, 52, 87, 94, 145
vitela, 112, 132
Vitória, rainha, 200, 205

xinxim, 72

Zola, Émile, 138

A marca FSC® é a garantia de que a madeira utilizada na fabricação do papel deste livro provém de florestas gerenciadas de maneira ambientalmente correta, socialmente justa e economicamente viável e de outras fontes de origem controlada.

Copyright © 2014 Carlos Alberto Dória

Todos os direitos reservados. Nenhuma parte desta obra pode ser reproduzida, arquivada ou transmitida de nenhuma forma ou por nenhum meio sem a permissão expressa e por escrito da Editora Fósforo.

DIRETORAS EDITORIAIS Fernanda Diamant e Rita Mattar
EDIÇÃO E PREPARAÇÃO Três Estrelas
EDITORA Juliana de A. Rodrigues
ASSISTENTES EDITORIAIS Mariana Correia Santos e Cristiane Alves Avelar
REVISÃO Anabel Ly Maduar
ÍNDICE REMISSIVO Três Estrelas e Maria Claudia Carvalho Mattos
PRODUÇÃO GRÁFICA Jairo da Rocha
CAPA E ILUSTRAÇÕES Estúdio Arado
PROJETO GRÁFICO DO MIOLO Alles Blau
EDITORAÇÃO ELETRÔNICA Alles Blau e Página Viva

Dados Internacionais de Catalogação na Publicação (CIP)
(Câmara Brasileira do Livro, SP, Brasil)

Dória, Carlos Alberto
A formação da culinária brasileira : escritos sobre a cozinha inzoneira / Carlos Alberto Dória. — São Paulo : Fósforo, 2021.

Bibliografia.
ISBN: 978-65-89733-32-4

1. Culinária — História — Brasil 2. Culinária brasileira 3. Gastronomia I. Título.

21-77163   CDD — 641.5981

Índice para catálogo sistemático:
1. Culinária brasileira : Economia doméstica   641.5981

Cibele Maria Dias — Bibliotecária — CRB/8-9427

1ª edição
2ª reimpressão, 2024

Editora Fósforo
Rua 24 de Maio, 270/276
10º andar, salas 1 e 2 — República
01041-001 — São Paulo, SP, Brasil
Tel: (11) 3224.2055
contato@fosforoeditora.com.br
www.fosforoeditora.com.br

Este livro foi composto em GT Alpina e
GT Flexa e impresso pela Ipsis em papel
Golden Paper 80 g/m² para a Editora
Fósforo em novembro de 2024.